Amadeo Solé-Leris

Die Meditation,
die der Buddha selber lehrte

W0065842

HERDER / SPEKTRUM

Band 4316

Das Buch

Ein praktisches Handbuch und ein Leitfaden für westliche Leser: Die älteste Überlieferung buddhistischer Meditation, zu der der Buddha selber angeleitet hat, wird in diesem Werk von einem bedeutenden westlichen Meister authentisch vorgestellt und so erschlossen, daß sie im heutigen europäischen Kontext fruchtbar geübt werden kann. Angesprochen wird ausdrücklich der thematisch noch nicht vorgebildete Leser, der – durch ganz konkrete Meditationsvorschläge – ermutigt wird, sich selber in die Praxis zu begeben. Nichtgegenständliche und gegenständliche Meditation sind einfach und mit verständlichen Verweisen auf westliche psychologische Erkenntnisse erklärt. Ähnlich wie beim Exerzitienbuch des Ignatius werden zahlreiche Betrachtungsthemen samt näheren Anweisungen, wie man sie meditieren soll, vorgestellt. Diese Frühform buddhistischer Überlieferung, konkreter und vielgestaltiger als der in Theorie und Praxis bereits recht abstrakte Zen, ermöglicht auf wirksame Weise vielen Lesern die lebendige Bekanntschaft mit der alltagsprägenden spirituellen Kraft einer der großen Weltreligionen.

Der Autor

Amadeo Solé-Leris, anerkannte wissenschaftliche Autorität in Pali, der Sprache der buddhistischen Frühschriften. Ausgebildeter Klarblicks-Meditator. Vielsprachige Veröffentlichungen und weltweite Vortragstätigkeit über Meditation und Frühbuddhismus. Vorstandsmitglied der Maitreya-Stiftung für buddhistische Kultur in Rom. Früherer Dozent an der Universität London und Beamter bei FAO (Welternährungsorganisation der Vereinten Nationen), arbeitet nun als freiberuflicher internationaler Konferenzdolmetscher.

Amadeo Solé-Leris

Die Meditation, die der Buddha selber lehrte

Wie man Ruhe und Klarblick gewinnen kann

Aus dem Englischen von Bernardin Schellenberger

Herder
Freiburg · Basel · Wien

Deutsche Erstausgabe
Alle Rechte vorbehalten – Printed in Germany
© Verlag Herder Freiburg i. Br. 1994
Titel der Originalausgabe: Tranquillity and Insight.
An Introduction to the Oldest Form of Buddhist Meditation
© Ediciones Martinez Roca, Barcelona 1986
Herstellung: Freiburger Graphische Betriebe 1994
Umschlaggestaltung: Joseph Pölzelbauer
Umschlagmotiv: © Bavaria, München 1994
ISBN: 3-451-04316-5

INHALT

VORWORT

Das Herzstück der Lehre des Buddha ist die Praxis der Meditation. Daher verfolgt dieses Buch zwei Absichten. Zum einen möchte es in groben Zügen umreißen, wie die buddhistische Meditation nach ihrer ältesten Tradition und zugleich als lebendige Praxis in unserer heutigen Zeit beschaffen ist. Das soll dem nichtspezialisierten Leser eine allgemeine Einführung in den Gegenstand bieten und ihn hoffentlich dazu ermutigen, selbst einen Meditationsversuch zu unternehmen (Kapitel 1, 2, 3, 7 und 8).

Zum anderen soll hier in den Kapiteln 4, 5, 6 und 9 ein Überblick geboten werden, welche Meditationstechniken bei der buddhistischen Meditation üblich sind. Er ist zwar sehr komprimiert, geht jedoch genügend in die Details, um – zusammen mit den Hinweisen in den Anmerkungen und der ausgewählten Literatur – eine Art einfaches Handbuch darzustellen, das der interessierte Leser seinen weiteren Studien zugrunde legen kann.

Manche Leser werden lieber beim ersten Anlesen die mehr technischen Kapitel überfliegen, um sich dann, wenn sie sich ein Gesamtbild verschafft haben, noch einmal gründlicher mit ihnen zu befassen. Andere werden es vorziehen, von Anfang an der fortschreitenden Entfaltung des Themas zu folgen, wobei jedes Kapitel in das nächste überleitet. In beiden Fällen wird das Buch seinen Zweck erfüllen, sofern es dazu beiträgt, die direkte, praktische Natur der Lehre des Buddha besser kennenzulernen.

1

EINFÜHRUNG

Traditionen der Meditation gibt es sehr viele. Sie beziehen sich auf verschiedenartige Glaubenssysteme und haben recht unterschiedliche Techniken entwickelt. Doch in einer wesentlichen Hinsicht stimmen sie alle überein: Allen liegt die Überzeugung zugrunde, daß die Unzufriedenheit und die Ängste und Leiden, die offenbar untrennbar zu unserem Leben gehören, daher rühren, daß wir grundsätzlich einen falschen Begriff von der wahren Natur des Daseins haben. Diese falsche Vorstellung vernebelt unsere Wahrnehmung der faktischen Tatsachen. Die Folge ist, daß wir einen Großteil unserer Energie auf den hartnäckigen Versuch verschwenden, Dinge zu erlangen und uns zu sichern (wie Gesundheit, Reichtum, Glück usw.), die von Natur aus vergänglich oder unerreichbar sind. So kämpfen wir ständig gegen den Strom an.

Alle Traditionen der Meditation sind sich auch in der Überzeugung einig, daß weder das intellektuelle Verstehen noch der religiöse Glaube allein ausreichen, um diesen Zustand zu beheben. Es ist unbedingt notwendig, daß wir ganz praktisch etwas **tun**. Nicht nur äußerlich, indem wir Taten der Nächstenliebe verrichten oder uns der Frömmigkeit widmen (obwohl all das sehr wertvoll sein mag, um anderen zu helfen und die geistige Einstellung des Übenden zu verbessern), sondern innerlich: Jeder Mensch muß an sich selbst arbeiten, um seine grundsätzlich verzerrte Wahrnehmung der Wirklichkeit zu korrigieren. Dieses Arbeiten an sich selbst, diese innere Reorganisation der Psyche, nennen wir Meditation.

Mit dem vorliegenden Werk über die buddhistische Meditation wollen wir einen allgemeinen Überblick über die Meditationsmethoden geben, die der große Meister namens Buddha vor ungefähr

2500 Jahren erprobt, vervollkommnet und gelehrt hat und wie sie in den ältesten Überlieferungen seiner Lehre erhalten sind. Ein solcher Überblick muß unvermeidlich ziemlich kurz sein, soll aber doch alles Wesentliche enthalten. Wir kennen seine Meditationstechniken bis in ihre Einzelheiten dank der Texte des Pali-Kanons[1], in denen uns die Worte des Buddha überliefert sind, sowie durch die lebendige Weitergabe der Meditationspraxis von Generation zu Generation im ältesten ununterbrochenen Traditionsstrang des Buddhismus, der als Theravāda bekannt (auf Pali bedeutet *theravāda* Doktrin oder Lehre der Älteren) und heute noch in den Ländern Südostasiens (vor allem in Sri Lanka, Birma und Thailand) lebendig ist[2].

Als sich im Lauf der Jahrhunderte der Buddhismus entfaltete und sich sowohl in seinem Heimatland Indien als auch in vielen anderen Teilen Asiens immer weiter ausbreitete – in Tibet, China, Japan, den Inseln von Nusantara (jetzt Indonesien) usw. –, entwickelten sich verschiedene Zweige, die es zu großer Blüte brachten; sie sind heute als Mahāyāna-Buddhismus bekannt. Zwar unterscheiden sie sich in wesentlichen Dingen nicht (da sie alle, wie auch der Theravāda-Buddhismus, in den Lehren des hi-

---

[1] Pali (*pāli*) ist die Sprache, in der die Unterweisungen des Buddha in den ersten Jahrhunderten erhalten und überliefert wurden, zunächst mündlich, und dann vom 1. Jahrhundert v. Chr. an schriftlich. Es gehört zur mittleren indoaryanischen Gruppe von Dialekten, die in verschiedenen Gegenden von Nord- und Zentralindien zur Zeit des Buddha gesprochen wurden (im 6. und 5. Jh. v. Chr.) und mehr oder weniger mit dem Sanskrit, der Sprache der Gelehrten und Dichter, verwandt sind. Das Pali selbst scheint eine Art Umgangssprache zu sein, die zur leichteren Verbreitung der Lehre des Buddha entwickelt wurde, ein Mischdialekt aus den Gemeinsamkeiten der anderen, und vor allem aus der Sprache des Königreichs von Māgadha (ihm entspricht in groben Zügen der Staat Bihar im heutigen Indien), welches eines der wichtigsten Gebiete der Aktivitäten des Buddha war.

[2] Gelegentlich wird er auch als *hīnayāna* bezeichnet (das „kleine Fahrzeug"), um ihn vom Traditionsstrang des *mahāyāna* (des „großen Fahrzeugs") zu unterscheiden, einer späteren Ausformung der buddhistischen Lehre und Praxis, die ihren Ursprung in Nordindien hatte und sich im Lauf der Jahrhunderte über Tibet, Zentralasien, China und Japan ausbreitete. Aus einer Reihe von historischen und kulturellen Gründen entwickelte das *mahāyāna* im Verlauf seiner Ausbreitung viele philosophische und rituelle Ausprägungen und Zusätze zur klaren Einfachheit der ursprünglichen Lehre.

storischen Buddha wurzeln), aber sie haben eine Besonderheit: Sie sind zu komplexen Systemen weiterentwickelt worden, und um sie haben sich viele religiöse, philosophische und kulturelle Elemente kristallisiert. Diese haben dann wiederum die jeweiligen Meditationstechniken beeinflußt und modifiziert.

Dies alles kann in der vorliegenden Studie nicht behandelt werden. Wir müssen zum Beispiel die reichen und vielfältigen bildhaften Vorstellungen und geistigen Übungen des tibetanischen Buddhismus beiseite lassen oder auch die vorsätzlichen Paradoxa der koans und die „Nichts-als-Sitzen"-Übung *(shikantaza)* der Soto-Schule des Zen (die eine reine Form der Einsichts-Meditation und als solche der *vipassanā* in ihrer ursprünglichen Form am nächsten ist). Wer jedoch überhaupt mit diesen anderen Techniken vertraut ist, wird beim Lesen der folgenden Seiten schnell feststellen, daß sie alle mehr oder weniger stark in den Methoden geistiger Konzentration verwurzelt sind, die unten in Kapitel 4 beschrieben werden, und daß sie auf einen der beiden Hauptzweige der buddhistischen Meditation zurückgehen, die in Kapitel 3 genauer beschrieben und ausführlich in den Kapiteln 5, 6 und 9 erklärt werden: auf *samatha*, die Geistesruhe-Meditation, oder auf *vipassanā*, die einsichtgewährende Klarblicks-Meditation.

Es gibt zwei Gründe dafür (abgesehen von den praktischen Grenzen, die uns die verfügbare Zeit und der Raum hier setzen), daß sich diese Studie bewußt auf die frühesten Formen der buddhistischen Meditation konzentriert. Der erste liegt im Wunsch, eine bessere Kenntnis und ein genaueres Verständnis der Quellen des breiten Spektrums aller späteren buddhistischen Meditationspraktiken zu vermitteln (von denen einige, wie das Zen, im Westen beträchtliches Interesse geweckt haben). Der zweite und weit wichtigere Grund ist die feste Überzeugung, daß die buddhistische Meditation in ihrer ungeschminkten, ursprünglichen Form für unsere Zeit von ganz besonderer Bedeutung ist und sich zur Bewältigung der verwirrenden Vielfalt von Einflüssen in unserer modernen Welt als äußerst nützlich und hilfreich erweisen kann. Die durch und durch pragmatische Natur der Lehre des Buddha, die bar jeglichen Dogmas ist, übt heutzutage eine ganz besonders starke Anziehungskraft auf die vielen Menschen aus, die der vielfältigen „-ismen" müde, ja gegen sie mißtrauisch sind, die im Konkurrenzkampf miteinander liegen und jeweils für sich eine alleinseligmachende religiöse, philosophische oder doktrinäre Wahrheit beanspruchen.

Um es gleich ein für allemal deutlich zu sagen: der Buddhismus ist kein „-ismus". Das Wort „Buddhismus" selbst wurde von Nicht-Buddhisten geprägt und ursprünglich verwendet, weil sie ein hilfreiches Etikett brauchten. Die „Buddhisten" selbst sprechen lieber – und genauer – davon, daß sie das *Buddha Sāsana* und das *Buddha Dhamma* befolgen und ausüben wollen, das heißt die Weisung und die Lehre des Erleuchteten. Das Herz dieser Lehre ist schlicht und einfach die Praxis der Meditation. Die Unterweisung des Buddha will bewußt praktisch und konkret sein und alle metaphysischen und theologischen Überlegungen beiseite lassen; sie will sich auf das konzentrieren, was jeder von uns kann und selbst tun muß (da dies keine menschliche oder übermenschliche Macht an seiner Stelle tun kann), und zwar hier und heute, um die eigenen geistigen Abläufe zu klären und neu zu ordnen und so zur vollen und präzisen Erfahrung der wahren Natur der Dinge zu gelangen, also zu dem, was die Philosophen gern als die „Wirklichkeit an sich" bezeichnen.

„Buddhistische" Meditation (um weiter, aus Gründen der Einfachheit, das Etikett zu verwenden) bedeutet also nicht, daß man zuerst blind bestimmte Glaubensüberzeugungen übernehmen müßte, ehe man sie praktiziert, oder daß man spezifische Rituale oder Zeremonien als Vorbedingung für die Wirksamkeit der Meditation vollziehen müßte[3]. „Buddhistisch" meditieren heißt schlicht und einfach, jene Techniken des Geistestrainings zu praktizieren, die der Buddha selbst erprobt und gelehrt hat. Diese setzen nicht voraus, daß man sich zuvor einer organisierten Religion verschreibt. Um diesen grundlegenden Aspekt zu illustrieren, möchte ich ein Zitat aus der *Disziplinarordnung* an-

---

[3] Allerdings ist der Rückgriff auf rituelle und zeremonielle Elemente (obwohl der Lehre des Buddha selbst fremd) in manchen Formen des Mahāyāna-Buddhismus durchaus üblich, vor allem in seinen tibetischen Spielarten.

fügen, die jedem neuen Schüler an die Hand gegeben wird, der sich in einem modernen Lehrzentrum für *vipassanā*-Meditation vorstellt:

„Der gesamte Pfad (Dhamma) ist ein universales Heilmittel für universale Probleme. Er hat nichts zu tun mit irgendeiner organisierten Religion oder Sekte. Aus diesem Grund kann er in Freiheit von allen Menschen praktiziert werden. Er steht in keinerlei Widerspruch zu irgendeiner Rasse, Kaste oder Religion, gleich wo oder zu welcher Zeit, und er erweist sich für jegliche und alle als gleichermaßen heilsam."[4]

Die wesentliche Eigenart dieser Lehre und Tradition besteht darin, daß sie jeden Menschen geradeheraus mit seiner ganz persönlichen Verantwortung konfrontiert. Natürlich braucht jeder, der diese Meditationstechniken, wie sie vom Buddha gelehrt worden sind, üben will Führung und Unterweisung. Wer gern meditieren möchte, der braucht genau wie jeder der sonst irgendeine Technik oder Disziplin auf irgendeinem Gebiet menschlicher Aktivität erlernen will, einen Lehrer, der ihn anleitet und einweist. Aber darauf beschränkt sich die Rolle des Lehrers: Er ist schlicht jemand, der ein spezifisches Wissen und bestimmte Fertigkeiten erworben hat und jetzt gewillt ist, dies an andere weiterzugeben. Ganz eindeutig **nicht** ist ein buddhistischer Lehrer ein Fürsprecher oder Vermittler zwischen dem Uneingeweihten und irgendeiner göttlichen Macht; auch ist er kein Wundertäter oder die menschliche Manifestation irgendeiner Art von Gottheit. Es gibt keine Erlösung durch Gnade, keine Erlösung durch Glauben und auch keine Vermittler irgendwelcher Art. Was der Buddha verlangte – in dieser und in jeglicher anderer Hinsicht –, war vollkommen einfach und klar:

„Das, was ich als Lehre und Regel verkündet und bekannt gemacht habe, das soll euer Meister sein, wenn ich gegangen bin …

Jeder von euch sei eine Insel für sich selbst, eine Zuflucht bei sich selbst. Nicht irgendwo außen sucht Zuflucht. Die Lehre sei

---

[4] Code of Discipline for Vipassanā Meditation, Vipassanā International Academy, ‚Dhammagiri', Igatpuri 422403, Maharashtra, Indien, S. 1.

eure Insel, die Lehre eure Zuflucht. Sucht keine andere Zuflucht."[5]

So lautete die Mahnung des Buddha an seine Jünger kurz vor seinem letzten Hinübergang. Und seine zu Recht berühmten letzten Worte waren:

„Gebt acht, ihr Mönche, ich ermahne euch: Vergänglich sind alle Daseinsgebilde. Strebet mit vollem Ernst!"[6]

Diese knappen Worte mögen auf den ersten Blick reichlich rätselhaft erscheinen, aber in Wirklichkeit bringen sie in bewundernswerter Dichte das Wesen der Lehre des Buddha auf den Punkt.

Zunächst einmal muß man ohne die üblichen Ausflüchte und Aufschübe das eigentliche Dilemma unseres gesamten Daseins klar ins Auge fassen: daß „alle Daseinsgebilde" vergänglich sind. Das heißt, man muß sich mit dem Faktum auseinandersetzen, daß absolut alles, woraus dieses ständig sich wandelnde, unendlich vielfältige Universum besteht, das wir mit unseren Sinnen und unserem Denken wahrnehmen, vergänglich, kurzlebig ist. Früher oder später verfällt, wandelt sich, verschwindet ausnahmslos alles, wir selbst mit inbegriffen. Aber wegen unserer tief eingefleischten Abneigung, uns diesem nur zu offensichtlichen Faktum bis in seine letzten Konsequenzen zu stellen, wollen wir weiterhin hartnäckig all die Dinge festhalten, die wir für wertvoll halten – Vergnügen, Gesundheit, Reichtum, Glück, das Leben an sich –, indes sie uns unvermeidlich durch die Finger rinnen. Wir sehnen uns nach einer Beständigkeit und Dauer, die sich nirgendwo in der Welt findet, und diese ungestillte Sehnsucht erzeugt die Angst, welche das typische Merkmal des unerleuchteten Menschen ist.

Hat man dieses Faktum einmal intellektuell erkannt, so besteht offensichtlich der nächste Schritt darin, sich umzusehen, wie man dieser unmöglichen Situation entkommt. Die Lösung des Buddha besteht nicht darin, sich mit Hoffnungen auf ein seliges und ewiges Jenseits zu trösten (die ja das Begehren und die Sehn-

---

[5] D 16.
[6] D 16.

sucht nicht aufheben, sondern lediglich an die Stelle innerweltlicher Objekte, die man ersehnt, hypothetische Objekte im Danach setzen), sondern er weist uns an, hier und jetzt etwas ganz Spezifisches zu tun, nämlich an uns selbst mittels jener Geistestrainingstechniken zu arbeiten, die er selbst perfektioniert hat. Einfacher ausgedrückt: er sagt, wir sollten meditieren. Um die Erfüllung dieser Aufgabe müssen wir uns „mit vollem Ernst" mühen. Das ist die konkrete, aktive Eigenart der Botschaft des Buddha, die er immer und immer wieder betont hat, zum Beispiel mit den einfachen und dennoch bewegenden Schlußworten seiner letzten Predigt im *Majjhima Nikāya („Sammlung der mittellangen Lehrreden"):*

„Schaut hier diese Bäume, schaut hier diese einsamen Stellen! Meditiert! Seid nicht nachlässig, damit ihr später nicht Grund zur Reue habt! Diese Anweisung gebe ich euch." [7]

---

[7] M 152.

2

BUDDHA DHAMMA –
DIE LEHRE DES BUDDHA

1 Zunächst einmal muß man sich vor Augen halten, daß das Herzstück der Lehre des Buddha die Praxis der Meditation ist. Mit anderen Worten, es handelt sich um eine **praktische** Lehre darüber, was man ganz konkret zur Besserung seiner Lage tun kann; nicht dagegen handelt es sich um eine Übung im metaphysischen Spekulieren oder theologischen Konstruieren. Der Buddha machte das mit Nachdruck in seinem berühmten Gleichnis vom vergifteten Pfeil klar:

„Nehmen wir an, jemand kommt daher und sagt: ‚Ich will erst dann das Leben der Reinheit führen, das der Gesegnete lehrt, wenn er mir sagt, ob die Welt ewig ist oder nicht, ob sie begrenzt oder unendlich ist; ob Leib und Seele ein und dasselbe sind oder zwei verschiedene Dinge; ob der Vollkommene nach dem Tod weiterbesteht oder nicht, oder ob er sowohl weiterbestehen als auch nicht weiterbestehen wird, oder ob er weder weiterbestehen noch nicht weiterbestehen wird.‘ Ein solcher Mensch wird gewiß sterben, lange bevor der Vollkommene ihm all dies genau erklären kann.

Das ist, als wäre ein Mensch von einem Giftpfeil verwundet, und seine Gefährten, Freunde und Verwandten haben nach dem Arzt geschickt, um ihn zu behandeln, aber der Verwundete würde sagen: ‚O nein! Ich will nicht, daß der Pfeil herausgezogen wird, ehe ich weiß, wer mich verwundet hat; ob er ein edler Krieger, ein Brahmin, ein Bürgerlicher oder ein Knecht ist; wie er heißt, wer seine Familie ist, und ob er groß, mittel oder klein ist ...‘ Ganz bestimmt würde ein solcher Mensch sterben, ehe man ihm alle diese Fragen beantworten könnte. Genauso ist es, wenn jemand sich weigert, das Leben der Reinheit zu führen, ehe man ihm nicht alle diese Fragen beantwortet hat, ob die Welt ewig ist oder nicht und alle anderen; bestimmt wird er sterben, ehe der Vollkommene ihm all dies erklären kann.

„Die Welt ist ewig', ‚die Welt ist nicht ewig' ... all das sind lediglich Ansichten und Meinungen ... aber was gewiß ist, das ist, daß es Geburt, Alter und Tod gibt, und Leid und Klage, Schmerz, Trauer und Mühsal; und was ich euch lehre, ist, wie man all das schon in diesem Leben abstreifen kann."[8]

2 Man muß also ganz praktisch vorgehen. Aber selbst wenn man alle Theorien und unnötigen Spekulationen vermeidet, ist natürlich Kommunikation unter Menschenwesen ohne ein Minimum an begrifflicher und verbaler Aktivität nicht möglich. Will man jemanden lehren, etwas Bestimmtes zu tun, so muß man ihm zunächst einmal wenigstens in groben Zügen eine Vorstellung davon vermitteln, um was es überhaupt geht, was er zu tun versuchen soll und wie er das anstellen soll. Auch der Buddha mußte sich ein gewisses Instrumentarium zurechtlegen, eine verbale Lehre, mit deren Hilfe er in möglichst einfachen Begriffen seine Einsichten über die Lage des Menschen weitergeben und seine Jünger anleiten konnte, wie man ihre Mängel beheben sollte: nämlich durch das zielstrebige Bemühen, unter Einsatz aller Kräfte des menschlichen Geistes die volle Integration in das *nibbāna* (nirvana) zu erreichen[9].

Um die Meditationstechniken, die später besprochen werden, in ihren richtigen Zusammenhang einzufügen, ist es also notwendig, dabei eine klare Vorstellung von der Lehre des Buddha, dem *Buddha Dhamma*, im Hinterkopf zu haben. Er hat sie in seiner er-

---

[8] M 63.
[9] *Nibbāna* ist der ursprüngliche Begriff auf Pali. Die Form ‚Nirvana', die in der englischen und anderen westlichen Sprachen allgemein üblich geworden ist, stammt aus dem Sanskrit. Der tatsächliche Sinn von ‚nirvana' ist jedoch lange durch Mißverständnisse und Fehldeutungen im Westen unklar geblieben; das „Oxford English Dictionary" zum Beispiel bezieht in seine Definition den Gedanken der ‚Versenkung in den höchsten Geist' mit ein, was allem zuwiderläuft, das der Buddha gelehrt hat. Daher ist es vorzuziehen, das Wort ‚nirvana' mit seinem inzwischen unvermeidlichen Ballast von irrigen Deutungen aufzugeben und zum unbelasteten ursprünglichen Begriff zurückzukehren.

sten Predigt über die „Vier Edlen Wahrheiten" zusammengefaßt, die er ungefähr zwei Monate nach seiner eigenen endgültigen Erleuchtung in Isipatana (heute Sarnath bei Varanasi) gehalten hat. Selbst wenn man unterstellen darf, daß diese Vier Edlen Wahrheiten allgemein bekannt sind, weil sie schon unzählige Male zitiert, erklärt und kommentiert worden sind, wird es hilfreich sein, sie hier noch einmal kurz aufzuzählen, ehe wir fortfahren.

3 Die Vier Edlen Wahrheiten

Es handelt sich dabei um:

> die Wahrheit des Leidens
> die Wahrheit vom Ursprung des Leidens
> die Wahrheit vom Aufhören des Leidens
> die Wahrheit vom Weg, der zum Aufhören des Leidens führt

3.1 Das Leiden (dukkha)

„Geburt heißt Leiden, Alter heißt Leiden, Tod heißt Leiden; Leid, Klage, Schmerz, Trauer und Mühsal heißt Leiden; Verhaftetsein mit dem, was man nicht mag, heißt Leiden; Getrenntsein von dem, was man liebt, heißt Leiden; Nicht-Erlangen, was man sich wünscht, heißt Leiden"[10].

Es ist wichtig, sich vor Augen zu halten, daß der Pali-Begriff *dukkha*, der gewöhnlich mit „Leiden" übersetzt wird, in der Originalsprache ein viel breiteres Bedeutungsspektrum hat. Er umfaßt nicht nur akute oder manifeste Zustände geistigen oder körperlichen Leidens, sondern auch jeden Grad des Unangenehmen, Ungemütlichen, Unbehaglichen, der Unzufriedenheit, Angst oder Unrast. Der Ehrwürdigen Nyānatiloka in der von ihm selbst verfaßten englischen Neufassung seines „Buddhistischen Wörterbuches" (siehe „Ausgewählte Literatur") erläutert, mit diesem Wort sei gemeint, „daß alle Phänomene, die durch andere bedingt sind, grundsätzlich unbefriedigend und unsicher sind"; deshalb sollte man das Wort eigentlich statt mit „Leiden" eher und präziser mit „Unfähigkeit, ganz zufriedenzustellen", oder „Anfälligkeit für

---

[10] D 22.

18

Leiden" übersetzen, was allerdings sprachlich eben zu schwerfällig sei.

Natürlich stellt diese erste Wahrheit nicht in Abrede, daß es auch beglückende Erfahrungen gibt. Sie will lediglich die Aufmerksamkeit auf die Tatsache lenken, daß wir sogar mitten im größten Wohlgefallen und Glück niemals auf längere Zeit ganz frei von irgendwelcher Beeinträchtigung oder Unbehaglichkeit sind. Jede Freude zerfließt, jedes Glück ist flüchtig (woran uns nicht nur der Buddha, sondern alle religiösen Lehrer und Philosophen erinnern), und mag man darin noch so froh sein, so wird dieses Glück von diesem Wissen beeinträchtigt, sobald man auch nur ein wenig zum Nachdenken kommt. Mehr noch: Wie oft können wir genaugenommen im Lauf unseres gewöhnlichen, alltäglichen Daseins sagen, daß wir einen Augenblick vollkommener, unvermischter Seligkeit oder Unbeschwertheit genießen? Wie oft können wir wirklich sagen, wir seien völlig frei von allem, was wir nicht mögen? Wir hätten ausnahmslos alles, was uns lieb und teuer ist? Das gesamte komplexe Gewebe unserer Wünsche und Sehnsüchte sei voll und ganz erfüllt? Und wie oft kommt es vor (um ganz banale, aber für alle anderen typische Beispiele zu nennen), daß man ein Jucken in der Nase verspürt, daß einem ausgerechnet mitten in einer ansonsten hinreißend schönen Erfahrung ein Fuß eingeschlafen ist oder einem die Sonne direkt ins Gesicht scheint oder einem der Gedanke durch den Kopf schießt, daß man die Stromrechnung noch nicht bezahlt hat?

Das Unbefriedigtsein im vollen Sinn des Wortes durchwirkt ausnahmslos alles: In der Welt, wie wir sie erfahren, sind wir nie bleibend im Frieden, sind nie völlig befriedigt, nie vollkommen in Ruhe. Wenn man die Welt illusionslos betrachtet, stimmt deshalb die Aussage, Leben bedeute Leiden. Alle Philosophien und Religionen sind sich darin einig. Die Uneinigkeit fängt an, wenn sie beginnen, die Ursachen dieses Unbefriedigtseins zu untersuchen und Abhilfen dafür zu finden. Hier ist Einfachheit und Direktheit der Antwort des Buddha frappierend: Leiden heißt Wollen. Das bedeutet: solange jemand etwas braucht und deshalb begehrt, was er nicht hat, leidet er.

3.2 Der Ursprung des Leidens *(dukkha samudaya)*

Tatsächlich hat all dieses Leiden, hat die Unzufriedenheit und Unrast ihren Ursprung im „heftigen Begehren, das zur Wiedergeburt führt, einhergeht mit Genuß und Verlangen und dieses und jenes zu genießen sucht"[11].

Die volle Tragweite dieser Aussage, die zunächst die Dinge allzusehr zu vereinfachen scheint, wird klar, sobald man bedenkt, daß das Streben nach Befriedigung tatsächlich eine sehr vielschichtige Tätigkeit ist. Es wird nicht nur vom Begehren nach dem motiviert, was man gern haben möchte, sondern auch von der Abneigung gegenüber dem, was man nicht mag, denn die Abneigung ist ein „Verlangen, zu meiden", was immer man als unangenehm oder nicht wünschenswert empfindet. Bei genauerem Nachdenken sieht man rasch, wieviel an Zeit und Energie wir unser Leben lang darauf verwenden, das zu erstreben, was wir für wünschenswert halten, und das zu meiden, was wir als unerwünscht ansehen.

Der Buddha hat das so gesagt:

„Da sieht man einen Gegenstand mit dem Auge; ist er schön, so fühlt man sich davon angezogen; ist er häßlich, so fühlt man sich davon abgestoßen. Genauso ist es mit Geräuschen, Gerüchen, Geschmäckern, körperlichen Berührungen und Geistobjekten (z. B. Gedanken, Wünschen, Emotionen usw.): sind sie angenehm, so fühlt man sich davon angezogen, sind sie unangenehm, so fühlt man sich davon abgestoßen ... Wer so im ständigen Hin und Her von Anziehungen und Abstoßungen lebt, sobald er eine Sinneswahrnehmung macht[12] – ob eine angenehme oder eine unangenehme oder eine neutrale –, der empfängt gerne die angenehme Wahrnehmung und genießt sie und hält daran fest ... und so entsteht in ihm das Verlangen nach dem Genuß. Dieses Verlangen nach dem Genuß ist aber die Ursache des Anhangs."[13]

---

[11] D 22.

[12] Die buddhistische Psychologie unterscheidet **sechs** Arten von ‚Sinneswahrnehmungen': diejenigen über die uns geläufigen fünf Körpersinne sowie ‚geistige Sinneswahrnehmungen', d. h. Wahrnehmungen rein geistiger Objekte ohne jegliche unmittelbare physische Basis.

[13] M 38.

Nun ist aber, wie bereits oben gesagt, nur allzu offensichtlich, daß alles um uns hinfällig und vergänglich ist. Und genauso offensichtlich ist es, daß man sich unvermeidlich Schwierigkeiten und Leiden bereitet, wenn man sich an etwas hängt, das unheilbar vergänglich ist, und wenn man sich hartnäckig wünscht, es möge einem für immer erhalten bleiben.

Der Buddha, der immer auf der Basis von persönlicher Erfahrung, und nicht von irgendwelchen Theorien oder Überlieferungen, arbeitete, hat gelehrt, strenggenommen könne man nur von einer einzigen Wirklichkeit sagen, sie **existiere** wirklich: das ist der **Fluß** zahlloser einander gegenseitig verursachender und beeinflussender Prozesse[14].

Was wir Welt nennen, materielle Objekte, die Seele, das Leben selbst – all das ist ein komplexes Gespinst vergänglicher, unablässig sich wandelnder Phänomene, die völlig bar jeglicher bleiben-

---

[14] Gemäß dem *Gesetz der bedingten Entstehung (paticca samuppāda)*, das gewöhnlich als zwölfgliedrige Reihe dargestellt wird, in der jedes Glied die Bedingung für das nächste ist. Dabei ist die Wurzel der Reihe das *Nichtwissen* (d. h. die Unfähigkeit, die radikale Unbeständigkeit von allem, was ist, einzusehen). Kurz gesagt, „es beinhaltet die Lehre, daß alle physischen und psychischen Phänomene bedingt sind durch ihnen vorausliegende physische und psychische Phänomene und daß das gesamte Dasein als ununterbrochener Fluß von Phänomenen gesehen werden kann. Diese Lehre enthält auch die Ablehnung der Vorstellung, es gebe irgendein ständig existierendes Wesen oder ein dauerhaftes Ich, sei es menschlich oder tierisch" (Trevor Ling, A Dictionary of Buddhism). Darüber gibt es eine hervorragende Studie des schwedischen Psychologen und Pali-Gelehrten Rune A. Johansson (siehe die „Ausgewählte Literatur"). Es lohnt sich, auf die Entsprechung zwischen dieser Sicht alles Seienden als Geflecht sich gegenseitig beeinflussender Prozesse (und nicht **Wesen**) und dem Begriff der physischen Welt in der modernen Atomphysik hinzuweisen. Nach dieser letzteren bestehen die Atome, die sich zu den Molekülen dessen zusammenfügen, was wir als solide Materie wahrnehmen, aus subatomaren Partikeln, die ihrerseits offenbar keinerlei Solidität haben, sondern „dynamische Muster oder Prozesse darstellen, die über ein gewisses Maß an Energie verfügen, welche uns als Masse erscheint ... Die Materie hat sich in (hochenergetischen Teilchenzertrümmerungs-)Experimenten als völlig veränderbar erwiesen ... In dieser Welt haben klassische Begriffe wie ‚Elementarteilchen‘, ‚materielle Substanz‘ oder ‚isoliertes Objekt‘ allen Sinn verloren; das gesamte Universum erscheint als dynamisches Gewebe untrennbarer Energiemuster" (Fritjof Capra, The Tao of Physics, Shambhala, Boulder, Colorado, 2. Aufl. 1983, S. 78 u. 80).

der Wesenheit oder andauernder Identität sind. Daher sagte der Buddha, die drei grundlegenden Merkmale des Daseins seien die Unbeständigkeit *(anicca)*, das Nicht-Selbst oder Fehlen irgendwelcher dauerhafter Selbst-Identität *(anattā)* und das Leiden *(dukkha)*. Das letztere ergibt sich aus den beiden anderen: solange wir uns in unserer Unwissenheit *(avijja)* der hinfälligen Natur der Dinge immer noch hartnäckig an sie hängen, stellt sich unvermeidlich Frustration ein. Es ist, als schütte man Wasser in ein Sieb und wünsche, daß es darin bleibe. Die falsche Wahrnehmung, daß das nicht Dauerhafte von Dauer sei, ist die Wurzel der Anhänglichkeit; und wir hängen uns an etwas, weil wir es begehren. **Was** wir begehren, ist immateriell; und ob wir nun etwas erlangen oder etwas behalten wollen, das wir lieben, oder etwas meiden wollen, was wir fürchten, oder etwas loswerden wollen, was wir nicht mögen – in jedem Fall wollen wir etwas. Und so leiden wir buchstäblich, weil wir wollen.

3.3 Das Aufhören des Leidens *(dukkha nirodha)*

Wenn wir aber leiden, weil wir wollen, ist das Gegenteil offensichtlich: Wenn wir nicht mehr wollen, leiden wir auch nicht mehr. Natürlich ist das weit leichter gesagt als getan. Einfach den Entschluß zu fassen „Ich will nicht leiden" ist nicht nur nutzlos, sondern sogar unsinnig. In Wirklichkeit ist eine solche Einstellung ein treffendes Beispiel genau für das Verlangen und die Anhänglichkeit, die man doch abzulegen versuchen sollte. Man bringt damit ja gerade sein Verlangen zum Ausdruck, nicht zu leiden, und seine Anhänglichkeit an Wohlsein und Glück.

Daher hat der Buddha gesagt: „Das vollständige Verschwinden und Erlöschen des heftigen Begehrens, der Verzicht darauf und sein Aufgeben, die Befreiung und Loslösung von ihm: das nennt man die Edle Wahrheit des Aufhörens des Leidens."[15] Mit diesem Spruch betonte er, wie unbedingt notwendig es sei, das Begehren und das Verlangen vollständig auszurotten und sicherzustellen, daß dieses Bedürfnis aufhört und ganz vergeht. Die Vorausset-

---

[15] D 22.

zung dafür ist allerdings die vollständige Änderung unserer Geisteshaltung. Damit stellt sich die Frage, wie eine solche Änderung herbeigeführt werden kann. Auch die Antwort auf diese Frage klingt wieder ganz einfach, selbst wenn sie weit davon entfernt ist, einfach in die Tat umgesetzt werden zu können. Sie lautet: Man muß sich in das aufmerksame, nicht-reaktive Beobachten seiner leiblichen und geistigen Vorgänge einüben, um so eine zunehmende Achtsamkeit auf ihre wahre Natur zu entwickeln; man muß diese Prozesse so wahrzunehmen lernen, daß diese Wahrnehmung nicht mehr verfälscht wird durch unsere üblichen Wünsche, Ängste, Ansichten usw. Dann geht uns auf, daß alle diese Dinge ohne bleibende Dauer und ohne Selbst sind und daß unser Leiden an ihnen nur durch uns selbst bedingt ist, bis wir es lernen, sie loszulassen[16]. Indem wir also aufmerksam alles Daseiende beobachten, löst sich für uns nach und nach die Illusion auf, die uns alles Unbeständige und Nichtbleibende als Beständiges und Bleibendes vorgaukelt. Die Befreiung besteht darin, daß wir selbst die Erfahrung machen und voll und klar begreifen, daß alles unbeständig ist, und daß uns deutlich aufgeht, daß es buchstäblich **nichts** gibt, um das wir uns ängstlich zu sorgen brauchen.

Dieses **achtsame Beobachten** ist Meditation. Aber natürlich ist es wenig hilfreich, sich einfach irgendwo hinzusetzen und ins Blaue hinein zu sich selbst zu sagen: „So, jetzt wird meditiert", ohne daß man das eingeübt und vorbereitet hätte. Denn zum einen braucht man für das Meditieren eine gewisse Fertigkeit, auf spezifische Weise seine geistigen Fähigkeiten einzusetzen, und diese muß man wie alle anderen Fertigkeiten von Grund auf lernen. Und zum anderen – was noch wichtiger ist – ist die Meditation ein wesentlicher Bestandteil einer ganzen Lebensweise, und solange sie nicht im Gesamtzusammenhang einer bestimmten Lebensweise geübt wird, führt sie auch niemals zur Erfahrung der Erleuchtung und Befreiung. Sie bleibt dann im besten Fall eine bloße Spielerei oder eine Form der Weltflucht; oder im schlimm-

---

[16] Die zwei grundlegenden Texte hierfür sind *Die Große Lehrrede von den Grundlagen der Achtsamkeit* (D. 22) und *Die große Lehrrede von der Vernichtung des heftigen Begehrens* (M. 38).

sten Fall mißrät sie zu einer gefährlichen Verirrung der Kräfte des Geistes. Aus diesem Grund hat der Buddha seine vierte Wahrheit formuliert, in der er von der angemessenen Lebensweise spricht.

3.4 Der Weg, der zum Aufhören des Leidens führt *(dukkha nirodha gāminī paṭipadā)*

Nachdem das Problem analysiert ist und seine Ursachen erörtert worden sind, folgt jetzt mit dieser vierten und letzten Wahrheit die Nennung des Heilmittels: eine Lebensart,
– die durch eine vernünftige sittliche Disziplin *(sīla)* geläutert ist;
– die auf das Ziel ausgerichtet ist, Weisheit *(paññā)* zu erlangen; – und in der man, um dahin zu kommen, methodisch die geistige Sammlung oder Konzentration *(samādhi)*[17] zwecks aufmerksamer Beobachtung, das heißt die Übung der Meditation, kultiviert.

Es kann gar nicht genügend betont werden, daß alle drei Komponenten gleichermaßen wesentlich sind. Wem die moralische Disziplin fehlt, das heißt, wer sich nicht um die Reinheit seines Verhaltens, Redens und Denkens bemüht, der kann auch bei der Kultivierung seines Geistes keinen wirklichen Fortschritt machen. Und ohne diese geistige Kultur, also die Übung der Meditation, kann er nicht jene lebendige Weisheit erlangen, die die

---

[17] Es bedarf einer sorgfältigen Unterscheidung zwischen der Bedeutung des *samādhi* im Buddhismus und im orthodoxen Hindu-Yoga. Im Yoga bezeichnet *samādhi* den Gipfelpunkt des meditativen Prozesses, der oft als Zustand des ‚Überbewußtseins' bezeichnet wird, bei dem – mit den Worten eines führenden zeitgenössischen Yoga-Meisters – ‚der *sādhaka* das Bewußtsein seines Körpers, Atmens, Geistes, Verstandes und Ichs verliert. Er lebt in grenzenlosem Frieden' (B. K. S. Iyengar, Light on Prāṇāyāma, Allen & Unwin, London 1981, S. 11). In der Lehre des Buddha entspricht das den höheren Stufen der Vertiefung *(jhāna)*, die durch Ruhe-Meditation *(samatha)* erreicht werden können und die – nach der eigenen Erfahrung des Buddha – nicht von sich aus zur endgültigen Erleuchtung führen können (vgl. Kapitel 3 und 5). Andererseits bedeutet *samādhi* im Buddhismus schlicht und einfach ‚geistige Sammlung'. Sie ist natürlich eine wesentliche Bedingung für die Praxis der Meditation, aber auch nicht mehr als das. ‚Rechte Sammlung' *(sammā samādhi)* d. h. richtig praktizierte Konzentration, ist einer der acht Glieder des Edlen Achtfachen Pfades, der zum Aufhören des Leidens führt (siehe weiter unten in diesem Abschnitt 3.4 und auch in Kapitel 4).

gesamte Erfahrung und das Verhalten des übenden durchwirkt und verwandelt. Was er vielleicht bestenfalls erreicht, ist ein rein intellektuelles Verstehen, das indes – mag es noch so scharfsinnig und durchdringend sein – nicht die tieferen Schichten der menschlichen Psyche umzuwandeln vermag. Das jedoch ist absolut notwendig.

Zum Thema der Notwendigkeit einer moralischen Disziplin formuliert der Buddha Ansprüche, die wiederum zeigen, wie nüchtern er die Thematik angeht – und das ist ja sein besonderer Charakterzug. Der Weg des Buddha ist der Mittlere Weg; auf ihm werden Exzesse und Übertreibungen vermieden; in jeder Hinsicht werden ein gesunder Menschenverstand und maßvolles Verhalten vorausgesetzt. Zwar sind Disziplin und Selbstkontrolle unerläßlich, aber es geht keineswegs um strenge Askese oder Abtötung:

„Sich sinnlichen Genüssen hinzugeben ist niedrig, gemein, unwürdig, schändlich und unergiebig; sich selbst zu peinigen ist schmerzlich, schändlich und unergiebig. Beide Extreme werden auf dem Mittleren Weg vermieden, den der Vollkommene verwirklicht, dem Weg, der es ermöglicht, zu sehen und zu verstehen, und der zum Frieden, zur Weisheit, zur Erleuchtung, zum *nibbāna* führt."[18]

Der Mittlere Weg des Buddha ist der Weg der Ausgewogenheit und Mäßigung. Aus praktischen Gründen ist er in die Form des berühmten **Edlen Achtfachen Pfades** des Buddha gegossen worden, weil er in acht Elemente aufgeteilt ist:

1. *Rechte Erkenntnis* – das heißt, sich eine richtige Meinung der Dinge verschaffen und ein korrektes Verständnis erwerben.
2. *Rechte Gesinnung* – oft auch „Rechte Absicht" genannt, das heißt, das richtige Ziel anpeilen, und zwar aufgrund des korrekten Verständnisses der Situation.
   Diese beiden begründen die *Weisheit.*
3. *Rechte Rede* – sich des Lügens enthalten, des bösmeinenden Klatsches, des verletzenden Sprechens usw.

---

[18] S 56.11

4. *Rechtes Handeln* – sich alles Tuns enthalten, das für andere oder für einen selbst schädlich ist.

5. *Rechter Lebenserwerb* – seinen Lebensunterhalt nicht mit unmoralischen oder illegalen Tätigkeiten verdienen.

Aus diesen drei besteht die *Sittlichkeit* oder das moralische Verhalten.

6. *Rechte Anstrengung* – Ausdauer und Energie beim Kultivieren der Achtsamkeit und Konzentration.

7. *Rechte Achtsamkeit* – das aufmerksame, unvoreingenommene Beobachten aller Phänomene, um sie wahrzunehmen und zu erfahren, wie sie in Wirklichkeit sind, ohne sie emotional oder intellektuell zu verzerren.

8. *Rechte Sammlung* – die geistige Konzentration, die unbedingt erforderlich ist, um den Geist still werden zu lassen und die Wahrnehmung zu schärfen.

Diese drei stellen die *Meditative Sammlung* dar.

Diese acht Glieder werden zwar zum Zweck der besseren Erklärung in einer bestimmten Reihenfolge aufgezählt, aber das ist nicht so gemeint, als solle man sie eines um das andere kultivieren (d. h. zunächst das erste vervollkommnen, ehe man zum zweiten weitergeht, und so fort). Wir haben bereits darauf hingewiesen, daß die drei Hauptbestandteile des Pfads – Sittlichkeit, Sammlung und Weisheit – unauflöslich miteinander verbunden sind und sich gegenseitig durchdringen und fördern. Ohne Meditation kann man keine Weisheit erlangen, aber die Meditation bleibt fruchtlos (oder wird zuweilen geradezu schädlich), wenn sie nicht mit großer Disziplin auf moralischem Gebiet einhergeht. Genau genommen, handelt es sich also lediglich um drei Aspekte ein und derselben Sache: Für den Erleuchteten sind Aktion, Meditation und Weisheit ein und dasselbe – unterschiedliche Ausdrucksformen eines integrierten, konfliktfreien Bewußtseins.

Irgendwo jedoch muß man konkret anfangen, und zu diesem Zweck ist die Reihenfolge, in der die acht Glieder vorgestellt werden, der Niederschlag der Erfahrung, wie dieser Prozeß normalerweise abläuft, wenn sich jemand an dieses mühsame, aber höchst lohnende Unternehmen begibt. Man fängt damit an, sich einiges Verständnis der wahren Natur der Lage des Menschen zu erwerben (das wäre also die erste Regung der Rechten Erkenntnis, also des ersten Glieds des Pfades). Dann entschließt man sich, etwas dagegen zu tun (Rechte Gesinnung oder Rechte Absicht); das ist der Anfang der Weisheit. Dann macht man sich daran, dieses neue und noch recht rudimentäre Verständnis in die Praxis umzusetzen, und beschließt, sein Verhalten und seine Lebensart entsprechend zu ändern (Sittlichkeit, Glieder 3, 4 und 5); gleichzeitig wendet man Zeit und Mühe für die Entwicklung der geistigen Sammlung auf, die man zum aufmerksamen Beobachten braucht; das ist dann die Praxis der Meditation (Glieder 6, 7 und 8).

Fortschritte macht man, indem alle diese Glieder ineinanderwirken: Wenn man die Meditation korrekt praktiziert, verbessert dies das Verstehen oder die Weisheit – man wird sich in zunehmendem Maß der unbeständigen und unpersonalen Natur aller Wesen, Dinge und Phänomene bewußt. Dieses schärfere Bewußtsein wirkt sich ganz natürlich heilsam auf das eigene Verhalten aus. Die größere Reinheit des Verhaltens in allem, was man tut, sagt und denkt, schafft ihrerseits wieder eine bessere Voraussetzung für die Meditation. So entsteht also eine aufsteigende Spirale, auf der moralisches Verhalten, Meditation und Weisheit immer mehr und besser ineinanderwirken, bis man zur vollen Integration der Erleuchtung gelangt.

Da wir uns bei der vorliegenden Studie auf den Aspekt der Meditation konzentrieren wollen, werden wir auf den folgenden Seiten nicht mehr viel über die beiden anderen Aspekte des Pfads zu sagen haben. Aber um Mißverständnisse zu vermeiden, ist es wichtig, niemals das aus dem Auge zu verlieren, was gerade ausdrücklich gesagt worden ist: Die Meditation ist nicht etwas, was sich in einem wasserdicht vom übrigen Leben abgeschotteten Abteil in kurzen, dafür eigens vorgesehenen Zeiträumen abspielt oder bewerkstelligen läßt, sondern sie ist integraler Bestandteil einer ganzen Lebensweise und verliert ihren Sinn, wenn man sie aus ihrem angemessenen Zusammenhang heraustrennt.

3

DIE BEIDEN ZWEIGE
DER BUDDHISTISCHEN MEDITATION:
SAMATHA UND VIPASSANĀ –
GEISTESRUHE UND KLARBLICK

1 In der Lehre des Buddha wird die Meditation in charakteristisch nüchternen und pragmatischen Begriffen vorgestellt; alle geschwollene Rhetorik wird vermieden. Er beschreibt die Meditation einfach als *bhāvanā*, was „Kultivierung" oder „Entfaltung" bedeutet. Das sind Begriffe, die zugleich sehr genau ihren Zweck angeben: Das große Potential des Geistes soll kultiviert und entfaltet werden, um die ungenügende Natur der inneren und äußeren Umstände, in denen wir uns vorfinden, zu überwinden. In diesem Zusammenhang ist die Feststellung wichtig, daß der Pali-Begriff *citta*, den man mit „Geist" übersetzt, nicht nur den gesamten Bereich der bewußten Aufmerksamkeit umfaßt, sondern auch jene Schichten, die man in der modernen westlichen Terminologie als das Unter- und Unbewußte der menschlichen Psyche bezeichnen würde.

Wie schon dargestellt wurde, rührt die Unzulänglichkeit des Daseins daher, daß wir unrealistische Erwartungen haben, weil wir die wahre Natur der Dinge nicht richtig wahrnehmen. Die Kultivierung und Entfaltung des Geistes ist das Mittel, wodurch wir diese irrige Wahrnehmung korrigieren. Ihre Praxis umfaßt zwei verschiedene Arten von Technik, die als *samatha* und als *vipassana* bezeichnet werden.

2 *Samatha* bedeutet „Ruhe", „Beruhigung" oder „Gelassenheit". Bei der Meditation des *samatha* oder der Geistesruhe (manchmal auch „Gemütsruhe" genannt) geht es darum, Bewußtseinszustände zu erlangen, die in zunehmend höherem Grad von Geistesruhe und Stille erfüllt sind. Das Ziel ist zweifach: die Erlangung des höchstmöglichen Grades geistiger Sammlung und, damit ein-

hergehend, das zunehmende Stilllegen aller geistigen Prozesse. Erreicht wird das durch eine zunehmend gesteigerte Sammlung der Aufmerksamkeit, bei der sich der Geist immer weiter von allen körperlichen und geistigen Anreizen zurückzieht. Auf diese Weise kommen die geistigen Prozesse des Meditierenden Schritt für Schritt zum Erliegen. Dadurch ist es möglich, höchst seltene Zustände reinen, unzerstreuten Bewußtseins zu erlangen, die zugleich Erfahrungen eines ungemein tiefen Friedens sind.

Diese Übung beginnt damit, daß man seinen Geist auf ganz bestimmte Gegenstände körperlicher oder geistiger Art (wie wir im nächsten Kapitel sehen werden) konzentriert und dann systematisch eine Reihe von Zuständen geistiger Vertiefung *(jhāna)* durchschreitet. Wie wir in Kapitel 5 beschreiben werden, gehört dazu, daß man Schritt für Schritt verschiedene Sinneswahrnehmungen unterbindet und die verbale, rationale Arbeitsweise des Geistes ausschaltet. Im Verlauf dieses Prozesses erlangt der Meditierende für die Dauer der Übungen in sehr hohem Maß integrierte Bewußtseinszustände.

Diese Art der buddhistischen Meditation – man kann sie passend als *abstrahierende Meditation* bezeichnen, weil sie darin besteht, Schritt für Schritt alle Sinnes- und Geisteswahrnehmungen auszuschalten – läßt sich, wie wir bald sehen werden, recht gut mit den Meditationstechniken vergleichen, die in anderen Traditionen gebräuchlich sind. Sie erschließt Bewußtseinszustände, für die Erfahrungen ganzheitlicher Art typisch sind, welche natürlich, für sich genommen, äußerst wertvoll sind. Jedoch unterliegen diese Erfahrungen demselben Gesetz der Unbeständigkeit wie alle anderen Dinge, und ihr Wert beschränkt sich im wesentlichen auf die Zeit, während der man sich im Zustand der Versenkung aufhält. Natürlich soll das nicht heißen, es handle sich bei der *samatha*-Meditation um einen Vorgang in einem völlig in sich geschlossenen Bereich, der keinerlei belangvolle Auswirkung auf das Alltagsleben des Meditierenden hätte. Im Gegenteil: es ist ganz offenkundig, daß Erfahrungen dieser Art, in denen äußerst intensive Zustände des Glücks, der Stille und tiefen Sinnes erlangt werden, unvermeidlich einen grundsätzlich positiven Einfluß auf die Mentalität des Meditierenden ausüben, mit entsprechend vorteilhaften Auswirkungen auf seine alltäglichen Verhaltensweisen, Einstellungen und Bewußtseinszustände.

Wozu die Augenblicke der Versenkungserfahrung der *samatha*-Meditation jedoch nicht führen können, ist ein **andauerndes, bleibendes** Übersteigen der eingefleischten Muster der menschlichen Psyche; nur diesen Zustand jedoch kann man strenggenommen als Erleuchtung *(bodhi)* bezeichnen, als Erlangung der Freiheit des *nibbāna*. Das war die entscheidende Einsicht in der Lehre des Buddha, die jedoch in späteren Zeiten oft wieder verwischt worden ist, obwohl der Buddha sie ganz deutlich formuliert hat.

Bedient man sich der Begriffe moderner westlicher Psychologen, die häufig diese Aspekte der menschlichen Erfahrung untersuchen[19], so kann man sagen, daß die *samatha*-Meditation zu „veränderten Bewußtseinszuständen"[20] führt. Diese variieren in ihrer Intensität und Dauer, verändern jedoch nicht grundsätzlich den Charakter des Bewußtseins, also seine typischen Eigenheiten und Merkmale. Anders gesagt, die dabei erlangten Zustände der Versenkung führen nicht zu dem, was einer der führenden westlichen Wissenschaftler auf diesem Gebiet, Daniel Goleman, als „jene Art von Umwandlung der Bewußtheit" bezeichnet hat, „die dem Bewußtsein als solchem eine neue Eigenschaft verleiht, also auf Dauer das Alltagsbewußtsein des Meditierenden verändert"[21].

---

[19] Sie nennen sich selbst ‚transpersonale Psychologen', weil sie solche menschliche Erfahrungen und Bewußtseinszustände untersuchen, die die Grenzen des ‚Ich' oder der ‚Person', wie sie in der traditionellen westlichen Psychologie definiert werden, überschreiten.

[20] ‚altered states of consciousness' – eine Terminologie, die der amerikanische Psychologe Charles T. Tart in seinem Aufsatz „Scientific Foundations for the Study of Altered States of Consciousness" im Journal of Transpersonal Psychology, vol. 3, no. 2, 1971, vorschlägt. Vgl. auch die wichtige Anthologie „Transpersonal Psychologies", Routledge & Kegan Paul, 1975, herausgegeben vom selben Autor (der selbst die Einführung und drei Kapitel dazu beigesteuert hat), die umfassende Beiträge von verschiedenen Autoritäten über Zen, Theravāda-Buddhismus, Yoga, Sufismus, christliche Mystik und andere Traditionen enthält.

[21] D. Goleman, The Varieties of Meditative Experience, S. 116 (siehe Ausgewählte Literatur).

Genau diese dauerhafte Veränderung des Bewußtseins wird herkömmlicherweise als Erleuchtung oder Befreiung bezeichnet, und um sie zu erlangen, ist es notwendig, sich der *vipassanā* zuzuwenden, der charakteristisch buddhistischen Meditationsweise.

3 *Vipassanā* bedeutet wörtlich „klare Sicht" (vom Verb *vipassati*, klar sehen), also: die Dinge genau so sehen, wie sie wirklich sind. Dementsprechend sind in deutscher Sprache die Ausdrücke „Hellblick" oder insbesondere „Klarblick" als Termini technici gängig geworden, und daran anknüpfend spricht man von „Entfaltung des Klarblicks" oder „Klarblicks-Meditation". [22]

Auch die *vipassanā*– oder Klarblicks-Meditation fängt genau wie die *samatha*-Meditation mit Konzentrationsübungen an und bedient sich dabei der ihr angemessenen Meditationsgegenstände. Der Unterschied liegt im Umstand, daß man in der *vipassanā* nicht zu immer höheren Stufen der Sammlung und Vertiefung fortschreitet. Hat der Meditierende hier erst einmal das genügende Maß an Sammlung erlangt, das ihm eine unzerstreute Aufmerksamkeit gewährleistet (man nennt diese Stufe die „angrenzende" oder „Zugangs-Sammlung", *upacāra samādhi*, oder auch „momentane Sammlung", *khaṇika samādhi*), so macht er sich daran, mit stetiger sorgfältiger Achtsamkeit und bis in die äußerst mögliche Einzelheit hinein auf all jene Sinnes- und Geistesprozesse zu achten, die bei der abstrahierenden Meditation ausgeblendet werden, einschließlich derjenigen, die sich normalerweise auf der unter- oder unbewußten Ebene abspielen. Das Ziel besteht hier darin, eine vollständige, direkte und unmittelbare Bewußtheit aller Phänomene zu erlangen. Das offenbart dann ihre grundlegende Unbeständigkeit *(anicca)* und Unpersönlichkeit *(anattā)*, also die Tatsache, daß ihnen jegliches bleibende Wesen oder Selbstsein abgeht [23]. Alles zielt also darauf ab, eine volle und klare Wahrnehmung der radikalen Unbeständigkeit aller existierenden

---

[22] Nyanaponika, „Im Lichte des Dhamma", b. 231 ff. Nyanatiloka „Buddhistisches Wörterbuch", Stichwort „Vipassana (siehe Ausgewählte Literatur). Zusätzliche Anmerkung des Autors für die deutsche Ausgabe.

[23] Vgl. Kapitel 2, Abschnitt 3.2.

Phänomene zu erlangen. Dazu gehört auch die Einsicht, daß das, was wir gewöhnlich den „Wahrnehmenden" nennen, genauso unbeständig und unpersönlich ist, und zwar auf genau die gleiche Weise, wie das erfahrene Objekt oder der Prozeß der Erfahrung selbst. Diese Wahrnehmung, nicht nur als intellektuelles Faktum registriert, sondern leibhaftig in der Praxis der Meditation erlebt und gelebt, stellt den einsichtsgewährenden „Klarblick" der *vipassanā* dar.

4 Das sind also, in groben Zügen zum Zweck der Einführung skizziert, die beiden Zweige der buddhistischen Meditation. In der alten Tradition praktizierten die Meditierenden gewöhnlich beide: *samatha*, um einen hohen Grad an Konzentration und Beruhigung zu erlangen, und *vipassanā*, um Befreiung durch intuitive Einsicht zu gewinnen. Dieser kombinierte Zugang bietet eindeutige Vorteile, denn es ist offensichtlich, daß mit der größeren Fähigkeit des Meditierenden, sich zu konzentrieren, und mit dem höheren Grad der Beruhigung und Ausgeglichenheit seines Geistes auch seine Fähigkeit, Einsicht zu erlangen, erleichtert und beschleunigt wird.

Es ist jedoch äußerst wichtig, sich immer vor Augen zu halten, daß, wie bereits deutlich gesagt, die Geistesruhe-Meditation *(samatha)* nicht von sich aus die Erleuchtung hervorbringen kann. Diese läßt sich nur durch die Entwicklung von Einsicht in der Klarblicks-Meditation *(vipassana)* erreichen, die sich dann angemessen üben läßt, wenn man ein vernünftiges Maß an Sammlung (Zugangs- oder momentane Sammlung) erworben hat, und man braucht dazu nicht die verschiedenen Grade der Vertiefung *(jhāna)* zu durchlaufen.

Auch lohnt es sich, darauf hinzuweisen, daß die Zustände der Vertiefung ihre eigene Art Risiko in sich tragen, und zwar gerade weil man in ihnen zeitweise höchst befriedigende veränderte Bewußtseinszustände erreicht. Der Meditierende kann daher dem Irrtum verfallen, diese Vertiefungserfahrungen als Ziele in sich zu erachten. In diesem Fall hindern sie eher die Entfaltung des Klarblicks, als sie zu fördern.

Aus diesem Grund beginnen manche Meditierende, entsprechend ihrem Charakter und den Umständen, alsbald mit der Praxis des reinen Klarblicks *(sukkha vipassanā)*, d. h., sie mühen sich um die Entwicklung ihres Klarblicks, ohne parallel dazu die fortgeschrittenen Grade der Geistesruhe-Meditation zu entwickeln. Immer mehr Meditierende haben sich in jüngster Zeit der Praxis reinen Klarblicks zugewandt. Angesichts der Überforderungen und Zwänge des modernen Lebens überrascht das nicht, denn diese machen es heute schwerer als in vergangenen Zeiten, sowohl die Zeit als auch die angemessene Umgebung für die Praxis der Geistesruhe-Meditation zu finden, die gewöhnlich ein weit größeres Maß an freier Zeit und Alleinsein erfordert. Das gilt ganz besonders für diejenigen Meditierenden, die weder Mönche noch Einsiedler sind, jedoch wie viele andere heutzutage im Westen wie im Osten versuchen, die Praxis der Meditation mit den vielfältigen persönlichen, sozialen und beruflichen Anforderungen zu verbinden, denen ein Laie ausgesetzt ist.

5 Die Umstände, daß beide Arten der Meditation – diejenige der Geistesruhe und des Klarblicks – mit der gleichen Art von Sammlungsübungen beginnen und daß sich die Geistesruhe-Meditation des Buddhismus und die Meditationspraktiken anderer Traditionen ziemlich ähnlich sind, haben (selbst unter anerkannten Experten auf diesem Gebiet) zu vielen Verwirrungen und Mißverständnissen über das Wesen der buddhistischen Meditation und ihrer Unterscheidungsmerkmale geführt. Daher mag es nicht überflüssig sein, auch um den Preis einer gewissen Wiederholung die wesentlichen Züge der beiden Zweige der buddhistischen Meditation – Geistesruhe und Klarblick – noch einmal aufzuzählen, ehe wir in den folgenden Kapiteln auf die Einzelheiten der beiden Techniken eingehen.

Beiden Arten der Meditation ist gemeinsam, daß es sich bei ihnen um **Methoden zum Training der Achtsamkeit** handelt[24]. Der grundlegende Unterschied zwischen beiden besteht in ihrer Zielsetzung und, von einem bestimmten Punkt ab, in ihren Metho-

---

[24] Das haben indes alle Meditationstechniken, gleich welcher Tradition, gemeinsam.

den. *Samatha* (die abstrahierende Geistesruhe-Meditation) strebt nach dem äußersten Grad geistiger Konzentration. Dazu blendet sie in zunehmendem Maß alle sensorischen und mentalen Inputs aus, die normalerweise den Geist beschäftigen, und sie konzentriert sich ausschließlich auf die einzige Wahrnehmung, die sie sich zum Objekt ihrer Meditation ausgesucht hat. Das kann ein Gegenstand, ein Bild oder ein Gedanke sein. Man kann das damit vergleichen, daß man einen Lichtstrahl so scharf wie möglich auf einen einzigen, besonders hellen Punkt hin bündelt. Die höheren Stufen geistiger Sammlung und Vertiefung, die man dabei erreichen kann, stellen veränderte Bewußtseinszustände dar[25], die klar definierbare Eigentümlichkeiten haben. Zum Beispiel wird dabei die Sinneswahrnehmung aufgehoben, werden die verbalen, rationalen Aktivitäten des Geistes abgebrochen, stellen sich Gefühle des Wohlbefindens, des Glücks, der Gelöstheit und der unaussprechlichen Intuition ein. Diese Bewußtseinszustände lassen sich deutlich von den drei hauptsächlichen Zuständen des Normalbewußtseins unterscheiden, wie sie die Psychologie definiert, nämlich vom Wachen, Schlafen und Träumen, und sie sind mit ihnen unvereinbar. Wer in einem der Zustände der Versenkung *(jhāna)* ist, ist weder wach noch schlafend, noch träumend; er ist in eine davon verschiedene spezifische Bewußtseinsweise versetzt.

Andererseits wird in der *vipassanā* (der Klarblicks-Meditation) die geistige Konzentration nur bis zu dem Grad eingeübt, der ausreicht, um eine stetige, unzerstreute Achtsamkeit zu gewährleisten. Daraus ergibt sich ein hellwacher und empfänglicher Bewußtseinszustand, der dann dazu benützt wird, eine ununterbrochene, feinfühlige Bewußtheit für alles zu entwickeln, was ins Bewußtsein kommt (sowohl aus innerlichen als auch äußerlichen Quellen). Dazu gehört auch die volle, unablässige und voll bewußte Ausübung sämtlicher geistiger Fähigkeiten. Um es ins vorhin schon gebrauchte Bild zu bringen: Hier wird der Lichtstrahl nicht auf einen möglichst kleinen Punkt konzentriert, sondern

---

[25] Vgl. oben in diesem Kapitel Abschnitt 2.

nur so stark gebündelt, daß er ein starkes und scharfes Flutlicht ergibt, das sich jederzeit auf alles richtet und es ausleuchtet, was sich in seinem Bereich abspielt. Wenn man diese Übung beharrlich macht und verfeinert, führt sie zu einer zunehmend intensiven und eigentümlichen Erfahrungsweise. Es handelt sich dabei nicht um einen Bewußtseinszustand, der seinem Wesen nach anders ist als die normalen Bewußtseinszustände, sondern er modifiziert diese nur und erschließt ihnen eine neue Dimension. Man betätigt sich dann nicht außerhalb der normalen Bewußtseinszustände, sondern innerhalb ihres Rahmens, aber auf ganz neue Weise. Ihre normalen Funktionen bleiben voll intakt (ja man arbeitet sogar effektiver), jedoch kommen einige neue, höchst wertvolle Funktionen hinzu, die ihnen bislang fremd gewesen waren. Man kann das am besten als eine durch und durch neue Organisation der menschlichen Psyche beschreiben. Der Mensch, der die Erfahrung der Einsicht der *vipassanā* macht, lebt in jeder Hinsicht anders, mag er nun wachen, schlafen oder träumen. Unterscheidungsmerkmale dieser neuen Lebensart sind unter anderem: eine innere Freiheit gegenüber allen Dingen, psychologische und mentale Ausgeglichenheit, Offenheit und Verfügbarkeit für andere und außergewöhnliche Effektivität und Tüchtigkeit im Denken und Tun. Eine der höchsten Autoritäten der modernen Schule der transpersonalen Psychologie hat das als einen **höheren Bewußtseinszustand** definiert [26]. Es handelt sich dabei um eine echte Umwandlung, die neue, unauslöschliche Bewußtseinszüge hervorbringt. Diese Umwandlung ist das, was man traditionellerweise Erleuchtung oder Befreiung oder auf ihrer höchsten Stufe *nibbāna* nennt [27].

Hier sei eine Warnung angefügt: Erwarten Sie die Erleuchtung nicht als unmittelbares Erlebnis; diese Umwandlung ist nicht etwas, was sich in einem Augenblick ereignet, sondern eher über aufsteigende Stufen (obwohl der Übergang von einer Stufe zur

---

[26] Charles T. Tart in dem in Anm. 20 erwähnten Aufsatz. Über dieses ganze Thema, das von erstrangiger Bedeutung ist, handelt sehr substantiell die in Anm. 21 genannte hervorragende Studie von Goleman.
[27] Siehe Kapitel 6, Abschnitt 2.6 und Kapitel 7.

nächsten für sich genommen der plötzliche Höhepunkt eines vor-
angegangenen Prozesses ist). Es handelt sich um eine stufenweise
Neustrukturierung der menschlichen Psyche, die viel Zeit und
Ausdauer erfordert. Das kann kaum überraschen, wenn man be-
denkt, wie vieles in den meisten von uns der Verbesserung und
Neuformung bedarf.

4

SAMMLUNG, DIE GRUNDLAGE DER MEDITATION

1 Die drei Stufen der Sammlung
Bevor wir die Geistesruhe- und die Klarblicks-Meditation je für sich ausführlich darlegen, ist es unerläßlich, ihre gemeinsame Grundlage genauer ins Auge zu fassen, nämlich die geistige Sammlung oder Konzentration, und zu zeigen, wie man sie entwickelt.

Zum Zweck der Meditationspraxis kann man dabei drei verschiedene Stufen oder Grade der Intensität der Sammlung unterscheiden.

1.1 Die vorbereitende Sammlung *(parikamma samādhi)*
Das ist schlicht die anfängliche Mühe, die man sich gibt, um sich zu sammeln und mit der mentalen Übung anfangen zu können. Es ist die Art Konzentration, um die man sich im Alltag bemüht, wenn man seine Aufmerksamkeit bewußt auf einen bestimmten Gegenstand richtet. Natürlich hängt der Grad der Aufmerksamkeit von der natürlichen – untrainierten – Fähigkeit jedes einzelnen Menschen ab, und dabei gibt es beträchtliche Unterschiede. Manche Leute konzentrieren sich äußerst leicht und ungeheuer intensiv, während andere Schwierigkeiten haben, ihren Sinn aufmerksam auch für noch so kurze Zeit auf etwas ganz Bestimmtes zu richten. Aber selbst im Fall desjenigen, der sich leicht konzentrieren kann, aber sich darin nicht speziell trainiert hat, genügt diese vorbereitende Konzentration nicht zur Praxis der Meditation. Es ist vielmehr notwendig, diese zu stabilisieren und zu stärken. Das läßt sich üben, indem man sich intensiv auf einen dazu geeigneten „Meditationsgegenstand" konzentriert (wie das später in diesem Kapitel beschrieben wird), bis man die „angrenzende" oder „Zugangs-Sammlung" zustande bringt.

1.2 Die Angrenzende oder Zugangs-Sammlung *(upacāra samādhi)*

Diese wird traditionell als „angrenzende" bezeichnet, weil sie schon ganz nah an den ersten Vertiefungsgrad grenzt. Man kann sie aber auch treffend als „Zugangs-Sammlung" bezeichnen, weil sie den Zugang sowohl an die Geistesruhe als auch an den Klarblick erschließt. Gebraucht man sie für die Klarblicks-Meditation, so wird sie herkömmlicherweise als „momentane Sammlung" *(khaṇika samādhi)* bezeichnet. Das Unterscheidungsmerkmal dieser Stufe ist, daß die geistige Aufmerksamkeit sich hierbei stetig und intensiv auf den Meditationsgegenstand konzentriert, den man sich entweder in seiner ursprünglichen Form oder (bei bestimmten Arten von Übungen) in der Form des „Gegenbildes" (wie wir später sehen werden [28] vor Augen hält. Auf dieser Stufe schaltet man noch nicht die Aufnahme von Sinnes- oder Geisteswahrnehmungen aus. Der Meditierende nimmt voll wahr, was sich in ihm und um ihn abspielt, aber **das zerstreut ihn nicht mehr.** Seine Aufmerksamkeit bleibt ganz auf den Meditationsgegenstand konzentriert.

Von dieser Stelle an gehen die beiden Meditationsweisen getrennte Wege. Zum Zweck der Klarblicks-Meditation *(vipassanā)* genügt diese Stufe der Zugangs- (oder momentanen) Konzentration, um aufmerksam alle Phänomene und Prozesse zu beobachten und dadurch eine immer feinere und vollständigere, direktere Bewußtheit ihrer unbeständigen, vergänglichen Natur zu entwickeln. Für die Vertiefung der Geistesruhe-Meditation *(samathā)* hingegen ist es notwendig, die Konzentration des Geistes immer noch mehr zu stärken und zu verfeinern, um schließlich die „volle Sammlung" zu erlangen.

1.3 Die Volle Sammlung *(appanā samādhi)* – die Konzentration der Erreichungsstufe

Hier verschmilzt der Geist derart voll und ganz mit dem Gegenstand der Meditation (oder seines Gegenbildes), daß er alle ande-

---

[28] Siehe Abschnitt 3.3 dieses Kapitels.

ren Gedanken oder Wahrnehmungen ausschließt. Das nennt man die **volle Sammlung** oder die **Konzentration der Erreichungsstufe**, denn durch sie erreicht man die verschiedenen Stufen der meditativen Vertiefung *(jhāna)*. Während der Meditierende diesen geistigen Zustand vertieft und verfeinert, indem er durch aufeinanderfolgende Versenkungen immer weiter fortschreitet, durchlebt er Erfahrungen, die in zunehmendem Maß einigenden oder ganzheitlichen Charakter haben. Die Vielfältigkeit und Unterschiedlichkeit der Erfahrungs-Faktoren, werden allmählich von einem Fluß reiner Bewußtheit ersetzt, in dem jegliche Unterscheidung zwischen dem Beobachter, dem Beobachteten und dem Prozeß des Beobachtens zerschmilzt.

2 Sammlungsübungen für das Wahrnehmen und das Reflektieren

Grundsätzlich gibt es zwei verschiedene Weisen, die geistige Sammlung einzuüben. Man könnte sie grob bezeichnen als Übungen im **Wahrnehmen** und im **Reflektieren**, je nachdem, welche geistigen Funktionen dabei im Spiel sind.

2.1 Im Fall der **Übungen im Wahrnehmen** richtet sich die Aufmerksamkeit ganz und gar auf den Gegenstand oder Prozeß, den man sich als Objekt der Meditation ausgewählt hat, und zwar so, wie sich dieser in jedem gegebenen Augenblick darbietet. Dabei läßt man sich in keiner Weise auf irgendeine Reflexion oder auf Vernunft- oder Phantasievorstellungen darüber ein. Es geht also um die unmittelbare, direkte Wahrnehmung des Meditationsgegenstandes, Augenblick für Augenblick, unter Ausschluß jeglicher Ablenkung, sei sie sensorischer Art (indem man andere Dinge wahrnimmt), intellektueller Art (indem man Gedankenverläufen folgt, die sich auf den Gegenstand beziehen oder die von ihm ausgelöst worden sind) oder emotionaler Art (indem man sich irgendwelchen damit zusammenhängenden Gefühlen hingibt). Der Geist soll voll und ganz auf jeden spezifischen Augenblick der Wahrnehmung fixiert sein. Diese Fixierung des Geistes auf den unendlich kleinen Punkt des Hier und Jetzt ist das, was in den alten Texten als „Einspitzigkeit des Geistes" bezeichnet wird[29].

Für diese Übung kann man jede beliebige Art von sensorischem Input wählen (zum Beispiel visuelle Objekte, Geräusche, Tastempfindungen, sogar Gerüche oder Geschmäcker). Da es jedoch äußerst wünschenswert ist, mit einem möglichst bleibenden und beständigen Input zu üben, bevorzugt die traditionelle buddhistische Meditation visuelle Meditationsgegenstände (Wahrnehmungen von Farben, Formen, usw.) oder Berührungswahrnehmungen (Empfindungen im Körper des Meditierenden selbst). Bei bestimmten Übungen bedient man sich auch einer visuellen Wahrnehmung, die man als indirekt oder abgeleitet bezeichnen könnte. Sie besteht darin, daß man sich bis in alle Einzelheiten Gegenstände vorstellt, die zum direkten visuellen Anschauen nicht zur Verfügung stehen, entweder weil sie normalerweise nicht sichtbar sind (wie zum Beispiel die inneren Organe bei der Einübung in die Beschauung der Körperteile[30] oder weil sie zur Zeit der Übung nicht mehr zur Verfügung stehen (wie bei der Beschauung der zunehmenden Verfallsstadien des Körpers nach dem Tod[31]. Diese visuellen Vergegenwärtigungen stützen sich auf bis in die Einzelheiten gehende Beschreibungen, die man sich zuvor eingeprägt hat oder, wo möglich, auf früheres Anschauen von seinerzeit verfügbaren Gegenständen (wie im Fall von vorherigen Leichenbeschauungen).

2.2 Übungen für das Reflektieren dagegen lassen die Sinneswahrnehmung beiseite und verwenden rein geistiges Material als Meditationsgegenstand. Bei typischen Übungen dieser Art fängt der Meditierende damit an, über die Natur und Bedeutung bestimmter Wesenheiten (wie des Buddha, des *Dhamma* usw.) oder fundamentaler Wahrheiten (etwa der Unbeständigkeit, des Todes) nachzudenken. Hier geht es darum, den Geist ganz konzentriert einzusetzen und entschieden alle ablenkenden Inputs auszu-

---

[29] Im Pali *ekaggatā*, wörtlich: ‚auf einen Punkt gerichtet'.
[30] Siehe Abschnitte 4.3.9.4 und 4.3.9.7 in diesem Kapitel.
[31] Siehe Abschnitt 4.2 dieses Kapitels.

schließen, wie Meldungen der Sinne oder den ständigen Dunst au-
ßengerichteter mentaler Aktivitäten, der gewöhnlich unser „normales" Denken umhüllt. Das führt dann zu einer immer
intensiveren Sammlung des Geistes.

3 Die drei Bilder bei der Sammlung des Geistes

Im Fall der Wahrnehmungs-Übungen entsprechen den beiden ersten Stufen der Sammlung – das heißt, der Vorbereitungs- und der
Zugangs- (oder momentanen) Konzentration – drei „Bilder" *(ni-
mitta)*. Es handelt sich dabei um deutlich erkennbare Wahrneh-
mungserfahrungen, die anzeigen, welchen Fortschritt man in der
Sammlung des Geistes gemacht hat.

3.1 Das Vorbereitungsbild *(parikamma nimitta)*

Das ist einfach die anfängliche, normale sinnliche Wahrnehmung
des Meditationsgegenstands, wenn man damit beginnt, seine Aufmerksamkeit bewußt und ausschließlich auf ihn zu konzentrieren.

3.2 Das Aufgefaßte Bild *(uggaha nimitta)*

Wenn die Konzentration der Aufmerksamkeit beharrlicher und intensiver wird, entwickelt der Meditierende eine beständige und alle
Einzelheiten erfassende Wahrnehmung des Gegenstands, die selbst
dann klar bestehenbleibt, wenn er die direkte Betrachtung unter-
bricht (zum Beispiel, wenn er während des Anschauens eines visuellen Objekts für einige Momente die Augen schließt). Dieses
Andauern des Bildes im Nervensystem ist das, was man als das „aufgefaßte Bild" bezeichnet oder gelegentlich auch – aus naheliegen-
dem Grund – als „das Lernbild". Es ist ein Zeichen für die Tatsache,
daß der Geist anfängt, die Wahrnehmung des Gegenstands in ruhiger, unzerstreuter Sicherheit und Beständigkeit festzuhalten.

Es lohnt sich, die traditionelle Beschreibung dieses Zustands zu
zitieren. Für diesen Zweck ist die beste Quelle der *Visuddhi
Magga* (Der Weg zur Reinheit), ein Klassiker der buddhistischen
Literatur, der in Sri Lanka vom Mönch Buddhaghosa im 5. Jahrhundert n. Chr. verfaßt wurde. Es handelt sich dabei um ein um-
fassendes, alle Einzelheiten genau beschreibendes Handbuch der

buddhistischen Meditation, das sich auf die *Lehrreden* des Buddha und die frühen Kommentare dazu stützt und seither durch alle Jahrhunderte ein unschätzbar wertvoller Führer für alle geworden ist, die sich in der Meditation praktisch üben wollen. Von jetzt an werde ich oft Gelegenheit haben, auf ihn zurückzukommen, wenn ich spezifische Aspekte der Meditationspraxis beschreibe.

Wenn man sich auf ein visuelles Objekt konzentriere, sagt dieses Handbuch, „Bisweilen mit geschlossenen, bisweilen mit offenen Augen möge man seinen Geist auf das Objekt heften. Solange bis das ‚Aufgefaßte Bild' nicht aufsteigt, möge man sich auf diese Weise hundert oder tausend Mal oder noch öfter üben. Sobald aber während solcher Übung und während man mit geschlossenen Augen sich auf das Objekt konzentriert, einem dasselbe genau so deutlich erscheint wie mit offenen Augen, so gilt das ‚Aufgefaßte Bild' als aufgestiegen."[32]

3.3 Das Gegenbild *(patibhāga nimitta)*

Wenn der Meditierende, vom aufgefaßten Bild aus weiter fortschreitend, weiter übt, erreicht er schließlich eine höhere Stufe der Konzentration, die **Sammlung des Zugangs**. Der Hinweis, daß man bis zu ihr gelangt ist, ist das **Aufsteigen des Gegenbildes**. Das ist nicht länger das direkte Bild des ursprünglich ausgewählten Objekts, sondern eine Wahrnehmung mit eigenen Merkmalen, die, wie wir noch sehen werden, sich je nach der Natur des ursprünglichen Objekts unterschiedlich darstellen. Jedenfalls sind die Merkmale in keiner Weise mehr eine direkte Abbildung dieses ursprünglichen Objektes. Das Gegenbild ist eine Erfahrung mit ganz eigenen Merkmalen, die im wesentlichen anzeigt, daß man zur Bewußtheit des Wahrnehmungsakts selbst gelangt – also zur

---

[32] *Visuddhi Magga* (VDM), Kap. IV S. 125 im Pali-Text, und S. 148–149 in der deutschen Übersetzung des Ehrwürdigen Nyanatiloka (siehe Ausgewählte Literatur). Die folgenden häufigen Verweise auf diesen Text werden in der Form gegeben, daß die Seitenzahl im Pali-Original und dahinter in Klammer die Seitenzahl der deutschen Übersetzung angegeben wird. Das hier angeführte Zitat wäre somit: VDM IV, 125 (148–149). Die Terminologie der zitierten Textstellen wurde gelegentlich etwas abgeändert, um aus Gründen der inneren Einheit derjenigen der vorliegenden Arbeit zu entsprechen.

bewußten Wahrnehmung der Wahrnehmung. Im *Visuddhi Magga* wird sie folgendermaßen beschrieben:

„Der Unterschied zwischen diesem und jenem früheren ‚Aufgefaßten Bilde' ist da folgender: bei dem Aufgefaßten Bilde zeigen sich noch Unvollkommenheiten der Kasinascheibe[33] [d. h. jede Unregelmäßigkeit in dem visuellen Gegenstand, den man sich zum Objekt seiner Meditation erkoren hat; das erworbene Bild, das man mit geschlossenen Augen ‚sieht', gibt ganz exakt alle Züge des ihm zugrundeliegenden Vorbilds wieder, einschließlich irgendwelcher Defekte dieses Vorbilds], das Gegenbild dagegen ist wie eine aus dem Futteral herausgenommene runde Spiegelscheibe, oder wie rein polierte Perlmutter, oder wie die zwischen den Wolken hervorgetretene Mondscheibe, oder wie ein vor einer Gewitterwolke befindlicher Kranich; und durch Durchbrechung des Aufgefaßten Bildes gleichsam hervorgegangen zeigt es sich hundert und tausend Mal klarer als jenes. Und dieses Gegenbild hat weder Farbe noch Gestalt; denn wäre es so beschaffen, so wäre es dem Sehbewußtsein zugänglich, grobstofflich, berührbar und mit den drei Merkmalen behaftet[34] [d. h. es wäre ein materieller Gegenstand, den man als solchen sehen könnte]. Dem ist aber nicht so, denn es ist bloß ein in dem Sammlungbesitzenden anwesendes, geistig gezeugtes Bild."[35]

Der Leser wird merken, daß wir uns an diesem Punkt auf ein Erfahrungsfeld begeben, das sich nur äußerst schwer angemessen und unmißverständlich beschreiben läßt. Das ist einer der Gründe dafür, weshalb die Meditationsmeister normalerweise darauf verzichten, ihren Schülern schon im voraus diese Art der Erfahrungen, die sie erwarten, zu beschreiben oder zu erklären. Der andere und wichtigere Grund für diese Vorsicht ist, daß eine Vorausbeschreibung eher dazu angetan ist, den Fortschritt zu hemmen, statt ihn zu fördern, weil sie bestimmte Erwartungen

---

[33] Siehe Abschnitt 4.1 dieses Kapitels.
[34] Die drei Merkmale aller entstehungsbedingten oder zusammengesetzten Dinge, die in unablässigem Fluß sind: entstehend – gegenwärtig – vergehend ‚(uppāda – thiti – bhanga), wobei das ‚gegenwärtig' den unendlich winzigen Schwebepunkt zwischen ‚entstehend' und ‚vergehend' bezeichnet.
[35] VDM IV, 126 (149).

weckt. Tatsächlich läuft der Schüler eine doppelte Gefahr, wenn er eine bestimmte Wahrnehmung oder Erfahrung erhofft oder wünscht, von der ihm gesagt worden ist, sie sei das Bild dafür, daß er Fortschritte gemacht habe. Zunächst einmal könnte sein Gedanke, er müsse „bis zum Bild gelangen", seine Konzentration stören, die ja gerade der einzige Weg bis zu diesem Bild ist. Und zweitens – was noch gefährlicher ist – könnte der Schüler sich darauf verlegen, sich das Bild entsprechend der Beschreibung, die ihm gegeben worden ist, vorzustellen und sich in einem Prozeß der Auto-Suggestion die Überzeugung erwerben, er nehme es wahr, während er sich in Wirklichkeit mit dem eigensinnigen Konstrukt seiner Phantasie zufriedengibt – was genau das Gegenteil von wirklicher Sammlung ist.

Um wirklich Fortschritte zu machen, muß der Meditierende nur ganz streng eines tun: seine Aufmerksamkeit in voller Konzentration auf den Meditationsgegenstand gerichtet halten. Die Bilder werden sich, wenn sie eintreten, ganz ungebeten und von sich aus einstellen, als Entsprechungen der Sammlungsstufe, die man erreicht hat. Zudem muß man sich darüber im klaren sein, daß diese Entsprechungen nicht von mathematischer Exaktheit und Stringenz sind, so daß einer bestimmten Stufe der Sammlung jeweils unweigerlich und messerscharf eine bestimmte Klarheit und Intensität des Bildes entsprechen würde. Wie immer, wenn man es mit lebendigen Wirklichkeiten und nicht mit theoretischen Abstraktionen zu tun hat, gibt es eine sehr große Bandbreite individueller Schwankungen. Es hängt von der betreffenden Person, ihren Fähigkeiten und vielen anderen Umständen ab, ob sich die Bilder leicht oder schwer einstellen, rasch oder sehr spät, intensiv oder schwach. Es gibt sogar Menschen, die zur Zugangs-Sammlung gelangen, fast ohne das Aufgefaßte Bild und das Gegenbild wahrzunehmen.

4 Gegenstände der Meditation

Grob gesprochen, kann man fast alle physischen oder mentalen Gegebenheiten benützen, um darauf seine Aufmerksamkeit zu richten. Die Erfahrung hat jedoch gezeigt, daß bestimmte Arten von Gegenständen infolge der ihnen eigenen Merkmale geeigneter als andere für den Einstieg in die und die Weiterentwicklung der geistigen Konzentration sind. Nehmen wir zum Beispiel visuelle Gegenstände: Jeder wird rasch einsehen, daß es besser ist, wenn sie ein einfaches und geschlossenes Bild bieten, weil sie dadurch dem Geist – der immer auf Vielfalt aus ist – weniger Anlaß geben, zu allen Arten von gedanklichen Prozessen (wie Vergleichen, Reflexionen, Assoziationen) abzuschweifen, die die hauptsächlichen Hindernisse für die Konzentration sind. Andererseits verlangen manche reflexive Meditationsübungen, bei denen der Meditierende dazu aufgefordert wird, sich anhand vorgegebener Schemata Gedanken über die Natur zum Beispiel des Buddha oder des *Dhamma* usw. zu machen, eine ziemlich komplexe intellektuelle Aktivität, können jedoch sehr hilfreich sein, weil sie stark motivierend wirken. Bei der Auswahl der Meditationsgegenstände für jeden einzelnen Schüler zum jeweiligen konkreten Zeitpunkt läßt sich der Meditationsmeister von zwei Gesichtspunkten leiten: erstens von Charakter und Mentalität des Schülers und zweitens von der Art der Meditation, um die es gehen soll (Geistesruhe- oder Klarblicks-Meditation).

In der alten Tradition der buddhistischen Meditation werden vierzig bestimmte Übungsobjekte empfohlen. Es handelt sich um zehn *kasinas*[36], zehn Weisen des Zerfalls des Körpers, zehn Betrachtungen, eine Wahrnehmung, eine Analyse, vier erhabene Weilungen (oder göttliche Verweilungszustände) und vier unkörperliche Gebiete.

Will man sich in aller Form der Meditationsübung mit irgendeinem dieser Gegenstände widmen, so wird empfohlen, sich einen stillen Ort zu suchen, der frei von jeglicher Ablenkung ist, und sich in einer bequemen Haltung hinzusetzen. Die traditionelle Haltung ist natürlich diejenige mit gekreuzten Beinen (entweder

---

[36] Wovon der Begriff *kasina* abgeleitet ist, ist ungewiß; vielleicht ist er mit dem Sanskrit-Wort *krsna* (ganz, gesamt, vollständig) verwandt. Es ist ein Terminus technicus der buddhistischen Meditation, den man am besten unübersetzt läßt. Er bezeichnet ein materielles Objekt oder Element, das man als Input der Wahrnehmung verwendet, um die geistige Konzentration für die Meditation zu entwickeln; in vielen Fällen handelt es sich dabei um ein speziell dafür hergerichtetes Artefakt.

im Lotus-, halben Lotus- oder einfach im Schneidersitz), aber sie ist nicht wesentlich. Worauf es vor allem ankommt, ist, eine Haltung zu finden, in der man bequem möglichst lange reglos sitzen bleiben kann. Eine Ausnahme davon ist die Übung der sogenannten „Geh-Meditation" *(cankamana)*, die darin besteht (wie ihr Name sagt), sich ganz auf die mit dem Gehen verbundenen Bewegungen zu konzentrieren. Das ist eine Variante der Betrachtung des Körpers (siehe unten Abschnitt 4.3.9.1 und Kapitel 6).

4.1 Die zehn *kasiṇas*

Das sind Erde, Wasser, Feuer, Luft (also die vier Elemente); Blau, Gelb, Rot, Weiß (die vier Grundfarben); Licht und begrenzter Raum.

Die Meditationsgegenstände „Erde", „Wasser" und „Feuer" sowie die vier Farben kann ein erfahrener Meditierender direkt in der Natur beschauen, indem er zum Beispiel ein frisch gepflügtes Feld betrachtet, einen See oder Teich, die Flammen eines Feuers und die Farben, wie sie sich in der Natur finden (in Blumen, Sträuchern usw.). Auch „Licht" und „begrenzter Raum" lassen sich aufgreifen, wie sie sich im Rahmen einer offenen Tür oder eines Fensters darbieten.

Andererseits kann es für einen Anfänger notwendig sein, sich das *kasiṇa* künstlich herzustellen, also ein einfaches Arrangement, das ihm bei der Meditation hilft. Normalerweise sollte das aus einer kreisrunden Fläche bestehen (brauchbar ist eine solche mit einem Radius von ca. 30 cm [37], die ganz aus dem erforderlichen Material oder der betreffenden Farbe besteht. Es kommt wesentlich darauf an, daß die sichtbare Oberfläche so einheitlich wie möglich ist. Im Fall der Farben kann man eine Scheibe aus jeglichem brauchbarem Material (Holz, Karton usw.) mit der gewünschten Farbe streichen, oder man füllt ein Tablett mit

---

[37] VDM 123 (146) gibt genau an: ‚so groß wie ein Sieb oder Teller' Dazu erklärt der alte Kommentar zu VDM: ‚Was die Worte ‹so groß wie ein Sieb› usw. betrifft, wäre es wünschenswert, wenn Sieb und Teller von gleicher Größe wären, aber manche sagen, ‹die Größe eines Tellers› betrage eine Spanne und vier Finger (was ungefähr 30 cm wären) und ‹die Größe eines Siebs› sei größer als das.'

Gegenständen in der betreffenden Farbe (z. B. mit Blumen oder Stoff). Falls man Blumen verwendet, sollte man dafür sorgen, daß nur die farbigen Blütenblätter zu sehen sind, nicht aber die Stengel, Blätter oder Zweige, die die Aufmerksamkeit von der Farbe ablenken könnten. Um ein *kasiṇa* aus Erde oder Wasser herzustellen, kann man eine bestimmte Menge der betreffenden Materie in einen runden Behälter füllen (ein Tablett, eine flache Schüssel o. ä.) Im Fall der Farben und der „Erde" sollte man darauf achten, daß die Oberfläche in Farbe und Struktur so eben und gleichmäßig wie möglich ist. Will man das „Feuer" betrachten, so könnte man das so einrichten, daß man es sich durch eine runde Öffnung vor Augen stellt, die man in einen Schirm oder einen Stoff oder sonst ein Material geschnitten hat, das man zwischen den Meditierenden und die Flammen stellt. Das „Licht"-*kasiṇa* läßt sich herstellen, indem man einen Lichtstrahl auf eine Wand oder sonst eine glatte Oberfläche richtet, und „begrenzter Raum" läßt sich arrangieren, indem man eine runde Öffnung in eine Wand, einen Wandschirm oder sonst eine vertikale Oberfläche schneidet. Bei der Beschauung der „Luft" gibt es für die Methode keinen Unterschied zwischen Anfängern und in der Übung Erfahrenen. Man braucht dazu keinen besonderen Kniff oder ein Arrangement, sondern man sollte die Luft entweder dadurch betrachten, daß man auf die Bewegung von Pflanzen, Bäumen oder Büschen im Lufthauch achtet, oder indem man sich auf die Berührung seiner Haut durch die Luft konzentriert.

Außer in diesem letzten Fall sollte der Anfänger sich für alle anderen *kasiṇas*, nachdem er sein Objekt an einer geeigneten Stelle angebracht hat, auf einen Stuhl oder niedrigen Hocker setzen, in etwa einem Meter Abstand vom Objekt, und seine Konzentration darauf richten. Die Anweisungen des *Visuddhi Magga* dafür sind äußerst anschaulich und praktisch zugleich:

„setze man sich an einer innerhalb einer Entfernung von zwei und ein halb Ellen von der Kasinascheibe befindlichen Stelle auf einen bereitgestellten und eine Spanne und vier Finger hohen, weich gedeckten Stuhl. Sitzt man nämlich weiter davon ab, so zeigt sich einem die Kasinascheibe nicht deutlich; sitzt man aber näher dabei, so werden die Unvollkommenheiten der Kasina-scheibe sichtbar. Und setzt man sich höher, so muß man beim Hinblicken seinen Nacken beugen; setzt man sich aber tiefer, so schmerzen einem die Knie."[38]

Es handelt sich hier um reine Wahrnehmungsübungen, und der Geist sollte ausschließlich auf die Wahrnehmung des ausgewählten Gegenstands konzentriert sein, ohne sich auf irgendwelche Gedanken darüber oder Assoziationen dazu einzulassen. Zudem muß sich die Wahrnehmung selbst zunehmend auf das Wesentliche des Objekts konzentrieren und alle unwesentlichen und zufälligen Aspekte beiseite lassen. Wenn man zum Beispiel damit anfängt, die Farbe Blau zu beschauen, beginnt man mit dem *kasiṇa*, wie es ist, und stellt alle eventuellen Unregelmäßigkeiten hinsichtlich Farbe oder Muster fest (z. B. im Fall einer bemalten Scheibe die unregelmäßige Verteilung der Farbe, bei Stoff Knitterstellen oder Falten, oder, falls man Blumen verwendet, Reste von Blättern oder Stielen). Dann sollte man nicht weiter auf die Unregelmäßigkeiten achten, und der Geist sollte sich so stark wie möglich auf die reine blaue Farbe konzentrieren. Anfangs ist es oft eine Hilfe, sich gleichzeitig im Geist immer wieder das Wort „Blau, Blau" zu wiederholen, bis man sich stabil auf die Wahrnehmung des Blau eingelassen hat. Oder im Fall des *kasiṇa* „Erde" sollte man genausowenig wie auf die Unebenheiten der Oberfläche auf die Farbe der Erde achten, sondern der ausschließliche Gedanke und die einzige Wahrnehmung sollten „Erde, Erde" sein.

Zu diesen zehn *kasiṇa*-Wahrnehmungsübungen gibt es entsprechende Aufgefaßte Bilder und Gegenbilder. Nach dem *Visuddhi Magga* sind das, kurz zusammengefaßt, die folgenden:

Die vier Farben
Für alle vier Farben – Blau, Gelb, Rot und Weiß – sind die Bilder die gleichen. Beim Aufgefaßten Bild „zeigen sich Kasiṇafehler, und zwischen den Blütenblättern liegende Fasern, Stiele usw. erscheinen [im Fall des Gebrauchs von Blumen]. Das Gegenbild

---

[38] VDM IV, 124 (148).

aber ... erscheint wie ein in der Luft schwebender kristallener Fächer[39], von der Kasinascheibe losgelöst.[40]

Erde

Auch hier zeigen sich „bei dem Aufgefaßten Bilde noch Unvollkommenheiten der Kasinascheibe"[41] (jegliche Unregelmäßigkeit in Farbe oder Struktur der Erde, mit der man den Behälter gefüllt hat), während das Gegenbild seine eigenen Merkmale hat, die wir bereits als Beispiel bei der allgemeinen Erörterung des Gegenbildes zitiert haben (oben, Abschnitt 3.3); sie werden als Strahlen, Klarheit und Reinheit beschrieben (in den Bildern des Spiegels, des Perlmutts, des Monds usw.).

Wasser

„Dabei tritt das Aufgefaßte Bild gleichsam zitternd auf. Wenn das Wasser mit Blasen und Schaum bedeckt ist, so tritt bloß ein solches Bild auf, und es kommen Kasinafelder zum Vorschein. Das Gegenbild aber zeigt sich völlig unbeweglich wie ein in der Luft befestigter Kristallfächer oder eine runde kristallene Spiegelscheibe."[42]

Feuer

„Dabei erscheint das Aufgefaßte Bild wie eine Flamme, die sich immer wieder zerteilt und herabsinkt. Wer aber das Objekt in nicht besonders hergerichtetem Feuer ergreift[43], dem zeigen sich Kasinafehler; und ein brennendes Holzstück, oder ein Haufen glühender Kohlen, oder Asche oder Rauch kommen zum Vor-

---

[39] Damit soll auf die intensive Wahrnehmung des Leuhtenden und Transparenten hingewiesen werden; keineswegs soll damit empfohlen werden, man solle versuchen, sich einen fächerförmigen Umriß vorzustellen.

[40] VDM 173 (203). Damit ist gemeint, daß der Meditierende das Gegenbild der Zugangs-Konzentration erreicht hat, das nicht mehr an die direkte Sinneswahrnehmung (Vorbereitungsbild) oder an die Erinnerung der Wahrnehmung (Aufgefaßtes Bild) gebunden ist. Vgl. Abschnitt 3 in diesem Kapitel.

[41] VDM IV, 125 (149).

[42] VDM IV, 170–171 (201).

[43] Indem er in eine beliebige verfügbare Flamme blickt, ohne, wie oben beschrieben, einen Schirm mit einer runden Öffnung davorzustellen.

schein. Das Gegenbild aber erscheint unbeweglich wie ein in der Luft befestigtes Stück roten Tuches, oder ein goldener Fächer, oder eine goldene Säule."[44]

Luft
„Dabei erscheint das Aufgefaßte Bild zitternd wie der Dunstkreis des gerade vom Ofen abgenommenen Reisbreis. Das Gegenbild aber ist fest und unbeweglich."[45]

Licht
„Hierbei nun gleicht das Aufgefaßte Bild genau der an der Wand oder auf dem Fußboden entstandenen Lichtscheibe. Das Gegenbild aber gleicht einem dichten hellen Lichtbündel."[46]

Begrenzter Raum
„Hierbei gleicht das Aufgefaßte Bild dem Loche, zusammen mit der Mauerumgrenzung usw. ... Das Gegenbild dagegen erscheint ganz wie eine Raumscheibe."[47]

4.2 Die zehn Arten des körperlichen Zerfalls
Auch hierbei handelt es sich um Wahrnehmungs-Übungen (sie entsprechen den „Leichenfeld-Betrachtungen", die ihrerseits eine Form der „Betrachtung über den Körper" sind, wie wir unten in Abschnitt 4.3.9 sehen werden). Der Meditierende hat hier Leichname in verschiedenen Zerfallsstadien vor Augen – aufgedunsen, bläulich verfärbt, im Verwesungszustand, zerstückelt, in Form zerstreuter Knochen usw. Die Übung beginnt mit der direkten Inaugenscheinnahme eines Leichnams und setzt sich fort in detaillierten geistigen Vorstellungen, bei denen es darum geht, sich lebhaft bis in alle Einzelheiten den Verfallszustand vor Augen zu halten, den man zu Beginn der Übung leibhaftig gesehen hat.

---

44 VDM V, 171–172 (202).
45 VDM V, 172 (203).
46 VDM V, 175 (205).
47 Das heißt, das ihn umgebende Material verschwindet. VDM V, 175 (206).

Für diese Reihe von Übungen ist also vorgesehen, daß man einen Leichnam gründlich betrachtet. Im alten Indien war es nicht schwer, einen solchen zu Gesicht zu bekommen; denn damals wurden die Toten normalerweise nicht begraben oder verbrannt, sondern auf der Leichenstätte außerhalb des Dorfes ausgesetzt, um dort zu verwesen oder von Aasfressern verzehrt zu werden. Heute bietet sich, vor allem in westlichen Ländern, ein solcher Anblick nur noch äußerst selten. Zudem kommt es bei diesen Übungen mehr als bei anderen darauf an, von einem qualifizierten Lehrer begleitet zu werden, da sie eventuell stärkere psychologische und emotionale Erschütterungen hervorrufen können. Zwar ist diese Kategorie von Meditationsgegenständen äußerst nützlich, um eine übersteigerte Fixierung auf Aussehen und Wohlbefinden des eigenen Körpers und allgemein auf sinnlichen Genuß, zu beheben, aber es ist wohl kaum zweckmäßig, sie in einem Buch wie dem vorliegenden bis in alle Einzelheiten darzustellen.

4.3 Die zehn Betrachtungen

Mit zwei wichtigen Ausnahmen handelt es sich hier um Meditationen der reflektierenden Art, weshalb sie sich in dieser Hinsicht von den bislang beschriebenen unterscheiden. In diesen Reflexions-Übungen, oft auch Betrachtungen genannt, besteht der Ausgangspunkt jedesmal in einer altüberlieferten Formulierung, die die wesentlichen Punkte bzw. das Charakteristische des Meditationsgegenstandes zusammenfaßt, über das dann im Lauf der Betrachtungsübung intensiv nachgesonnen werden soll. Der Meditierende fängt damit an, daß er sich im Geist den entsprechenden Satz vorsagt und dann seine Aufmerksamkeit Schritt für Schritt auf jedes einzelne der Elemente des Satzes konzentriert und sorgfältig darüber nachdenkt. Im allgemeinen bedenkt man zunächst den semantischen Aspekt – also den Sinn und die Bedeutung des einzelnen Wortes –, um dann nach und nach über seine tiefere Aussage als Begriff, Manifestation oder Zeichen der Wahrheiten nachzudenken, die der Buddha aufgezeigt und erklärt hat. Diese reflexive Konzentration schärft das Bewußtsein für die betreffenden befreienden Wahrheiten, und umgekehrt steigert die zunehmende Stärkung und Konzentration der Bewußtheit wiederum die Konzentration.

Betrachten wir jetzt kurz die acht reflexiven Meditationen mit ihren traditionellen Formulierungen. Das sind zunächst die sogenannten „Drei Juwelen" *(ti-ratana)*, die gleichzeitig die „Drei Zufluchten" *(ti-saraṇa)* des Buddhisten darstellen: der *Buddha* (der Erleuchtete), der *Dhamma* (die Lehre) und der *Sangha* (die Gemeinschaft).

4.3.1 Der Buddha

Formel
„Dieser Gesegnete wahrlich, ist der Heilige, der Allerleuchtete, der im Wissen und Wandel Vollkommene, der Wohlgefahrene, der Weltenkenner, der unvergleichliche Lenker der zu bezähmenden Männer, der Meister der Himmelswesen und Menschen, der Erleuchtete, der Erhabene."[48]

Meditation
Der Meditierende nimmt sich jetzt jedes einzelne Element dieser Formel vor – der Gesegnete, Heilige, Allerleuchtete usw. – und denkt darüber in der gerade beschriebenen Weise nach. Der *Visuddhi Magga* bietet detaillierte Anleitungen dafür, wie man über jeden einzelnen Begriff der Formel nachdenken soll, auf viele verschiedene Weisen. Darauf kann hier natürlich nicht im einzelnen eingegangen werden. Aber als anschauliches Beispiel dafür sollen jetzt einige wenige der Weisen genannt werden, auf die man über den ersten Begriff, der den Buddha beschreibt, nachdenken kann. Man könnte damit anfangen, zu betrachten, daß der Begriff „der Gesegnete" auf den Respekt und die Verehrung hinweist, die dem

---

[48] VDM VII, 198 (231) *Bhagavā* (wörtlich ‚glücklich', gewöhnlich mit ‚gesegnet' übersetzt) ist eines der Wesensattribute des Buddha, *arahant* (wörtlich ‚würdig' oder ‚verdienstvoll', wird oft mit ‚heilig' übersetzt) ist der spezifische Begriff für die Person, die das *nibbāna* erreicht hat, und man läßt es in den meisten Fällen am besten unübersetzt. Diese Formel ist wie die nächsten beiden (über *Dhamma* und *Sangha*) eine uralte Formulierung, die bis in die Zeit des Buddha selbst zurückgeht.

Buddha als dem höchsten aller Wesen, das sich durch seine besonderen Qualitäten auszeichnet, zukommt. Dann könnte man weiter über seine Qualitäten in vielfacher Hinsicht nachdenken; zum Beispiel ist der Buddha „gesegnet" in dem, was er erreicht, was er überwindet, was er besitzt und was er versteht, das heißt, er erreicht die höchste Vollendung der Tugend, der universalen Liebe, des Mitleidens, des Gleichmuts usw. und den höchsten Segen des *nibbāna*; er rottet ganz und gar die Habgier, den Haß und die Verblendung aus sowie jegliche Makel und Mängel der Achtsamkeit und Aufmerksamkeit und jeden schlimmen Zorn, bösen Willen, Trug usw.; er besitzt die vollkommene Herrschaft über seinen Geist, die volle Realisierung der Wahrheit und Vollkommenheit und erlangt die makellose Verwirklichung usw.; er versteht und lehrt die Vier Edlen Wahrheiten: das Leiden, seinen Ursprung aus dem Anhangen das durch die Unwissenheit verursacht wird, sein Aufhören durch das Beheben der Unwissenheit und den Pfad, der zum Aufhören des Leidens führt. Auf diese und ähnliche Weisen denkt der Meditierende tief und immer wieder über jeden einzelnen der Begriffe nach, aus denen die Formel besteht.

4.3.2 Der Dhamma

Formel
„Wohl verkündet ist von dem Gesegneten die Lehre *(Dhamma)*, hier und jetzt sichtbar, an keine Zeit gebunden, zur Entdeckung einladend, anregend, jedesmal in ihrem eigenen Innern durch die Weisen zu erkennen."[49]

Meditation
„Wohl verkündet", weil sie die Lebensweise, die zur Erleuchtung führt, ansagt und beschreibt, und weil sie zur Klarheit beim Anfang, in der Mitte und am Ende führt. Sie wirkt klärend am Anfang, weil sie in der Tugend unterweist und diese empfiehlt und durch diese dem Meditierenden körperliches und geistiges Wohlbefinden verschafft; sie wirkt klärend in der Mitte (d. h., wenn

---

[49] VDM VII, 213 (250).

man in der Praxis der Lehre voranschreitet), weil sie Geistesruhe *(samatha)* hervorruft und Klarblick *(vipassanā)* schenkt; sie wirkt klärend am Ende, weil sie in die Vollendung des *nibbāna* führt. „Hier und jetzt sichtbar" ist die Lehre deshalb, weil jeder, der sie richtig praktiziert und sein Begehren und seine Anhänglichkeit usw. abstreift, alsbald ihre wohltuende Auswirkung auf sich und seine Umgebung wahrnimmt; er muß also nicht blind etwas glauben, was jemand anders behauptet. In dieser Weise betrachtet man auch hier gründlich jeden einzelnen Begriff.

4.3.3 Der Sangha

Formel

„Die Gemeinschaft *(Sangha)* der Schüler des Gesegneten ist die Gemeinschaft, die den guten Weg betreten hat, den geraden Weg, den rechten Weg, den würdigen Weg, das heißt die vier Menschenpaare oder acht einzelnen Menschen [50]; diese Gemeinschaft der Schüler des Gesegneten ist würdig der Gaben, würdig der Gastfreundschaft, würdig der Opfergeschenke, würdig der Verehrung als unübertroffenes Feld der Verdienste [51] für die Welt." [52]

---

[50] Bei zunehmender Erkenntnis gibt es vier Stufen oder Ebenen (siehe Kapitel 6, Abschnitt 2.6.1), von denen jede zwei Aspekte hat: den Augenblick des Betretens oder Erlangens dieser Stufe oder Ebene und die darauffolgende Festigung des entsprechenden Bewußtseins dieser Stufe. In der traditionellen Terminologie wird das Betreten als *Pfad* bezeichnet, die Festigung des Bewußtseins als *Frucht* oder *Ziel*. VDM erklärt, daß ‚vier Menschenpaare‘ und ‚acht einzelne Menschen‘ nur eine andere Ausdrucksweise für diese verschiedenen Stufen ist, ‚um der unterschiedlichen Empfänglichkeit für die Lehre‘ seitens der Zuhörer entgegenzukommen. Bei ‚vier Menschenpaare‘ werden die Praktizierenden paarweise betrachtet: „der auf dem ersten Pfade und der am ersten Ziel (d. i. des Stromeintritts) befindliche bilden verbunden ein Paar", usw. und bei den ‚acht einzelnen Menschen‘ wird jeder für sich genommen, „da gibt es einen auf dem ersten Pfade befindlichen und einen am ersten Ziele befindlichen", usw. Vgl. VDM VII, 219 (257).
[51] Der Begriff des ‚Verdienstes‘ *(puñña)* im Buddhismus darf nicht mißverstanden werden. Es handelt sich dabei nicht um eine Art Belohnung oder Preis, den irgendein göttlicher Richter verleiht, sondern um gute Taten (mentaler, verbaler oder physischer Art), die gute Konsequenzen hervorrufen (nämlich spirituelles Wachsen und Reifen und gelegentlich auch physisches oder materielles Wohlbefinden) infolge des natürlichen Wirkens der Gesetze von

Meditation

„Die Gemeinschaft der Schüler des Gesegneten": die Schüler sind diejenigen, welche aufmerksam der Unterweisung des Gesegneten zuhören und sich von ihr führen lassen. Sie alle zusammen bilden eine Gemeinschaft, denn sie besitzen gemeinsam die **rechte Erkenntnis** der Dinge und die **rechte Gesinnung** im Umgang mit ihnen (was die beiden ersten Faktoren des Edlen Pfads sind); außerdem ist ihnen gemeinsam, daß sie die Sittlichkeit praktizieren (Faktoren drei bis fünf des Edlen Pfads, d. h. **rechte Rede**, **rechtes Handeln** und **rechter Lebenserwerb**); und indem sie die Meditation pflegen, üben sie den sechsten, siebten und achten Faktor des Pfads (**rechte Anstrengung**, **Achtsamkeit** und **Sammlung**), so daß sie sich also an den gesamten Edlen Achtfachen Pfad halten. Daher heißt es, daß sie „den guten Weg betreten" haben – den Weg, wie ihn die Lehre vorsieht und führt –, der „gerade Weg" der zur Befreiung führt, weil er „recht" und „würdig" ist und zur Erlangung der Wahrheit des *nibbāna* anleitet usw.

Die nächsten drei Betrachtungsübungen auf dieser altüberlieferten Liste beziehen sich auf verschiedene Aspekte der Tugend. Die erste handelt von der allgemeinen Übung der tugendhaften Lebensweise, d. h. von der moralischen Disziplin im Denken, Reden und Tun, was die „Sittlichkeit" oder das moralische Verhalten darstellt, also einen der drei Hauptteile des Pfads (wie in Kapitel 2, Abschnitt 3.4 gezeigt).

4.3.4 Tugend

Formel

Die Betrachtung sollte sich hier aufmerksam auf die verschiedenen Arten von Sittlichkeit richten, die man praktizieren muß. Diese sind „ungebrochen, lückenlos, unbefleckt und makellos, befreiend, von den Weisen gepriesen, unberührt, zur Sammlung führend"[53].

Ursachen und Wirkungen (siehe Kapitel 6, Abschnitt 2.6.1.2: ‚Der Kreis der Wiedergeburten').

[52] VDM VII, 218 (256).

[53] VDM VII, 221 (259).

Worum es hier geht, ist, eine möglichst große Bewußtheit dafür zu entwickeln, wie wichtig es ist, ein gewissenhaft tugendhaftes Leben zu führen, ohne jegliche Zweigleisigkeit oder Kompromisse, und das Gespür dafür zu wecken, daß das Gefühl der Integrität, welche sich aus einer solchen Lebensweise ergibt, ein äußerst wirksames Mittel zur Erlangung der geistigen Sammlung ist. Wie auch bereits bei den vorausgegangenen Übungen dieses Abschnitts besteht die „Betrachtung" darin, sich bis in alle Einzelheiten den vollen Sinn und die Bedeutungen jedes einzelnen dieser Begriffe klarzumachen. Tugenden sind zum Beispiel „ungebrochen, lückenlos", wenn man es fertigbringt, ungebrochen und stabil in einer Einstellung reinen und tugendhaften Denkens und Wollens zu verharren, ohne es durch unmoralische oder unziemliche Worte, Gedanken oder Taten zu unterbrechen. Man hält sich also hier intensiv die durchgehende Ganzheit der Tugend vor Augen. „Unbefleckt und makellos": ohne jegliche Beeinträchtigung der Intensität und Reinheit, d. h., man vertieft sich in den höchsten Grad der Tugendhaftigkeit. Ähnlich soll man mit den anderen Begriffen verfahren. Die Nennung von „unberührt" ist besonders wichtig; hier soll sich der Meditierende darauf besinnen, wie wichtig es ist, nicht an seiner eigenen Tugend klebenzubleiben und jegliche Art der Selbstzufriedenheit oder Selbstgerechtigkeit zu vermeiden; das wären ernsthafte Beschmutzungen der Tugend.

4.3.5 Freigebigkeit

Die zweite Sittlichkeits-Betrachtung konzentriert sich auf die Freigebigkeit. Das muß natürlich Hand in Hand mit der tatsächlichen Praxis „des Gebens und Teilens ... entsprechend seinem Vermögen und seinen Mitteln" gehen (wie der *Visuddhi Magga* nicht zu betonen versäumt). Die Betrachtung – wie üblich wieder von Begriff zu Begriff – stützt sich auf die Formel:

„Gesegnet, wahrlich, bin ich; hochgesegnet, wahrlich, bin ich, daß ich unter den vom Schmutze des Geistes besessenen Geschöpfen mit einem vom Schmutze des Geizes freien Herzen lebe, freigiebig, mit reinen Händen, am Weggeben Freude empfindend, den Bitten zugänglich, am Geben und Teilen mit anderen Freude empfindend."[54]

4.3.6 Betrachtung über die Himmelswesen

Die dritte Sittlichkeits-Betrachtung erfolgt in der Weise, daß man sich seine eigenen Qualitäten des Glaubens, der Güte usw., die man mittels des Edlen Pfads entwickelt hat, vornimmt und sie intensiv betrachtet, indem man bei den Gestalten der Himmelswesen oder Gottheiten Beispiele, Vorbilder und Zeugnisse für die betreffenden Tugenden sucht. Die altüberlieferte Formel bezieht sich hier auf ein breites Spektrum von Gottheiten, die das Pantheon des volkstümlichen Buddhismus in Asien, wie er aus dem Hinduismus entwickelt worden ist, bevölkern. Diese Hinwendung zu Gottheiten mag merkwürdig erscheinen, wenn man bedenkt, daß der Buddha selbst nachdrücklich darauf bestanden hat, metaphysische und theologische Spekulationen seien nutzlos – und zwar so sehr, daß der Buddhismus schon zu Recht als „eine Religion ohne einen Gott" bezeichnet worden ist. Doch ist der Widerspruch in Wirklichkeit nur scheinbar. Man muß sich nur darüber im klaren sein, daß der Buddha die Wirklichkeit von Daseinsweisen außerhalb und jenseits der uns geläufigen materiellen Sphäre nicht in Abrede gestellt hat. Ja, uns wird berichtet, er habe sogar über ein direktes Wissen über solche andere Existenzweisen verfügt, und zwar dank der außerordentlichen Entwicklung seiner Fähigkeiten, die ihm ein viel breiteres und subtileres Spektrum von Wahrnehmungen und Verständnis eröffnet haben, als das „normale" Spektrum umfaßt. Daher war er sich der Existenz von Wesen bewußt, die in Schichten jenseits der Reichweite unserer gewöhnlichen menschlichen Wahrnehmung wirken, und er war mit Kräften und Fähigkeiten ausgestattet, die anders und gelegentlich höher waren als diejenigen der übrigen Menschen. Im Lauf der Geschichte ist sich die Menschheit immer mehr oder weniger dunkel der Existenz solcher anderer Wesen bewußt gewesen und hat ihnen die verschiedensten Namen gegeben, wie Götter,

---

[54] VDM VII, 223 (261).

Engel, Dämonen, Genien, Geister usw. Der Buddha hatte daher keine Schwierigkeiten, den volkstümlichen Glauben derer aufzugreifen, an die sich seine Unterweisung richtete, ja er konnte sogar die Namen und Mythologien verwenden, unter denen die Menschen damals diese Wesenheiten erfaßten und anriefen, denn er wußte recht gut, daß diese Glaubensvorstellungen eine – wenn auch verworrene und verzerrte – Wahrnehmung einer Wirklichkeit spiegeln, die es tatsächlich gibt. Jedoch betonte er immer und sehr entschieden – und darauf kommt es hier an –, daß alle diese Wesen und Mächte nicht wirklicher oder dauerhafter als wir selbst sind; selbst wenn sie gelegentlich, gemessen an menschlichen Maßen, ungemein viel länger leben, sind sie doch keineswegs ewig. Wie alles, was ist, sind auch die Himmelswesen oder Götter dem Gesetz des *kamma* unterworfen, der komplexen, ununterbrochenen Interaktion von Ursachen und Wirkungen. So lehrte der Buddha, daß auch die „Gottheiten" wie alle übrigen Arten von Wesen den Folgen ihrer Handlungen unterworfen seien und daß auch ihr Dasein (obzwar unermeßlich privilegierter, gesegneter und länger erscheinend als das unsere) genau wie das unsere dem Wechsel, der Auflösung und Wiedergeburt unterworfen sei, und das immer und immer wieder, bis schließlich auch sie das *nibbāna* erreichen, welches die einzige endgültige Befreiung darstellt. Im Buddhismus sind die Götter Brüder und Schwestern der Menschen, so wie die Menschen Brüder und Schwestern der Tiere sind. Wir befinden uns alle auf demselben fortlaufenden Band der Geschichte, wenn auch an verschiedenen Stellen. Diese kurzen Anmerkungen mögen helfen, den Punkt dieser Betrachtung besser zu erklären, der zunächst ganz anders als die übrigen zu sein scheint.

Worauf es bei dieser Übung ankommt, ist ganz eindeutig **nicht**, daß man Gebete an irgendwelche Himmelswesen richten oder sie um ihren Beistand bitten sollte. Man soll sie sich als Vorbilder auf anderen Ebenen des Daseins und der Bewußtheit vor Augen halten (die genau wie wir der Veränderung und Vorläufigkeit unterworfen sind, wenn auch in anderen Zeitmaßstäben), und vor allem als Zeugen dafür, daß unsere Anstrengungen zur Vervollkommnung der positiven Qualitäten in uns führen können.

In diesem Fall ist es nicht sinnvoll, die Betrachtungs-Formel in ihrer altüberlieferten Fassung hier wiederzugeben, weil die darin genannten Gottheiten den westlichen Lesern nicht vertraut sind. Doch jeder, der diese Betrachtung halten will, kann sich einfach diejenigen Gottheiten, spirituellen Manifestationen oder Heiligen vor Augen führen, die für ihn von größter Aussagekraft sind, je nach seinem eigenen religiösen, kulturellen und ethnischen Hintergrund. Die *Formel* in ihrem Umriß, den jeder für sich gemäß seiner Tradition ausfüllen kann, ließe sich etwa so fassen:

„Es gibt [hier denkt man an die maßgebenden Himmelswesen]..., und diese Himmelswesen waren beseelt von Glauben [55]..., von Sittlichkeit..., von Wissen..., von Freigebigkeit..., von Einsicht, so daß sie, als sie hier starben, dort wiedergeboren wurden [56]. Und solcher Glaube, solche Sittlichkeit, solches Wissen, solche Freigebigkeit und solche Einsicht gibt es auch in mir."

---

[55] Man muß allerdings klar unterscheiden, daß im Buddhismus ‚Glaube‘ etwas ziemlich anderes ist als das gewöhnlich mit ‚religiösem Glauben‘ Gemeinte. Das Pali-Wort *saddhā* wird häufig mit ‚Glauben‘ übersetzt, aber zutreffender wäre ‚Vertrauen‘. Im Buddhismus geht es nicht um das blinde Glauben an irgendwelche Wahrheiten, die eine höhere Gottheit (entweder direkt oder durch Propheten) offenbart hat, oder um einen Glauben, der sich auf das blinde Annehmen einer Autorität stützt. Hier geht es eher um ein Vertrauen und eine Zuversicht, daß das, was der Buddha gelehrt hat, etwas Fruchtbares und Hilfreiches ist, und das soll immer – worauf der Buddha selbst mit Nachdruck bestanden hat – durch die eigene Erfahrung verifiziert werden: ‚Gebt euch nicht zufrieden mit Hörensagen oder Tradition, Legendengeschichten oder in heiligen Schriften Überliefertes; auch nicht mit Mutmaßungen, logischen Schlüssen oder dem Abwägen von Gründen; seid auch nicht mit etwas zufrieden, weil ihr eine gewisse Anschauung vorzieht, nachdem ihr sie überdacht habt, oder weil ihr annehmt, ein Fähiger bringe euch etwas Gutes bei; auch nicht, weil ihr denkt: ›der Mönch ist unser Lehrmeister‹. Nur wenn ihr aus eigener Erfahrung wißt: ›Diese Dinge sind unheilsam ... und führen zu Schaden und Leid ... und diese Dinge sind heilsam ... und führen zu Wohlsein und Glück‹, dann sollt ihr [die unheilsamen Dinge] aufgeben, dann sollt ihr [die heilsamen Dinge] praktizieren und bei ihnen verweilen‘ (A 3.65). Der buddhistische Glaube ist alles andere als ein blinder Glaube.

[56] Wiedergeboren in ganz unterschiedlichen Arten möglicher ‚Himmel‘, d. h. Existenzweisen, die viel erhabener, segensreicher, feiner und länger andauernd als unsere menschlichen Leben sein können, jedoch auf lange Sicht nicht weniger der Veränderung und Unbeständigkeit unterworfen sind.

der Visuddhi Magga erläutert, daß der Meditierende zunächst betrachten sollte, zu welch hohem Grad der Vollkommenheit es die Himmelswesen in den einzelnen Tugenden gebracht haben. Danach sollte er diese Tugenden, wie sie auch in ihm vorhanden sind, betrachten: „Dann begebe er sich in die Einsamkeit, und abgeschieden gedenke er der eigenen Tugenden, wie des Vertrauens usw., indem er die Himmelswesen zu Zeugen nehme."[57]

4.3.7 Betrachtung über den Tod

Für diese Betrachtung, die von weitreichendster Bedeutung und zugleich für den unvorbereiteten Geist vielleicht die erschütterndste ist, besteht die kürzeste Formel einfach im Gedanken: „Eintreten wird der Tod, die Lebenskraft wird versiegen" oder noch einfacher: „Tod, Tod". Für solche, denen diese einfachen Worte als unzureichend erscheinen, hält der *Visuddhi Magga* eine Liste von acht eingehenderen Betrachtungen über den Tod bereit. Zu jeder gehören eine oder mehrere Formeln, die hier wiederzugeben den Rahmen sprengen würde. Aber es dürfte nicht allzu schwer sein, daß sich jeder selbst seine passenden Gedanken über diese acht Weisen macht, so daß es genügen mag, sie hier nur kurz aufzuzählen.

4.3.7.1 Der Tod als Mörder

Er bringt uns um wie ein Mörder sein Opfer. Vom Augenblick unserer Geburt an schleicht er hinter uns her, bis er uns erwischt und ermordet.

4.3.7.2 Der Tod als Zerstörer unserer Erfolge

Keine Errungenschaft ist ewig. Jegliche Größe, jeder Erfolg enden früher oder später im Zerfall. Jede Gesundheit endet in Krankheit, jede Jugend im Alter, jedes Leben im Tod.

4.3.7.3 Der Vergleich seiner selbst mit anderen

Seit Anfang der Zeit waren alle Menschen dem Tod unterworfen, selbst die mächtigsten, stärksten, weisesten und heiligsten. Keiner

---

[57] VDM VII, 225 (263).

ist davor verschont worden. Sogar der Buddha selbst, der denen glich, die keinem gleichen, wie es keinen zweiten gibt in seiner Vollendung und vollen Erleuchtung – „selbst er wurde jäh vom Regenschauer des Todes ausgelöscht, wie ein großes Feuer von einem Wolkenbruch gelöscht wird."[58] Der Tod wird zu mir genauso kommen wie zu allen diesen herausragenden Wesen.

Das ist selbstverständlich das bekannte Thema des „Totentanzes", dessen Bilder man überall in der Malerei und Dichtung des europäischen Mittelalters findet: wie der erbarmungslose Sensenmann ohne Ansehen der Person Könige und Bettler, Krieger und Mönche, Junge und Alte niedermäht.

4.3.7.4 Betrachtung, daß wir unseren Körper mit vielen teilen

Hier geht es darum, sich deutlich vor Augen zu halten, daß der Körper eine große Gemeinschaft von unzähligen einzelnen lebenden Zellen ist, die ständig zerfallen und erneuert werden und in die sich viele unterschiedliche Bakterien, Mikroben und andere Mikroorganismen teilen, die in uns leben und in uns sterben; ferner, daß dieser Organismus ständig Angriffen von innen und von außen ausgesetzt ist, wie Krankheiten, Unfällen usw., und daß diese große Gemeinschaft letztendlich auseinanderfällt[59].

4.3.7.5 Die Hinfälligkeit des Lebens

Man betrachte, in welch hohem Maß nicht nur das Wohlbefinden, sondern sogar das bloße Dasein des eigenen Organismus von nur einigen wenigen Faktoren abhängig ist: von der Luft zum Atmen, von der Nahrung, von einem engen Schwankungsbereich der uns umgebenden Temperatur, vom hochsensiblen Gleichgewicht der Elemente, aus denen der Organismus besteht. Wenn nur einer davon ausfällt (in manchen Fällen sogar nur für kurze Zeit, wie bei der Atemluft), hat das den Tod zur Folge.

---

[58] VDM VII, 234 (273).
[59] Diese alte Vorstellung des Organismus entspricht verblüffend genau den Beobachtungen der modernen Biologie und Medizin, auch wenn die Terminologie natürlich eine ganz andere ist. VDM spricht z. B. nicht von Mikroorganismen, sondern eher bildhaft von den ‚achtzig Würmerarten', die im Körper wohnen.

4.3.7.6 Die Unvorhersehbarkeit des Todes

Hier betrachtet man, daß man den Tod nie vorhersagen kann. Man weiß nie, wann oder wie er eintreten wird, noch wo der eigene Körper zur Ruhe gelegt, noch wo ein künftiges Dasein anbrechen wird [60]. Über jeden Zweifel steht einzig die Tatsache, daß der Tod kommen wird.

4.3.7.7 Die Kürze des Lebens

Wer ganz lang lebt, mag hundert Jahre alt werden, aber es kann auch sein, daß man schon tot zu Boden fällt, ehe man noch diese Seite bis zur letzten Zeile gelesen hat. Der Tod lauert immer um die nächste Ecke. Man sollte daher jeden Augenblick so leben, als sei es der letzte, in voller Bewußtheit.

4.3.7.8 Die Kürze des Augenblicks

Wenn man es genau bedenkt, erkennt man, daß sich die Erfahrung des Lebendigseins im strengen Sinn auf den jeweiligen Augenblick beschränkt, auf das „Jetzt". Alles andere ist entweder schon vergangen (selbst wenn es erst vor einem Augenblick war) und gehört also bereits ins Reich der Erinnerung, oder es hat sich noch nicht ereignet und gehört ins Reich der Zukunft voller Erwartung, Vorfreude, Hoffnung oder Angst usw. Die Abfolge der „Jetzt"-Punkte ist unendlich rasch: in der Zeit, wo Sie auch nur das Wort „Jetzt" gelesen haben, ist es bereits vergangen – und auch das „Sie", das es gelesen hat, ist vergangen. Das nächste „Jetzt" ist ein neuer Augenblick mit einem neuen Leser. Der ge-

---

[60] Jedes künftige Dasein wird seinerseits wieder seine ganz eigenen Charaktermerkmale und eine bestimmte Dauer haben, und nach seinem Ende werden auf dieses wiederum weitere Leben im endlosen Kreislauf der Wiedergeburten *(saṃsāra)* folgen, der nur durch die Erlösung des *nibbāna* durchbrochen werden kann. Man sollte sich hierbei jedoch darüber im klaren sein, daß man sich dabei durchaus keine Seele vorstellen sollte, die unter Wahrung ihres eigenen Wesens oder ihrer Identität von einer sterblichen physischen Form in die nächste wandert, denn – wie der Buddha gelehrt hat – es gibt auf keiner Ebene so etwas wie eine Selbst-Identität. Was im nächsten Leben wiedergeboren wird, ist die Frucht der Taten aus vorausgegangenen Existenzen *(kamma vipāka).* (siehe Kapitel 6, Abschnitt 2.6.1.2: ,Der Kreislauf der Wiedergeburten').

genwärtige Augenblick ist nur ein Aufblitzen für einen unendlich kleinen Moment, eine Sache von weniger als einer Mikrosekunde. Der *Visuddhi Magga* sagt:

„Gleichwie das Wagenrad beim Rollen wie beim Stillstehen sich jedesmal bloß auf einem einzigen Punkte der Peripherie befindet: genau so währt das Leben der Wesen nur für die Dauer eines einzigen Bewußtseinsmomentes. Sobald dieser Bewußtseinsmoment erloschen ist, gilt auch das Wesen als erloschen."[61]

Was wir „Leben" nennen, ist die rasche ununterbrochene Abfolge solcher Augenblicke, von denen jeder seinen ganz eigenen, vom jeweils vorhergehenden und nachfolgenden verschiedenen Charakter hat (mag dieser Unterschied auch nur unendlich klein sein). Jeder Augenblick des „Lebens" ist eine Wiedergeburt nach dem Tod des vorangegangenen Augenblicks.

4.3.8 Betrachtung über den Frieden

Die letzte der rein reflektiven oder betrachtenden Meditationen betrifft die Eigenschaften des *nibbāna*, also mit anderen Worten der Stillung allen Leidens.

Formel

„Wie weit auch immer es *dhammas* [Phänomene] gibt, verursachte oder nicht verursachte[62], als höchstes darunter gilt das Dahinschwinden[63], d. i. die Wahnzerstörung, die Überwindung des

---

[61] VDM VIII, 238 (278).

[62] Nach der Erfahrung des Buddha ist das Gesamt des wahrnehmbaren und erkennbaren Universums ein kompliziertes Gewebe einander bedingender und beeinflussender Phänomene, die ihrer Natur nach alle zusammenhängen und sich gegenseitig verursachen. Nur eines gibt es, das einfach, losgelöst und nicht von Ursachen abhängig und folglich nicht dem Wandel und dem Verfall ausgeliefert ist: das *nibbāna*. In dieser Formel wird die nicht-ursächlich bedingte Seinsweise des *nibbāna* mittels negativer Umschreibungen geschildert, d. h., es wird kurz aufgezählt, was alles ausgeschieden werden muß, um es zu erlangen. Tatsächlich läßt sich über das *nibbāna* nichts Positives sagen, und zwar gerade weil es nicht Teil der Welt der zusammengesetzten, vergänglichen Dinge ist, auf die sich alle unsere logisch-verbalen Strukturen beziehen (siehe Kapitel 7).

[63] *Virāga* wird gelegentlich auch als ‚Loslösung' übersetzt. Aber zutreffender ist die wörtliche Übersetzung ‚Dahinschwinden', weil sie am besten den Dop-

Durstes, die Entwurzelung der Anhaftungen, die Durchbrechung der Daseinsrunde, die Versiegung des Begehrens, das Dahinschwinden, alle Erlöschung, das nibbāna."[64]

Die Betrachtung darüber besteht wie bei den anderen Übungen dieser Gruppe darin, jeden einzelnen dieser aufgezählten Begriffe für sich gründlich zu erwägen (siehe auch unten Kapitel 7 über das *nibbāna*).

Wir müssen uns jetzt den beiden einzigen Übungen dieser Gruppe der zehn sogenannten Betrachtungen zuwenden, bei denen es nicht um mentale Reflexion, sondern um direkte Wahrnehmung geht. Als solche sind sie ungemein wichtig, denn schon durch den Umstand, daß sie eine Übung in der Klarheit der Wahrnehmung darstellen, sind sie ganz besonders dazu geeignet, Klarblick *(vipassanā)* zu entwickeln. Deshalb stellen sie tatsächlich die beiden Übungen dar, die für diesen Zweck am häufigsten verwendet werden. Es handelt sich um die „Achtsamkeit auf den Körper" und die „Atmungs-Achtsamkeit" (wobei genaugenommen letzteres eine Spezialform des ersteren ist, weil es sich dabei ja um einen der fundamentalsten Prozesse der Körpertätigkeit handelt). In Kapitel 6, das ganz der *vipassanā* gewidmet ist, werden wir sehen, wie die Achtsamkeit auf den Körper in ihren verschiedenen Anwendungsformen die erste der vier „Grundlagen der Achtsamkeit" darstellt, auf denen sich der Klarblick entfaltet. Daher werde ich an dieser Stelle lediglich kurz die Spielarten der Achtsamkeit auf den Körper skizzieren, die man verwenden kann, um die Sammlung einzuüben.

4.3.9 Achtsamkeit auf den Körper *(kāyagatāsati)*

Unter allen Meditationsgegenständen ist die Wahrnehmung des eigenen Körpers eine der wichtigsten für die Praxis der buddhisti-

---

pelsinn erfaßt, um den es geht: nämlich, daß man durch die Klarblicks-Meditation die direkte erfahrungsmäßige Bewußtheit vom *Dahinschwinden* aller Phänomene gewinnt und daß als Folge davon auch nach und nach das *dahinschwindet*, was die Wurzel allen Leidens ist: unser Anhangen an sie.
[64] VDM VIII, 293 (335).

schen Meditation. Ja der *Visuddhi Magga* behauptet, das sei die für die buddhistische Art der Meditation charakteristische Übung. Er sagt, daß diese Meditationsweise „außer beim Erscheinen eines Erleuchteten [65] zuvor noch nie bestanden hat und allen Andersgläubigen fremd war" [66].

Die Achtsamkeit auf den Körper kann auf sehr vielfältige Weise geübt werden, wobei man sich jeweils auf unterschiedliche Einzelaspekte konzentriert. Die traditionellen Übungen sind folgende.

4.3.9.1 Achtsamkeit auf die Körperhaltungen
Ganz bewußt gehen, stehen, sitzen oder liegen.

4.3.9.2 Die vier Arten der Wissensklarheit
Sie besteht darin, jede einzelne Handlung – das Essen, Trinken, Sich-Bewegen, Reden, Schweigen, Holen und Tragen – zu verrichten, indem man ganz genau und bewußt auf das achtet, was man tut und wie man es tut, und mit klarem Wissen über (a) den Zweck, (b) die Eignung der benutzten Mittel, (c) die Angemessenheit des Handlungsraums und (d) die wahre Natur der Situation.

4.3.9.3 Die Zusammensetzung des Körpers aus den vier Grundelementen
Man betrachtet, daß der Körper aus den vier Elementen oder Aggregatzuständen der Materie zusammengesetzt ist: aus Festem,

---

[65] Ein ‚Erleuchteter' ist ein Buddha, d. h. ein Mensch, der durch volle Erleuchtung vollkommenes Wissen erlangt hat und sich selbst der Unterweisung anderer widmet. Dazu muß man sich in Erinnerung rufen, daß der Buddha unseres Zeitalters nicht den Anspruch erhoben hat, in der Menschheitsgeschichte der einzige zu sein. Er verstand sich lediglich als einer unter den vielen Wesen, die von Zeit zu Zeit aus eigenem Bemühen und ohne die Hilfe anderer die universale Wahrheit vom Ursprung des Leidens und den Weg zu seinem Aufhören erkennen – eine Wahrheit, die, wie er erklärt hat, immer wieder dazu neigt, im Lauf der Jahrhunderte vergessen zu werden, bis zur rechten Zeit wieder ein Mensch ersteht, der zu voller Erleuchtung gelangt und wiederum die universale Wahrheit lehrt. Es hat schon vor Siddhattha Gotama Buddhas gegeben, und es wird weitere nach ihm geben.
[66] VDM VIII, 239 (280).

Flüssigem, Gasförmigem und Strahlendem, was zunehmend höheren Graden der Beschleunigung der Moleküle entspricht. In der Tradition werden diese Aggregatzustände den Elementen Erde, Wasser, Luft und Feuer zugeordnet.

4.3.9.4 Die Körperteile

4.3.9.5 Die Leichenfeld-Betrachtungen

4.3.9.6 Das Atmungs-Achtsamkeit

4.3.9.7 Die ersten beiden dieser verschiedenen Arten, den Körper zu betrachten (4.3.9.1 und 4.3.9.2), sind besonders für die Einübung der *vipassanā* geeignet, weshalb ich ihre genauere Darstellung für Kapitel 6 aufspare. Von den übrigen vier handelt es sich bei zwei lediglich um Varianten der beiden Hauptgegenstände der Meditation unter anderen Überschriften: Die Leichenfeldbetrachtungen entsprechen der Betrachtung der zehn Arten des körperlichen Zerfalls (oben Abschnitt 4.2), und die Betrachtung der vier Grundelemente entspricht der Analyse der vier Elemente (unten Abschnitt 4.5). Die Atmungs-Achtsamkeit wird, weil sie von beträchtlicher Bedeutung als Übung für den Klarblick ist, eigens als Meditationsgegenstand behandelt, mit seiner ganz eigenen Disziplin und seinen besonderen Merkmalen, und zwar in Abschnitt 4.3.10. Damit ist hier nur noch die Übung der Betrachtung der einzelnen Körperteile genauer zu erklären.

Bei dieser Übung konzentriert sich der Meditierende in einer bestimmten Reihenfolge auf einen um den anderen von 32 Teilen des Körpers. Die *Formel* zählt zu diesem Zweck alle genau auf:

„Er betrachte seinen Körper, von den Fußsohlen an aufwärts und vom Scheitel an abwärts, erwäge, wie vielfältige Formen von Schmutz die Haut umschließt, und denke: ‚In diesem Körper sind Kopfhaare, Körperhaare, Nägel, Zähne, Haut, Fleisch, Sehnen, Knochen, Mark, Gehirn, Nieren, Herz, Leber, Brustfell, Milz, Lungen, Eingeweide, Gekröse, Mageninhalt, Kot, Galle, Schleim,

Eiter, Blut, Schweiß, Fett, Tränen, Hautschmiere, Speichel, Rotz, Gelenkschmiere, Harn ..."[67]

Zusammensetzung, Lage und Aussehen jedes einzelnen Teils werden dann bis in alle Einzelheiten beschrieben.

Man beginnt die Übung damit, daß man zunächst die Liste der zweiunddreißig Teile aufsagt, zunächst laut, dann im Geist. Dann konzentriert man seine Aufmerksamkeit nacheinander auf jeden einzelnen Teil, betrachtet ganz genau (wobei man sich an die jeweilige Standardbeschreibung hält) seine Farbe, Form, Lage und Beziehung zu den benachbarten Organen. Bei dieser Übung werden also gegenständliche Vorstellungen mit direkten körperlichen Wahrnehmungen kombiniert. Ziel der Übung ist es, die Bewußtheit dafür zu entwickeln, daß der Körper von zusammengesetzter, unpersönlicher Natur ist und daß die Elemente, aus denen er zusammengesetzt ist, äußerst hinfällig und oft widerlich sind.

4.3.10 Atmungs-Achtsamkeit *(ānāpānasati)*

Die auf den Körper gerichtete Achtsamkeit ist, wie soeben bereits gesagt, eines der fruchtbarsten Gebiete der Meditationspraxis. Die Atmungs-Achtsamkeit wird allgemein als die wichtigste unter den Übungen des Achtens auf den Körper betrachtet. Als Meditationsgegenstand ist sie nämlich sowohl für die Entwicklung der Geistesruhe *(samatha)* als auch des Klarblicks *(vipassanā)* ganz besonders geeignet.

Das kommt daher, daß der Vorgang des Atmens einfach ist, leicht wahrzunehmen und jederzeit verfügbar; so stellt er einen idealen Meditationsgegenstand dar. Das Atmen führt nicht nur – wie andere körperliche Empfindungen – zu einem unmittelbar wahrnehmbaren Sinneseindruck, sondern es läßt sich auch sehr leicht wahrnehmen (das Gefühl der Luft in der Nase beim Ein- und Ausatmen) und ist jederzeit und in jeglicher Lage verfügbar.

---

[67] VDM VIII, 240 (281). Es gibt eine andere traditionelle Formel, die nur 31 Elemente aufzählt. In ihr wird das Gehirn nicht eigens genannt, sondern in der Kategorie ‚Mark' eingeschlossen und definiert als ‚Gattungen von Mark im Schädel'.

Hinzu kommt, daß die Wahrnehmung durch den Tastsinn des Körpers direkter und unmittelbarer ist als diejenige durch den Gesichtssinn (wie bei den *kasiṇas* und den Betrachtungen über den körperlichen Zerfall), und erst recht direkter und unmittelbarer als die rein geistigen Wahrnehmungen bei den Reflexionsübungen, die darin bestehen, sich mentale Gebilde vor Augen zu halten.

Daher ist es kein Zufall, daß der Buddha sich gerade dieser Übung widmete, um in der Nacht, die seine Bemühungen um Erlangung der Erleuchtung krönte, höchste Konzentration zu erlangen. Das erklärt auch, warum er immer wieder darauf hinwies, daß gerade sie ganz besonders für alle Arten von Menschen in allen möglichen Umständen brauchbar sei:

„Diese Konzentration durch Atmungs-Achtsamkeit, gewissenhaft entwickelt und geübt, ist friedvoll und erhaben, fleckenlos und ein glückseliger Zustand und bringt die immer wieder aufsteigenden üblen, unheilsamen Gedanken auf der Stelle zum Schwinden und zur Ruhe."[68]

Die Übung besteht darin, seine Aufmerksamkeit ganz auf die Nasenspitze und die Oberlippe unmittelbar unter den Nasenlöchern zu richten und auf die leichte Empfindung der vorbeistreichenden Luft beim Ein- und Ausatmen zu achten. **Dabei braucht man nicht zu versuchen, seinen Atem zu kontrollieren.** Es handelt sich hier nämlich um keine Yoga-Atemübung, sondern um ein Einüben konzentrierter Achtsamkeit. Man muß seinen Atem spontan kommen und gehen lassen. Worauf es einzig ankommt, ist, mit höchstmöglicher Aufmerksamkeit ganz genau die Empfindung wahrzunehmen, die die Luft hervorruft, wenn sie durch die Nasenlöcher ein- und ausströmt, und mit ununterbrochener Konzentration ganz dem Rhythmus der Züge des Ein- und Ausatmens zu folgen. Dabei ist es sehr wichtig, sicherzustellen, daß die Aufmerksamkeit ganz und nur auf die Nase konzentriert bleibt. Man sollte nicht versuchen, dem weiteren Verlauf der Luft innerhalb des Körpers (durch Luftröhre, Lungen usw.) zu folgen. Das aufge-

---

[68] S 54.1.9.

faßte Bild (vgl. Abschnitt 3 oben) besteht darin, deutlich und stetig die Stelle zu empfinden, an der die Luft vorbeistreicht:

„Bei einem Manne mit langer Nase nun treffen die Ein- und Ausatmungen gegen die Nasenflügel, bei einem Manne mit kurzer Nase gegen die Oberlippe. Daher stelle er das Objekt fest: ‚Auf diese Stelle treffen die Atemzüge.'[Das Gegenbild sodann] Bei dem einen nämlich erscheint es wie etwas den Eindruck der Weichheit Machendes, wie Baumwolle, Seidenwolle oder ein Luftzug. So behaupten einige. Folgendes jedoch ist die Erklärung in den Kommentaren: „Dieses Bild tritt bei dem einen auf in Form eines Sternes, einer Kristallkugel oder einer Perle. Bei dem einen erscheint es wie der den Eindruck der Härte machende Baumwollsamen oder ein Bolzen aus Kernholz, bei dem einen wie eine lange Schnur oder eine Girlande oder eine Rauchsäule, bei dem einen wie ein auseinandergezogener Spinnfaden oder Wolkenstreifen oder eine Lotusblüte, ein Wagenrad, wie die Mondscheibe oder Sonnenscheibe."[69]

4.4 Die Wahrnehmung, wie unangenehm das Sich-Ernähren ist

Diese Betrachtung läßt sich als Ergänzung zu den Betrachtungen der zehn Arten des körperlichen Zerfalls und der Körperteile verstehen. Wie bei diesen geht es auch hier darum, das blinde In-Beschlag-genommen-Sein von materiellen Dingen und die Abhängigkeit von der Befriedigung seiner physischen Bedürfnisse und Süchte zu korrigieren.

„Wenn sich ein Mönch dieser Wahrnehmung der Widerlichkeit der Nahrung widmet, löst sich sein Geist von der Gier nach Befriedigung seines Geschmackssinns, nimmt davon Abstand und wendet sich davon ab. Frei von Schlemmerei nimmt er Nahrung zu sich."[70]

Bei dieser Übung werden beide Meditationsweisen, die wahrnehmende und die reflektierende, kombiniert, um die Aufmerksamkeit auf die unangenehmen und abstoßenden Aspekte der Nahrung zu richten. Dazu gehört die deutliche Wahrnehmung,

---

[69] VDM VIII, 284–285 (325–326).
[70] VDM XI, 347 (396).

mit darauffolgender Überlegung, wie viele Umstände und welche Mühe, ja gelegentlich sogar Strapazen und Schimpflichkeiten erforderlich sind, um sich Nahrung zu verschaffen (etwa im Fall des *bhikkhu* oder buddhistischen Mönchs, der auf seiner Betteltour um Almosen „mit groben Worten empfangen wird wie: ‚Fort mit dir, du Kahlkopf!'"[71]; wie leicht die Nahrungsmittel verderben und abstoßend werden; und wie eklig für unser Empfinden die Verrichtungen des Kauens, Schluckens, Verdauens, Ausscheidens usw. werden, wenn wir sie uns bis in alle Einzelheiten vor Augen führen.

„Während er nun so die Widerlichkeit der Nahrung erwägt und in Gedanken eifrig bearbeitet, offenbart sich ihm die stoffliche Nachrung in ihrer ganzen Widerwärtigkeit. Dieses Bild[72] aber übt, entfaltet und pflegt er immer wieder. Und während er dies tut, werden in ihm die Hemmungen[73] zurückgedrängt, und der Geist festigtsich in der Angrenzenden Sammlung[74]."

4.5 Die Analyse der Vier Elemente

Diese ist auch bekannt als die „Reflexion über die materiellen Elemente" oder, wie sie der *Visuddhi Magga* nennt, „die Erwägung der vier Elemente". Es handelt sich um eine Übung, die der Betrachtung der vier Grundformen des Materiellen gewidmet ist (oben schon kurz unter 4.3.9.3 dargestellt als eine der Varianten der Achtsamkeit auf den Körper), denen Erde, Wasser, Feuer und Luft entsprechen. Hier werden diese Elemente nicht jedes für sich in seiner jeweiligen charakteristischen Form vergegenwärtigt (wie in den entsprechenden *kasiṇas*), sondern so, daß man die einzelnen Körperteile betrachtet und seine Konzentration auf die Tatsache richtet, daß jeder in verschiedenem Mischungsverhältnis aus

---

[71] VDM XI, 343 (393).

[72] Hier ist die erreichte ständige Achtsamkeit das *Aufgefaßte Bild*. Wenn diese Achtsamkeit dann durchdringender und intensiver wird, stellt sie das *Gegenbild* dar.

[73] Die fünf Geisteshaltungen, die den Fortschritt des Klarblicks hindern: Sinnesbegehren, Übelwollen, Stumpfheit und Mattheit, Aufgeregtheit und Gewissensunruhe, Zweifel (siehe Kapitel 6, Abschnitt 2.5.1.1).

[74] VDM XI, 347 (396).

diesen Grundelementen zusammengesetzt ist. Natürlich sollte man sich hierbei daran erinnern, daß in den Philosophien des Altertums im Westen wie im Osten „Erde", „Wasser", „Feuer" und „Luft" nicht nur Erde, Wasser, Feuer und Luft bezeichneten, wie wir sie im Alltag wahrnehmen, sondern daß diese Begriffe für die Aggregatzustände der Materie stehen, also für das Feste, Flüssige, Strahlende und Schwingende. Nach der Molekularphysik stellen diese vier Zustandsformen der Materie lediglich vier Punkte an verschiedenen Stellen eines Kontinuums dar, das vom höchsten Grad molekularer Dichte – dem „Festen" (= „Erde") – bis zum niedrigsten Grad – der „Strahlung" (= „Feuer") – reicht. Es handelt sich hier also um eine Übung oder Betrachtung reflexiver Art, die darauf abzielt, die geistige Erfahrung der Materie auf der molekularen Ebene zu machen.

Beiläufig mag hier angemerkt werden, daß einige andere der erwähnten Übungen zur Betrachtung des Körpers, vor allem das Achten auf den Körper und das Achten auf das Atmen (welche, so erinnern wir uns, von grundlegender Bedeutung für die Entwicklung der Einsicht sind), sogar noch weiter gehen, und zwar insofern, als sie darauf abzielen, eine direkte Wahrnehmung der materiellen Prozesse (und der sie begleitenden mentalen Prozesse) nicht nur auf der molekularen Ebene zu erlangen, sondern noch tiefer einzudringen bis auf die Ebene des äußerst kurzlebigen hochenergetischen atomaren und subatomaren Prozesse. Auf diese Weise erschließt sich zunehmend *anicca*, also die unbeständige, unablässig sich verändernde Natur all dessen, was dem ungeschulten Geist als fest und dauerhaft erscheint.

Aber um zur Analyse der vier Elemente zurückzukehren: die grundlegenden Unterweisungen hierfür entstammen der berühmten *Lehrrede über die Grundlagen der Achtsamkeit* (dem Grundlagentext für die Praxis der *vipassanā*, die ausführlich in Kapitel 6 dargestellt wird). Darin wird erläutert, der Meditierende

„betrachtet eben diesen Körper, in seiner jeweiligen Stellung und Haltung hinsichtlich seiner vier Grundelemente: ,es gibt in diesem Körper das Erde-Element, das Wasser-Element, das Feuer-Element und das Luft-Element'. Gleichwie da, o Mönche, ein geschickter Schlächter oder Schlächtergeselle, der eine Kuh geschlachtet und in Stücke zerlegt hat, sich an der Kreuzung vierer Straßen niedersetzt, – ebenso, o Mönche, betrachtet der Mönch eben diesen Körper, in seiner jeweiligen Stellung und Haltung nach den Elementen: ‚Es gibt da in diesem Körper das Erd-Element, das Wasser-Element, das Feuer-Element und das Luft-Element‘."[75]

Der *Visuddhi Magga* erklärt diesen Vergleich mit einem Schlächter folgendermaßen:

„Dem Rinderschlächter, der die Kuh großzieht, sie zum Schlachthofe führt, anbindet, hinstellt, schlachtet oder die geschlachtete tote Kuh erblickt, kommt die Vorstellung ‚Kuh‘ solange nicht zum Schwinden, als er die Kuh nicht aufgeschnitten und in Stücke zerlegt hat. Sobald er aber die Kuh zerlegt hat und dort niedersitzt, schwindet ihm die Vorstellung ‚Kuh‘, und die Vorstellung ‚Fleisch‘ tritt ein. Und nicht denkt er: ‚Eine Kuh verkaufe ich‘ oder ‚Eine Kuh kaufen diese‘. Genau so auch waren in dem Mönche früher, als er noch ein törichter Weltling war – sei's als Laie oder Hausloser – die Begriffe ‚Wesen‘ oder ‚Mann‘ oder ‚Individuum‘ solange nicht geschwunden, solange er eben diesen Körper, in welcher Lage oder Richtung er sich auch befand, nicht in seine Teile zerlegt und Element für Element betrachtet hatte. Sobald er aber den Körper in seine Elemente zerlegt hatte, schwand ihm die Vorstellung ‚Wesen‘, und der Geist festigte sich in der Betrachtung der Elemente."[76]

Das methodische Sich-Einlassen auf diese Übung (besonders solchen empfohlen, die, wie es der *Visuddhi Magga* ausdrückt, ‚nicht überschnell im Begreifen sind‘) besteht also darin, jedes Einzelteil und jeden organischen Prozeß seines eigenen Körpers im Hinblick auf das Element zu betrachten, das jeweils in ihm vorherrscht; zum Beispiel das Element Erde (Festes) in Nägeln, Zähnen, Knochen, Sehnen usw.; das Element Wasser (Flüssiges) in Blut, Galle, Speichel, Urin usw.; das Element Feuer (Strahlen) in „allem, was da die eigene Person betreffend, an der eigenen Person an Hitze und Feurigem vorhanden ist, als wie das, wodurch man

---

[75] D 22.
[76] VDM XI, 348 (398).

erhitzt wird, wodurch man verzehrt wird, wovon man durchglüht wird, wodurch das, was man gegessen, getrunken, gekaut und geschmeckt hat, zur vollen Verdauung gelangt ..."[77]; das Element Luft (Schwingung) in der Luft in den eigenen Lungen, den Wind in Magen und Eingeweiden usw. Dazu kommt dann eine ganze Anzahl von Varianten, bei denen man immer vom konkreten Faktum der einzelnen Körperteile und der in ihnen sich abspielenden Prozesse ausgeht. Dabei wendet sich aber die reflexive Meditation dann speziell den Bedingungen, Charaktermerkmalen, Funktionen und Manifestationen der Elemente oder Aggregatzustände als nichtpersonale Vorgänge zu. Wenn er diese Betrachtung mit sorgfältiger Unterscheidung praktiziert, gelangt der Meditierende so weit, daß „ihm die Elemente von jedem der einzelnen Gesichtspunkte aus ganz klar werden. Und indem er die Elemente immer und immer wieder erwägt und im Geiste betrachtet, steigt ihm die Angrenzende Sammlung auf", und der Meditierende, „der sich der Analyse der vier Elemente hingibt, durchdringt die Leerheit und rottet aus die Vorstellung eines Wesens"[78].

4.6 Die Vier Erhabenen Weilungen

Bei den vier „erhabenen Weilungen" des Geistes (wörtlich: „göttliche Wohnungen", *brahma vihāra*) handelt es sich um Betrachtungen, die wie alle anderen Übungen nützlicherweise praktiziert werden können, um die Konzentration zu erlangen. Ihre Hauptbedeutung besteht jedoch darin, daß der Meditierende dabei die eigenen moralischen und spirituellen Qualitäten entwickelt. Genau genommen geht es dabei nämlich um die Kultivierung dessen, was man die vier Kardinaltugenden des Buddhismus nennen könnte: Güte (oder universale Liebe), Mitleid, Mitfreude und Gleichmut. Wenn man die anderen Meditationsübungen richtig durchführt, haben natürlich auch diese ihre positiven Auswirkungen auf die Mentalität und den Charakter des Meditierenden, und von da her gesehen kann man sagen, daß sie alle zur Entwick-

---

[77] VDM XI, 349 (398).
[78] VDM XI, 370 (423).

lung dieser Tugenden beitragen. Doch im Unterschied zu ihnen werden jetzt diese spezifischen Tugenden selbst zum Gegenstand der reflexiven Meditation. Diese Betrachtungen sind daher besonders nützlich für die Erlangung und Vervollkommnung der Sittlichkeit *(sīla)*, die, wie wir schon wiederholt betont haben, für die Praxis der Meditation unerläßlich ist. Zudem werden wir später (in Kapitel 8) sehen, wie diese mit der Praxis sowohl der Geistesruhe-Meditation wie der Klarblicks-Meditation Hand in Hand gehen, um dem Meditierenden ein größeres Gleichgewicht zu schenken (sowohl innerlich wie in seinen Beziehungen zu anderen), und wie sie deshalb ein sehr wichtiges Element für das Vorwärtskommen darstellen.

Es handelt sich hier also im wesentlichen um reflexive Übungen, bei denen es darum geht, die positiven Qualitäten und Vorteile zu betrachten, die diese Tugenden mit sich bringen, sowie die Gefahren und Schäden für einen selbst und andere, wenn sie fehlen. Charakteristisch für diese Übungen ist, daß die reflektierende Wahrnehmung dieser Punkte mit einem positiven Wollen einhergeht, d. h. mit einer nachhaltigen Bemühung der Willenskraft, Haltungen und Zustände des Geistes zu entwickeln, die von der speziellen Tugend geprägt sind, über die man gerade meditiert.

Die ersten drei Übungen gleichen sich untereinander sehr. Das ist kaum verwunderlich, wenn man bedenkt, daß sie genaugenommen lediglich drei Aspekte oder Weisen ein und derselben Mentalität darstellen, die im wesentlichen darin besteht, mit aufgeschlossenem, wohlwollendem Herzen aus sich heraus auf andere zuzugehen, ohne zwischen „dein" und „mein" zu unterscheiden. *Mettā* (als Begriff und Erfahrung zentral für den Buddhismus), gewöhnlich mit „Güte" übersetzt, ist „Liebe" im ursprünglichen Sinn des Wortes, das heißt die selbstlose Nächstenliebe, die auf das Wohl und Glück des anderen bedacht ist, ohne dabei irgend etwas für sich selbst zu suchen; Mitleid *(karuṇā)* und Mitfreude *(muditā)* sind dann offensichtlich die sich gegenseitig ergänzenden Ausdrucksweisen der Güte: die immerwährende Bereitschaft, die Leiden und Freuden der anderen zu teilen.

4.6.1 Güte *(mettā)*

Diese Meditation beginnt mit einer Erwägung, die darauf abzielt, die Motivation zu stärken. Zunächst betrachtet man gründlich, wie schädlich der Haß und wie hilfreich die Toleranz und das Verständnis sind. Nach dieser einleitenden Erwägung besteht die eigentliche Übung darin, allen Wesen gegenüber die Haltung liebevoller Güte einzuüben, wobei man sich an eine bestimmte Reihenfolge hält, der gediegene psychologische Überlegungen zugrunde liegen.

Zunächst einmal gibt es vier Kategorien von Menschen, die man als Anfänger nicht zum Gegenstand der Entfaltung der Güte machen sollte, und zwar aus offensichtlichen psychologischen Gründen. Die zu meidenden Kategorien sind: ein unlieber Mensch (wegen der Schwierigkeit für den Anfänger, seine instinktive Abneigung zu überwinden), ein innig geliebter Freund (wegen der überstarken emotionalen Verstrickung, die diese Beziehung mit sich bringt), eine uns gleichgültige Person (wegen der Schwierigkeit, genügend Interesse für ihn zu entwickeln), und jemand, mit dem man ausdrücklich befeindet ist (wegen der überstarken negativen emotionalen Verstrickung). Ferner sollte man sich für die Entfaltung der Güte nicht einen Menschen des anderen Geschlechts wählen (um das Begehren und Abhängigwerden voneinander zu vermeiden, das die sexuelle Komponente mit sich bringt) und auch nicht einen bereits Verstorbenen (da sich keine echte wechselseitige Beziehung zu jemandem knüpfen läßt, der nicht mehr leibhaftig anwesend ist).

An dieser Stelle kann man natürlich fragen: Wer bleibt dann überhaupt noch übrig, wenn man alle ausschließt, die man ohnehin schon liebt, alle, die man nicht liebt, und alle, die einem sowieso gleichgültig sind? Die Antwort lautet natürlich: Man selbst bleibt übrig. Tatsächlich sollte man bei sich selbst anfangen.

„Zu allererst aber hat man zu sich selber immer wieder die Güte zu entfalten: ‚Möge ich glücklich sein, frei von Leiden!‘, oder: ‚Möge ich frei sein von Haß, Bedrückung und Beklemmung, möge ich mein Leben glücklich verbringen!‘" [79]

---

[79] VDM IX, 296 (339–340).

Es kann auch eine andere ähnliche Formulierung sein. Auf den ersten Blick scheint es ein sehr merkwürdiges Vorgehen zu sein, die Liebe zu anderen zunächst damit einzuüben, daß man sich selbst liebt. Doch muß hier darauf hingewiesen werden, daß der *Visuddhi Magga* Wert darauf legt, deutlich zu sagen, der Meditierende müsse sich dabei im klaren sein, daß er sich selbst als Beispiel eines empfindsamen Lebewesens verstehen solle. Er verkörpert jegliches Lebewesen, ja **alle Lebewesen**:

„Wer in dem Gedanken: ‚Möge ich glücklich sein!', sich selber zum Zeugen nehmend denkt: ‚Gerade wie ich die Freuden liebe und die Schmerzen verabscheue, wie ich zu leben und nicht zu sterben wünsche, genau so auch ist es mit den anderen Wesen': in einem solchen steigt der Wunsch auf, daß auch den anderen Wesen Wohl und Glück beschieden sein möge. Auch der Erhabene hat dieselbe Erklärung gegeben in den Worten:

„Jedwede Richtung mit dem Geist durchstreifend
Traf keinen ich, den mehr man liebte als sich selbst:
So ist den andern allen lieb ihr eignes Selbst.
Wer sich selbst liebt, tut keinem andern Böses an."[80]

Denkt man einen Augenblick darüber nach, so erkennt man gleich, daß dieser Ansatz sich auf zwei ausgezeichnete psychologische Grundsätze stützt. Zunächst einmal, daß das Glücklich- oder Unglücklichsein ein Geisteszustand ist, das heißt, etwas, was wesentlich von einem selbst abhängt. Man sollte sorgfältig beachten, daß die Formel, die für die Übung verwendet wird, überhaupt nicht davon spricht, man müsse irgend etwas bekommen oder loswerden, um glücklich zu sein. In ihr geht es vielmehr darum, sich selbst innerlich frei von Haß, Bedrückung und Beklemmung zu halten. All das sind wohlgemerkt **nicht** Dinge außerhalb unser selbst, also Bestandteil unserer Umgebung, sondern lediglich unsere eigenen Reaktionen auf die Umgebung. Nur durch diese innere Freiheit erlangt man das Glück, denn dann ist man im Frieden mit sich selbst, ganz gleich, wie die äußeren Umstände sein mögen. Und zweitens, und ebenso spontan einleuchtend,

---

[80] VDM IX, 297 (340).

muß man, um mit anderen in Frieden zu sein, damit anfangen, mit und in sich selbst im Frieden zu sein. Das ist ein Grundsatz, der in der modernen Psychotherapie allgemein bekannt ist und angewandt wird: „Versöhne dich zuerst einmal mit dir selbst." Wenn man von Gefühlen des Zorns, des Hasses oder der Angst aufgewühlt ist, ist man tatsächlich nicht in der Lage, anderen echte Güte zu erweisen. Echte liebevolle Güte ist nicht eine Frage des wohlwollenden äußerlichen Verhaltens (wobei man seine inneren negativen Gefühle mit mehr oder weniger großem Erfolg unter Kontrolle hält), sondern sie ist der spontane sorgend-liebevolle Ausfluß eines in sich ruhenden Geistes. Daher ist es ganz eindeutig, daß man damit anfangen muß, sich selbst zu lieben, ehe man auch andere lieben kann.

„Wer sich selbst liebt, tut keinem andern Böses an" – das ist der entscheidende Punkt. Der westliche Leser wird sich hierbei spontan an das Gebot dieses anderen großen Lehrmeisters, Jesu Christi, erinnern: „Du sollst deinen Nächsten lieben wie dich selbst." Doch der Unterschied in der Formulierung ist bezeichnend. In der westlichen Tradition wird uns von außen eine **Verpflichtung** auferlegt: „Du **sollst**". Der Buddha hingegen lehrt, eine bestimmte Einstellung werde von allein zu einem bestimmten Verhalten führen. Von einer Verpflichtung ist dabei nicht die Rede.

Dabei muß ganz klar sein, daß Güte nichts mit schwächlicher Gleichgültigkeit oder Gefühlsduselei zu tun hat. Echte Güte ist äußerst klarsichtig und verkennt oder übersieht nicht die Fehler und Mängel ihres Gegenübers. Sie nimmt den anderen voll bewußt an, wie er ist, statt sich über ihn Illusionen zu machen, und diese Annahme ist die äußere Bekundung einer inneren Verfassung des Friedens und der Ausgeglichenheit, die bar aller Sucht, Selbstsucht, Anhänglichkeit oder Illusion ist.

Hat der Meditierende bei seiner geistigen Sammlungsübung die Güte auf sich selbst angewandt und sie für sich selbst verwirklicht, so kann er einen Schritt weitergehen und sie jetzt auf andere richten. Der nächste Schritt, „um leicht voranzukommen", sagt der *Visuddhi Magga*, sollte darin bestehen,

„daß man seines lieben, teuren, ehrwürdigen Lehrers oder Unterweisers gedenkt, oder eines Menschen der diesem gleichkommt, sowie seiner Gaben, freundlichen Worte usw. und seiner ihn lieb und angenehm machenden und Achtung und Ehrfurcht gebietenden Sittlichkeit und seines Wissens usw. Und man entfaltet die Güte zu ihm in der Weise: ‚Möge dieser gute Mensch glücklich sein, frei von Leiden!‘‘‘ [81]

Hiernach kann man dann zu schwierigeren Gegenübern übergehen (denjenigen, die der Anfänger hatte meiden sollen), und zwar in dieser Reihenfolge: ein sehr lieber Freund, ein neutraler Mensch, ein unsympathischer oder feindseliger Mensch (das muß nicht immer der gleiche sein; bei verschiedenen Anlässen kann man verschiedene Menschen der gleichen Kategorie wählen) [82].

Wenn man beharrlich auf diese Weise übt, indem man regelmäßig in der angegebenen Reihenfolge alle Arten von Menschen durchgeht, erreicht man früher oder später jenen Geisteszustand, der als „Niederbrechen der Schranken" bekannt ist. Das ist ein Zustand totaler, ausgeglichener Offenheit, in welchem der Meditierende die „mentale Unparteilichkeit gegenüber den vier Menschenarten" erlangt, „das heißt gegenüber sich selbst, dem lieben Menschen, dem neutralen Menschen und dem feindlich gesinnten Menschen". Dieses Niederbrechen der Schranken entspricht dem Zeichen der Idealgestalt in den Wahrnehmungsübungen und zeigt an, daß man die Zugangs-Sammlung erlangt hat. In Kapitel 8 werden wir sehen, wie die liebevolle Güte, zunächst gegenüber spezifischen Individuen entwickelt, so weit ausgedehnt werden kann, daß sie schließlich ausnahmslos alle Lebewesen umfaßt.

---

[81] VDM IX, 297 (340–341).

[82] Für die Entfaltung der Güte gegenüber einem feindseligen Menschen – was offensichtlich am schwierigsten von allen ist – schlägt VDM eine ganze Reihe von mentalen Strategien vor, um seine negativen Einstellungen gegenüber dem ‚Feind‘ abzubauen. Man sollte sich z. B. seine guten Eigenschaften vor Augen führen; sich vorstellen, daß auch er bzw. sie dem Leiden und der Trauer unterworfen ist; dem Betreffenden etwas schenken oder von ihm/ihr ein Geschenk annehmen, weil ‚in jemandem, der das tut, die Abneigung gegenüber diesem Menschen ganz und gar schwindet‘; sich selbst immer wieder sagen, man solle ja dem Beispiel des Buddha folgen, der grenzenloses Mitleiden und liebevolle Güte gegenüber ausnahmslos allen Lebewesen geübt hat, und so weiter.

4.6.2 Das Mitleid *(karuṇā)* und die Mitfreude *(muditā)*

Da diese beiden Tugenden eigentlich Einzelaspekte der Güte sind, sind auch die ihnen entsprechenden Übungen ihrer Art nach die gleichen; die leichten Unterschiede ergeben sich lediglich aus der besonderen Eigenart der jeweiligen Tugend. Ein wichtiger Unterschied ist, daß man hier gleich mit dem Blick auf jemand anders beginnt, nicht mit dem Blick auf sich selbst. Das liegt in der Natur der Sache, da Mitleid und Mitfreude als Teilaspekte der Güte sonst leicht in Selbstmitleid und Selbstgefälligkeit umkippen könnten.

Bei der Übung des Mitleids sollte man mit einem offensichtlichen Fall von Leiden oder Unglück anfangen (allerdings nicht bei einem nahen Freund – was einen zu sehr emotional mitnehmen könnte – und nicht bei jemandem, gegen den man starke Abneigung empfindet – weil da die Weckung aufrichtigen Mitleids allzu schwer fallen könnte). Man sollte dann die innere Einstellung entwickeln: „Dieser Mensch ist ganz ins Elend gestürzt; ich wünsche ihm so sehr, davon befreit zu werden." Kennt man keinen solchen Menschen persönlich, so kann man sich auch jemanden vorstellen, der glücklich zu sein und dem es gutzugehen scheint, aber dessen Charakter und Verhalten offensichtlich unangenehm sind, und man sollte dann mit dem Gedanken bei sich selbst Mitleid für ihn wecken, daß dieser Mensch trotz seines scheinbaren Glücks und Wohlbefindens in Wirklichkeit doch ein armer Kerl ist, weil er im Tun, Reden oder Denken keine Güte walten läßt und ihn deshalb auf einer späteren Stufe unsagbares Elend erwartet. Hat man so für ein erstes Gegenüber in sich Mitleid erweckt, sollte man fortschreiten und sich – wie in der Entfaltung der Güte – hintereinander auf einen geliebten Menschen, einen neutralen Menschen und einen feindseligen Menschen konzentrieren.

Die Entfaltung der Mitfreude sollte man mit jemandem beginnen, den man gut kennt und mag, aber mit dem man nicht zu eng verbunden ist. Worauf es ankommt, ist, daß der Betreffende in einer glücklichen und frohen Verfassung sein sollte, so daß man leicht an seiner offenkundigen Lebensfreude und seinem Humor Anteil nehmen kann. Sodann geht die Übung damit weiter, daß man sich hintereinander auf einen lieben, einen neutralen und einen feindseligen Menschen konzentriert.

Auch diese beiden Entfaltungen des Mitleids und der Mitfreude sollte man so lange einüben, bis man die Zugangs-Sammlung erlangt, bei der „die Schranken niederbrechen"; dann können sie sich unbegrenzt auf alle Lebewesen ausdehnen.

4.6.3 Gleichmut *(upekkhā)*

Auch hier geht man ganz ähnlich wie bei den vorausgegangenen Übungen vor, jedoch beginnt man mit einem neutralen Menschen und wendet sich dann nacheinander einem lieben Menschen und einem feindseligen Menschen zu. Es gibt jedoch einen wichtigen Unterschied, der diese Übung nicht nur von den drei vorigen erhabenen Weilungen abhebt, sondern auch von allen anderen, die wir bisher in diesem Kapitel gesehen haben. Der Unterschied liegt in der Tatsache, daß es sich hier um eine äußerst fortgeschrittene Konzentrationsübung handelt, die voraussetzt, daß man zuvor – mittels der anderen drei erhabenen Weilungen als Meditationsgegenstände – jenen Grad der Sammlung und Geistesruhe erreicht hat, der als die dritte Vertiefung (oder dritte *jhāna*) bekannt ist, jedoch seinerseits nicht dazu verwendet werden kann, irgendeinen der drei vorausgehenden Vertiefungen zu erlangen. Mit anderen Worten:in bezug auf Geistesruhe kann die Gleichmutsübung nur für die Erlangung der vierten Vertiefung verwendet werden, wie in Kapitel 5 gezeigt wird. Aber sowohl Gleichmut wie Güte sind besonders wichtig für den Fortschritt im Klarblick, weil beide zu den Mitteln der Befreiung und zu deren endgültigem Offenbarwerden gehören. Dementsprechend werden sie unter diesem Gesichtspunkt ausführlich in Kapitel 8 behandelt werden.

4.7 Die Vier Unkörperlichen Zustände

Es handelt sich hier um die Erfahrungszustände des **grenzenlosen Raumes**, des **grenzenlosen Bewußtseins**, der **Nichtsheit** und des **Weder-Wahrnehmens-noch-Nichtwahrnehmens**. Sie erfordern die höchsten Grade der Konzentration und gehören ausschließlich zur Übung der Geistesruhe-Meditation. Sie stellen das Erreichthaben der höchstmöglichen Grade geistiger Vertiefung dar und sind auch als die „Unkörperlichen Vertiefungen" bekannt *(arūpa jhāna)*. Daher werden sie im Kapitel über *samatha* näher behandelt und hier nur kurz gestreift, um den Überblick über die traditionellen Meditationsgegenstände in diesem Kapitel zu vervollständigen.

Ehe man sich in diesen Übungen versucht, ist es notwendig, daß man die vier grundlegenden Stufen der Vertiefung im *samatha* bestiegen hat, das heißt die „Vertiefungen der Feinkörperlichen Sphäre" *(rūpa jhāna*. Sie erreicht man mit Hilfe irgendeines *kasiṇa*, ausgenommen desjenigen des „begrenzten Raumes". Hat der Meditierende mittels eines *kasiṇa* die vierte grundlegende Vertiefung erlangt, so fährt er fort, seine Konzentration zu verfeinern und noch mehr zu steigern, indem er das *kasiṇa* und sein Bild wegläßt und sich nur noch auf den Raum konzentriert, den das *kasiṇa* vordem eingenommen hatte. Auf diese Weise erwirbt man die Angrenzende Sammlung, mit dem Raum selbst (der in sich unbegrenzt ist) als Gegenbild; dieser Zustand stellt einen höheren Grad der Abstraktion dar, als es derjenige der vierten Vertiefung ist.

Ganz ähnlich geht man bei jeder der drei anderen „unkörperlichen" Vertiefungen vor, wobei man jeweils mit der ihr unmittelbar vorausgehenden als Grundlage beginnt. Wenn man so die Schau des **grenzenlosen Raumes** erlangt hat, schreitet man fort, indem man ihn beiseite läßt und seine Aufmerksamkeit ganz auf die vorhandene Bewußtheit dieses Raumes richtet und so die Schau des **grenzenlosen Bewußtseins** entwickelt. Dann kann man zu einer noch entfernteren Stufe aufsteigen, indem man die Bewußtheit selbst aufgibt, wodurch also das Nichtvorhandensein des vorausgegangenen Bewußtseins zur Basis für die Betrachtung wird. Das ist dann die Betrachtung der Nichtsheit. Hat man die Bewußtheit der **Nichtsheit** erlangt (was paradox klingt, aber eine Erfahrungswirklichkeit ist), so hat man einen Grad an Rückzug aus der Wahrnehmung und an mentaler Abstraktion erreicht, daß man von dem sich daraus ergebenden Zustand nicht mehr sagen kann, bei ihm sei noch irgendeine Wahrnehmung oder Bewußtheit im landläufigen Sinn im Spiel. Gleichzeitig ist der Geisteszustand jedoch keineswegs derjenige einer simplen Bewußtlosigkeit. Das wird als der Zustand des **Weder-Wahrnehmens-noch-Nicht-wahrnehmens** beschrieben, der den vierten unkörperlichen Zustand darstellt (der der vierten der unkörperlichen Vertiefungen entspricht).

4.8 Damit ist unser kurzer Überblick über die vierzig
Meditationsgegenstände abgeschlossen, die man in der buddhistischen Tradition verwendet, um geistige Sammlung zu erlangen. Ein erfahrener Lehrer wird aus ihnen für jeden Einzelfall denjenigen heraussuchen, der sich am besten für den Charakter, die Fähigkeiten und Umstände eines jeweiligen Schülers eignet sowie für das beabsichtigte Ziel der Übung, d. h. je nachdem, ob er die Geistesruhe *(samatha)* oder den Klarblick *(vipassanā)* oder eine Kombination von beiden erlangen möchte.

5

SAMATHA – ENTFALTUNG DER GEISTESRUHE

1 Wie schon in Kapitel 3 erklärt, geht es bei der *samatha*-Meditation darum, veränderte Bewußtseinszustände zu erreichen, deren Merkmal ein hoher Grad an Geistesruhe und mentalem Frieden ist. Im selben Kapitel wurde auch dargelegt, daß man dieses Ziel dadurch erreichen kann, daß man zunehmend höhere Stufen geistiger Sammlung entwickelt, indem man Schritt für Schritt alle sensorischen und verstandesmäßigen Inputs ausschließt. Darum wurde gesagt, es handle sich um eine *abstrahierende* Form der Meditation, die systematisch aufeinanderfolgende Grade geistiger Vertiefung durchläuft, welche in zunehmendem Maß bar jeglicher sinnlicher Wahrnehmungen und geistiger Denkprozesse sind.

Um das *samatha* erfolgreich einüben zu können, braucht man (mehr noch als bei der Einübung in die *vipassanā*, die im nächsten Kapitel besprochen wird) einen qualifizierten Meister zur regelmäßigen persönlichen Supervision, wenn man Frustrationen, Irrtümer und Verwirrungen vermeiden will. Daher kann in einer schriftlichen Anleitung wie der vorliegenden nicht sehr viel mehr über die Einübung ins *samatha* gesagt werden, als daß man eine allgemeine und rein theoretische Vorstellung davon vermittelt, um was es sich dabei handelt und wie die einzelnen Stufen innerlich zusammenhängen. So beschränken sich die folgenden Seiten auch auf den Versuch, lediglich dies darzustellen, also einen groben Lageplan eines äußerst vielschichtigen Geländes zu skizzieren.

2 Die Vertiefungen *(jhāna)*

2.1 Die *samatha*-Meditation, die buddhistische Form der Geistesruhe-Meditation, umfaßt nach traditioneller Lehre acht aufeinanderfolgende Stufen mentaler Abstraktion oder Vertiefung, die als *jhānas* bekannt sind (das Pali-Wort *jhāna* bedeutet wörtlich übersetzt „Meditation" oder „Kontemplation")[83].

Am Schluß des vorigen Kapitels, als von den unkörperlichen Zuständen die Rede war, haben wir schon kurz gesagt, daß diese acht Vertiefungen in zwei Hauptgruppen unterteilt werden: die vier Grundstufen der Vertiefung, die gewöhnlich „Vertiefungen der Feinkörperlichen Sphäre" genannt werden *(rūpa jhāna)*; und die vier weiteren, als „Unkörperliche Vertiefungen" *(arūpa jhāna)* bekannten Stufen.

Der Ausgangspunkt für die feinkörperlichen Vertiefungen ist vorerst die Erlangung der *Zugangs-Sammlung*[84], die man auf der Grundlage des vorgegebenen Meditationsgegenstands erreicht hat und die dann so lange weiter geübt wird, bis man die *Fülle der Konzentration* (d. h. die Volle Sammlung[85] erlangt hat. Wie wir uns erinnern, wird bei letzterer die Aufmerksamkeit vollkommen vom Gegenbild[86] absorbiert, das auf der Grundlage des zu Beginn verwendeten Objekts entwickelt worden ist. Das aber ist der Punkt, an dem man die Schwelle der vier Grundstufen der Vertiefung betritt. Die weiteren vier Stufen entwickelt man auf ähnliche Weise, indem man auch die Stufen der Zugangs- und der Vollen Sammlung durchschreitet, wobei jedoch der Ausgangspunkt dafür (wie schon oben in Kapitel 4, Abschnitt 4.7 erwähnt) die vierte Stufe der grundlegenden Vertiefungen ist, welche man mittels eines *kasiṇa* als Meditationsgegenstand erlangt.

In diesem Zusammenhang darf man nicht vergessen, daß nicht jeder der vierzig Meditationsgegenstände für jeden Zweck geeignet ist. Einige kann man dazu verwenden, sowohl die Zugangs- als auch die volle Sammlung zu erlangen, während andere nur bis zur

---

[83] Es gibt auch eine Einteilung in neun Stufen, die sich jedoch nur formell von der allgemein üblichen achtstufigen unterscheidet. Sie unterteilt lediglich die zweite traditionelle Vertiefungsstufe in zwei Stufen und zählt dann entsprechend weiter.

[84] Siehe Kapitel 4, Abschnitt 1.2.

[85] Siehe Kapitel 4, Abschnitt 1.3.

[86] Siehe Kapitel 4, Abschnitt 3.3.

Erreichung der Zugangs- oder angrenzenden Sammlung geeignet sind.

Bei denjenigen, welche nur bis zum Zugang führen, handelt es sich um zehn: die acht reflexiven Betrachtungsübungen sowie die Wahrnehmung, wie unangenehm das Sich-Ernähren ist, und die Analyse der vier Elemente (siehe Kapitel 4, Abschnitte 4.3 bis 4.5). Diese lassen sich entweder ganz allgemein für hilfreiche mentale Übungen verwenden (da schon die Zugangs-Konzentration an sich eine sehr positive Erfahrung gesteigerten Bewußtseins ist) oder natürlich für die Praxis der Klarsichts-Meditation.

Alle anderen dreißig Meditationsgegenstände eignen sich für die Schaffung der vollen Sammlung und können daher für die Praxis sowohl der Klarsichts- *(vipassanā)* als auch der Geistesruhe-Meditation verwendet werden. Vermerken wir beiläufig, daß zwei davon, die Atmungs-Achtsamkeit und die Achtsamkeit auf den Körper, auf der Zugangs-Stufe besonders nützlich für die Praxis der Klarsicht sind (siehe Kapitel 6).

Hier jedoch geht es uns jetzt um die Einübung in die Beruhigung, und daher soll hier angemerkt werden, daß nicht alle diese dreißig Meditationsgegenstände geeignet sind, alle eben genannten Stufen der Vertiefung zu erlangen.

Die Betrachtungen der zehn Arten des Zerfalls des Körpers und auch die Achtsamkeit auf den Körper führen nur zur ersten Vertiefung.

Die ersten drei der vier erhabenen Weilungen (Güte, Mitleid und Mitfreude) können verwendet werden, um die Stufen bis zur dritten Vertiefung hinauf zu erreichen.

Die zehn *kasiṇas* und die Atmungs-Achtsamkeit führen auf alle vier grundlegenden Vertiefungen.

Die vierte erhabene Weilung (Gleichmut) eignet sich nur für die vierte Vertiefung, jedoch nicht, wie wir uns erinnern (Kapitel 4, Abschnitt 4.6.3), um die Zugangs-Sammlung zu erlangen, welche zuvor mittels eines der anderen erhabenen Weilungen erreicht werden muß.

Die vier unkörperlichen Zustände schließlich führen, ausgehend von der vierten grundlegenden Vertiefung (erlangt mittels irgendeines der *kasiṇas*, ausgenommen desjenigen des „begrenzten Raumes"), hintereinander auf die fünfte, sechste, siebte und achte Vertiefung (das heißt, zu den vier unkörperlichen Vertiefungen).

Ich werde jetzt in groben Zügen jede der acht Vertiefungen skizzieren, um in etwa eine Vorstellung der Zustände zu vermitteln, zu denen sie führen, und um aufzuzeigen, wie man sich in sie einübt. Zu diesem Zweck verwende ich die gängigen Definitionen der Vertiefungen, wie sie sich an vielen Stellen in den *Lehrreden* des Buddha finden, und erläutere sie mit Hilfe von Zitaten und Erklärungen aus dem *Visuddhi Magga*.

2.2 Feinkörperliche Vertiefungen *(rūpa jhāna)*

Die Eingangsübung bei der Meditation ist immer die gleiche: Zunächst muß man seine Aufmerksamkeit ganz auf den Meditationsgegenstand richten *(Vorbereitungs-Konzentration)*, dann diese immer stabiler werden lassen und intensivieren (indem man hintereinander folgende Stufen durchläuft: (a) bewußte und ausschließliche Aufmerksamkeit auf den Gegenstand, der das „Vorbereitungs-Bild" darstellt (b) das „aufgefaßte Bild" und (c) das „Gegenbild" – siehe Kapitel 4, Abschnitte 3.1 bis 3.3), bis man die *Zugangs-Sammlung* erlangt. Um dann das *samatha* zu entfalten, fährt der Meditierende damit fort, ausgehend vom erlangten Gegenbild seine Konzentration zu stärken und zu verfeinern, bis er die *volle Sammlung* erreicht.

2.2.1 Die erste Vertiefung

Wenn er auf diese Weise intensiv übt, der Meditierende, „losgelöst von sinnenhaften Dingen, losgelöst von unheilsamen Geisteszuständen, gewinnt, die mit Gedankenfassung und Überlegen verbunden, in der Abgeschiedenheit geborene, von Verzückung und Glücksgefühl erfüllte erste Vertiefung und verweilt darin."[87]

Die Definition spricht davon, daß der Meditierende „losgelöst von sinnenhaften Dingen" sei, denn sein Geist konzentriert sich ausschließlich auf das Gegenbild, das sich aus dem anfänglichen Meditationsgegenstand ergeben hat. Daß er „losgelöst von unheil-

---

[87] D 22.

samen Zuständen" sei, bedeutet, daß der Meditierende zu diesem Zeitpunkt frei von dem ist, was man in der buddhistischen Tradition als die „fünf Hemmungen" kennt, die, wenn gegenwärtig, den Geist verwirren und den Fortschritt hemmen. Es handelt sich um Sinnesbegehren, Übelwollen, Stumpfheit und Mattheit, Aufgeregtheit und Gewissensunruhe und skeptische Zweifel. Solange der Meditierende von diesen Hemmungen nicht frei ist, kann er keine echten Fortschritte machen. Daher heißt es, daß die erste Vertiefung „in der Abgeschiedenheit geboren" wird. In dem Maß, in dem man mit Erfolg in der Konzentration Fortschritte macht, vom anfänglichen Konzentrieren des Geistes auf einen Gegenstand bis zur Stufe der Zugangs-Konzentration, wird der Geist ganz natürlich von diesen Hemmungen frei (denn wenn man sich **wirklich** ganz auf den Meditationsgegenstand konzentriert, bleibt zur selben Zeit kein Raum für Gefühle wie Begehren, Übelwollen, Stumpfheit usw.) [88]. Und auch umgekehrt: je öfter und vollständiger der Geist von Hemmungen gesäubert wird, desto besser und wirksamer kann er sich konzentrieren. Das ist ein Prozeß des ständigen positiven Feedbacks.

Die Unterscheidungsmerkmale der ersten Vertiefung (es sind dieselben, wenn sie ein Anfänger für einen Augenblick lang erreicht und wenn ein erfahrener Meditierender anhaltend darin ruht) sind „Verzückung und Glücksgefühl" und der Umstand, daß mit diesem Zustand noch „Gedankenfassen und Überlegen" einhergeht. Das Letztere macht klar, daß zur ersten Stufe der Vertiefung immer noch Elemente der Reflexion und der mentalen Aktivität gehören: Gedanken steigen auf („Gedankenfassen") und werden weiterverfolgt („Überlegen" manchmal auch als „diskursives Denken" übersetzt). Doch sind diese Reflexionstätigkeiten strikt in den Prozeß der Meditation eingefügt und dienen dazu, ihn zu stärken. *„Gedankenfassen"* besteht darin, das Denkvermögen seines Geistes ausschließlich auf den Meditationsgegenstand anzuwenden und zu konzentrieren (und auf sein Gegenbild so-

---

[88] Wenn man sich z. B. wirklich auf seinen Atem konzentriert, ist offensichtlich kein Raum im Geist für irgend etwas außerhalb dieses Meditationsgegenstands – jedenfalls so lange, wie die Konzentration voll anhält.

bald es auftaucht), während „*Überlegen*" bedeutet, daß man seine Reflexionstätigkeit ohne jegliche Abschweifung ausschließlich auf den Meditationsgegenstand gerichtet hält. Der *Visuddhi Magga* veranschaulicht diesen inneren Prozeß, indem er ihn mit einer Glocke, einem Vogel und einer Biene vergleicht. Das *Gedankenfassen* ist wie das Anschlagen einer Glocke; das *Überlegen* ist wie das Nachtönen der Glocke; das *Gedankenfassen* ist, „gleichwie bei einem Vogel, der in die Luft fliegen will, der erste Flügelschlag; oder wie bei einer Biene, die ihren Sinn auf den Duft gerichtet hat, das Hinfliegen zur Lotusblüte." Das *Überlegen* ist „eine friedliche Tätigkeit des Geistes, kein allzu bewegter Zustand, und gleicht dem Ausbreiten der Flügel bei einem in die Lüfte emporgeflogenen Vogel, oder dem Umherschwirren einer Biene über der Lotusblüte, zu der sie hingeflogen ist."[89]

Die Erwähnung von „Verzückung und Glücksgefühl" ist besonders wichtig, weil dadurch der Bewußtseinszustand, den man in der ersten Vertiefung erlangt (genau wie derjenige in der zweiten, wie wir bald sehen werden), als äußerst positiv charakterisiert wird. Zudem werden diese beiden Begriffe in der buddhistischen Meditation in einem ganz spezifischen, technischen Sinn verwendet: *Verzückung*[90] ist „die Zufriedenheit bei Erlangung des erwünschten Objekts", und *Glücksgefühl*[91] ist „das Geniessen des erlangten Genußobjektes". Um das zu veranschaulichen, erklärt der *Visuddhi Magga*: „Verzückung gleicht der Empfindung, die ein in der Wüste Schmachtender hat, sobald er Wald oder Wasser

---

[89] VDM IV, 142 (168–169).

[90] *Pīti*, manchmal auch übersetzt als ‚Begeisterung'. Obwohl bestimmte Stufen der ‚Verzückung' von körperlichen Wahrnehmungen begleitet sind (wie wir im nächsten Abschnitt unseres Textes darlegen werden), ist sie ausschließlich ein **geistiger** Faktor, welcher, wie der Ehrwürdige Nyānatiloka erklärt, zur Kategorie der Geistesformationen gehört, und dementsprechend auch als „Interesse" oder „freudige Anteilnahme" beschrieben werden kann (Buddhistisches Wörterbuch, siehe Ausgewählte Literatur).

[91] *Sukha* bedeutet in seinem allgemeinsten Sinn jegliche Art angenehmer, positiver Erfahrung, sei sie physischer oder mentaler Art. So steht dieser Begriff für ‚alles, was angenehm ist', und ist der Gegen-Begriff zu *dukkha*: ‚alles, was unangenehm ist' (siehe Kapitel 2, Abschnitt 3.1). Dieses ‚Glücksgefühl' ist ein spezifischer Faktor bei den ersten drei Vertiefungen.

erblickt, oder davon hört; Glücksgefühl dagegen gleicht dem Empfinden, das er beim Eintritt in die Waldschatten und beim Genießen des Wassers hat."[92]

Die Verzückung spielt bereits auf den Vorstufen, die bis zur Vertiefung hin- und in sie einführen, eine sehr wichtige Rolle. Wenn der Meditierende anfängt, sich konsequent in die Konzentration einzuüben, ist die Verzückung sowohl die positive Frucht seiner ersten entschlossenen, disziplinierten Bemühungen als auch die Motivation für weiteres Bemühen und Fortschritt.

Die Manifestationen der Verzückung variieren hinsichtlich Art, Grad und Dauer. In der traditionellen Begrifflichkeit[93] gibt es folgende Einteilung: *leichte Verzückung:* wie ein Schauder, „der alle Körperhaare aufstehen läßt"; *momentane Verzückung:* „gleicht dem von Augenblick zu Augenblick zuckenden Blitze"; *überströmende Verzückung:* „es bricht immer und immer wieder über den Körper herein wie die Wogen am Strand des Meeres"; *emportreibende Verzückung:* es äußert sich nicht nur in einem geistigen Emporgehoben werden, sondern bewirkt auch die körperliche Wahrnehmung einer extremen Leichtigkeit, so, als schwebe man in der Luft; und *durchdringende Verzückung:* wenn „der ganze Körper vollständig durchflutet wird wie eine volle Blase, oder wie eine Felshöhle, die von einer gewaltigen Wasserflut erfüllt wird".

An dieser Stelle lohnt es sich, einen ganzen Abschnitt aus dem *Visuddhi Magga* zu zitieren, der kurz die Abfolge der psychosomatischen Zustände beschreibt, die den Fortschritt vom anfänglichen Sich-Konzentrieren auf den Meditationsgegenstand bis zur Erlangung der Vertiefung auszeichnen:

„Indem nun diese fünffache Verzückung[94] zum Entstehen und zur Reife gelangt, bewirkt sie ein zweifaches Gestilltsein: Gestillt-

---

[92] VDM IV, 145 (172).
[93] VDM IV, 143–144 (170–171).
[94] Das heißt, die eben aufgezählten fünf Arten der Verzückung. Nicht unbedingt jeder Meditierende erfährt sie alle, und auch nicht immer in der angegebenen Reihenfolge. Bei allen Meditationserfahrungen gibt es eine große Bandbreite individueller Variationen, bedingt durch Charakter, Mentalität und Umstände jedes einzelnen.

sein der Geistesfaktoren und Gestilltsein des Bewußtseins. Während aber das Gestilltsein zum Entstehen und zur Reife gelangt, bewirkt es ein zweifaches Wohlgefühl: körperliches und geistiges. Und während das Wohlgefühl zum Entstehen und zur Reife gelangt, bewirkt es eine dreifache Sammlung: Momentane Sammlung[95], Angrenzende Sammlung und Volle Sammlung. Die dabei als Grundlage der Vollen Sammlung anwachsende und mit der Sammlung sich vereinigende durchdringende Verzückung aber: diese ist hier gemeint."[96]

Die Merkmale der ersten Vertiefung lassen sich am besten mit den eigenen Worten des Buddha zusammenfassen:

„Die erste Vertiefung ist frei von fünf Dingen, und sie besitzt fünf Dinge. Ja, ihr Mönche, in dem, der die erste Vertiefung erlangt hat, gibt es kein Sinnesbegehren, kein Übelwollen, keine Stumpfheit und Mattheit, keine Aufgeregtheit und Gewissensunruhe und keine Zweifel[97]. Er verweilt gesammelt, verzückt und glücklich, Gedankenfassung und Überlegung ausübend."[98]

Erörtern wir jetzt die Wendung in der Formel, die genauer angibt, daß der Meditierende „die erste Vertiefung gewinnt und darin verweilt". Hier muß angemerkt werden, daß es der Meditierende gewöhnlich, wenn er diesen Zustand zum ersten Mal erreicht, nicht fertigbringt, darin länger als einige Augenblicke zu verharren (das ist also die momentane Sammlung), und fällt meist alsbald wieder auf die Ebene der Zugangs-Sammlung zurück. Doch mit steter Übung entwickelt man zunehmend die Fähigkeit, ziemlich leicht in die volle Vertiefung einzutreten und darin für kürzere oder längere Zeiten zu verweilen. Auf diese Weise kommt man früher oder später zur vollen Beherrschung, die in der Fähigkeit besteht, jederzeit in die erste Vertiefung einzutreten und darin so lange zu bleiben, wie man will (was dann die „volle

---

[95] Bei den ersten kurzen Malen, wo man die Zugangs-Sammlung erreicht, dauert sie gewöhnlich nur ganz kurz; das ist hier als ‚Momentane Sammlung' bezeichnet.

[96] VDM IV, 144 (171).

[97] Das ist die Freiheit von den fünf Hemmungen. Siehe oben Anm. 73 und Kapitel 6, Abschnitt 2.5.1.1.

[98] M 43.

Sammlung" ist). Das ist so ähnlich, wie wenn man das Radfahren lernt. Am Anfang muß man sich immer gleich wieder auf dem Boden abstützen, um nicht umzufallen, aber mit etwas Übung wird es einem schnell zur zweiten Natur, immer das Gleichgewicht auf den zwei Rädern einzuhalten. Genau den gleichen Lernprozeß gibt es bei allen Vertiefungen, das heißt, man erlangt die Konzentration am Anfang nur für Augenblicke, aber dann vervollkommnet man sie immer mehr, bis man zur vollen Meisterschaft gelangt[99].

2.2.2 Das Bild erweitern

Man kann den Prozeß der Stabilisierung und Intensivierung der abstrahierenden Konzentration äußerst wirksam durch eine Übung fördern, die als „Erweiterung des Bildes" bekannt ist. Sie ist sowohl für diese erste Stufe der Vertiefung nützlich, die wir jetzt erörtern, als auch für die anderen drei grundlegenden Vertiefungen, und eine Spielart davon ist – wie wir später sehen werden – unerläßlich, um die fünfte Vertiefung zu erreichen (d. h. die erste unkörperliche Vertiefung).

Man führt diese Übung auf der Grundlage jedes beliebigen *kasinas* durch (ausgenommen desjenigen des „begrenzten Raumes"). Sie besteht darin, daß man im Geist in aufeinanderfolgenden Stufen das ursprünglich entwickelte Gegenbild erweitert, so daß es sich im Geist auf immer weitere Felder ausdehnt. Der *Visuddhi Magga* veranschaulicht diese Übung der Erweiterung anhand der *kasiṇa* „Erde" (deren Gegenbild, wie wir uns erinnern, in Bildern der Klarheit und Reinheit beschrieben wird: „wie eine Spiegelscheibe ..., wie rein polierter Perlmutter ..., wie die Mondscheibe"). Nach diesem Handbuch sollte der Meditierende folgendermaßen vorgehen:

„ ... gleichwie der Bauer die zu pflügende Stelle zuerst mit dem Pfluge abgrenzt und dann innerhalb der Abgrenzung pflügt ... ebenso soll der Übungsbeflissene im Geiste jenes erlangte Gegenbild nach und nach in der Breite von einem, zwei drei oder vier

---

[99] Allerdings kann es vorkommen, daß besonders Begabte fast sofort zu einer stabilen Vertiefung gelangen.

Finger abgrenzen und das so abgegrenzte Gegenbild erweitern. Ohne es aber vorher abgegrenzt zu haben, soll er es nicht erweitern. Und nachdem er darauf eine Spanne, eine Elle, die vor ihm liegende Zelle, das Kloster oder Dorf, Stadt, Gegend, Land oder Meer als Grenze nehmend das Gegenbild erweitert hat, soll er schließlich eine Weltspähre oder ein noch weiteres Gebiet als Grenze nehmen und das Gegenbild erweitern."[100]

2.2.3 Der Überblick

Bei der Praxis des *samatha* ist der Übergang von einer Stufe der Vertiefung in die andere kein kontinuierlicher Prozeß. Zwischen den einzelnen Vertiefungen gibt es Brüche. Wenn ein Meditierender in die erste Vertiefung eingetreten ist[101], muß er zunächst wieder aus ihr austreten und die Erfahrung, die er soeben erlebt hat, im Geist überprüfen und einordnen, ehe er zur zweiten Vertiefung weiterschreiten kann. Das gleiche gilt für den Übergang von der zweiten zur dritten, von der dritten zur vierten usw. In der traditionellen Terminologie wird das als „Rückblick" oder „Überblick" bezeichnet, denn die Aufgabe des Meditierenden besteht dabei darin, mit äußerster Sorgfalt und Überlegung die Unterscheidungsmerkmale der jeweiligen Stufe der Vertiefung, die er gerade erfahren hat, zu überprüfen, um ihre Qualität genau bestimmen zu können. Dieses Überblicken erhellt, was noch auf jeder Stufe der Verbesserung bedarf, und es verstärkt die Motivation, sich um die Erlangung der nächsten zu bemühen.

Für den Fall der ersten Vertiefung sagt der *Visuddhi Magga*: Wenn der Meditierende sie erreicht habe, und nachdem er „aus der von ihm gemeisterten 1. Vertiefung herausgetreten ist, soll er darin einen Mangel erblicken und sich sagen, daß dieser Erreichungszustand den feindlichen Hemmungen[102] nahe ist und infolge des Grobgeartetseins von Gedankenfassung und Überlegen

---

[100] VDM IV, 152–153 (179).
[101] Gewöhnlich spricht man davon, daß man in einen Zustand der Vertiefung „eintrete" und dann „aus ihm heraustrete".
[102] Siehe oben Anm. 72 und Kapitel 6, Abschnitt 2.5.1.1.

nur schwache Vertiefungsglieder besitzt[103]; und die 2. Vertiefung als friedvoll betrachtend soll er das Verlangen nach der 1. Vertiefung überwinden und um Erreichen der 2. Vertiefung sich bemühen. Nach dem Heraustreten aus der 1. Vertiefung, während er klar bewußt auf die Vertiefungsglieder zurückblickt, erscheinen ihm Gedankenfasslung und Überlegen als grobgeartet, und bloß Verzückung, Glücksgefühl und geistige Einspitzigkeit als friedvoll."

Dann konzentriert der Meditierende wiederum seinen Geist auf einen einzigen Gegenstand. Dazu kann er denselben Gegenstand wie für die erste Vertiefung verwenden oder auch einen anderen hierfür geeigneten. Er durchläuft wieder die üblichen Stufen von aufgefaßtem Bild – Gegenbild – Zugangs-Sammlung – volle Sammlung (ein Prozeß, der sehr schnell verlaufen kann, wenn man erst einmal geübt ist) und tritt in die zweite Vertiefung ein. Die Technik zur Erlangung der Konzentration ist natürlich dieselbe wie vorher, aber der Unterschied liegt in der Motivation des Meditierenden, die sich jetzt von der vorhergehenden unterscheidet, denn sie stützt sich jetzt zusätzlich auf die noch lebendige Erfahrung der ersten Vertiefung, die Möglichkeiten, die sie eröffnet hat, und die sich daraus ergebende Motivation, weiter bis zur zweiten Vertiefung vorzustoßen. So erläutert der *Visuddhi Magga* weiter:

„So steigt, während er zwecks Überwindung der grobgearteten Glieder [d. h. Gedankenfassen und Überlegen] und Erlangung der friedvollen Glieder [das sind Verzückung, Glücksgefühl und geistige Einspitzigkeit] dasselbe Objekt wieder und wieder erwägt,

---

[103] Das heißt, die intellektuellen Aktivitäten des ‚Gedankenfassens‘ (Fassen eines Gedankens) und des ‚Überlegens‘ (Reflexion, Nachdenken darüber) sind nicht genügend feine Werkzeuge, um die subtilen Zustände der abstrahierenden Meditation zu erreichen. ‚Grob‘ *(o*lārika)* ist ein in der buddhistischen Psychologie häufig gebrauchter Begriff, um den relativen Mangel an Subtilität und Stabilität eines gegebenen mentalen Zustandes zu bezeichnen. Auf dem breiten Spektrum der Zustände, die von der völligen Verwirrung und ‚Grobheit‘ eines völlig von Gier, Haß und Verblendung beherrschten Geistes bis zur völligen Klarheit und ‚Feinheit‘ des *nibbāna* reichen, ist natürlich jede Stufe im Vergleich zu den höheren ‚grob‘ und im Vergleich zu den niedrigeren ‚fein‘.

der Gedanken in ihm auf: ‚Jetzt wird die zweite Vertiefung eintreten'"[104]

2.2.4 Die zweite Vertiefung

„Nach Stillung von Gedankenfassung und Überlegen aber gewinnt er den inneren Frieden, die Einheit des Geistes, die von Gedankenfassung und Überlegen freie, in der Sammlung geborene, von Verzückung und Glücksgefühl erfüllte zweite Vertiefung."[105]

Von dieser Vertiefung heißt es, sie „gebe zwei Faktoren auf und besitze drei Faktoren"[106]. Die beiden Faktoren, die sie aufgibt, sind natürlich die reflexiven Funktionen der Gedankenfassung und des Überlegens. Die drei Faktoren, die sie besitzt, sind Verzückung, Glücksgefühl, und Einspitzigkeit oder Einheit des Geistes, d. h. ungetrübte Konzentration. Die innere Zuversicht wird nicht als eigener Faktor betrachtet, da sie sich lediglich aus den drei anderen ergibt.

Ein bemerkenswerter Unterschied zwischen der ersten und der zweiten Vertiefung ist, daß es von der letzteren heißt, sie sei „in der Sammlung geboren", während die erstere „in der Abgeschiedenheit geboren" sei. Das bedeutet, daß, wie schon im Zusammenhang mit der ersten Vertiefung bemerkt, der Prozeß der Sammlung des Geistes damit beginnen muß, daß man sich von den als „Hemmungen" bezeichneten negativen Haltungen des Geistes absondert. Das ist mit der „Abgeschiedenheit" gemeint: der Geist isoliert sich von den Hemmungen. Andererseits erfreut sich der Meditierende bereits der Vorteile, die sich aus dem mit der ersten Vertiefung verbundenen Grad an Konzentration ergeben, wenn er sich in die zweite Vertiefung einübt. Aus diesem Grund heißt es, die zweite Vertiefung sei „in der Sammlung geboren".

Hat man die zweite Vertiefung erlangt, so ist der Vorgang, wieder aus ihr herauszutreten und auf die dritte zuzugehen – wie schon gesagt –, wieder ganz ähnlich wie beim Übergang von der

[104] VDM IV, 155 (182).
[105] D 22.
[106] VDM IV, 158 (186).

ersten zur zweiten Versenkung. Der Faktor, den man an dieser Stelle hinter sich lassen soll, ist die „Verzückung":

„Aber wenn auch diese [2. Vertiefung] in solcher Weise erreicht ist, so soll man doch, nachdem man aus der wohlbemeisterten 2. Vertiefung herausgetreten ist, darin einen Mangel erblicken und bedenken, daß dieser Erreichungszustand einen Feind in der sich nahe befindenden Gedankenfassung und dem Überlegen besitzt, und daß die Glieder dieser Vertiefung schwach entwickelt sind wegen des Grobgeartetseins der Verzückung, wie beschrieben in den Worten: ,Wegen jener Verzückung, die da besteht im Aufschäumen des Geistes, deswegen gilt diese Vertiefung als grob geartet.'[107] Und die 3. Vertiefung als friedvoll betrachtend, soll man das Verlangen nach der 2. Vertiefung überwinden und nach Erreichen der 3. Vertiefung streben. Nach dem Heraustreten aus der 2. Vertiefung, während man achtsam, klarbewußt die Vertiefungsglieder prüft, erscheint einem die Verzückung als grobgeartet und bloß das Glücksgefühl und die geistige Einspitzigkeit als friedvoll."[108]

Der Meditierende macht dann weiter, indem er wiederum seinen Geist konzentriert „mit dem Ziel, den groben Faktor [d. h. die Verzückung] aufzugeben und die friedvollen Faktoren [das Glücksgefühl und die Einspitzigkeit des Geistes] zu erlangen", und er übt sich beharrlich darin, bis er die dritte Vertiefung erreicht.

2.2.5 Die dritte Vertiefung

„Nach Aufhebung der Verzückung aber verweilt er gleichmütig, achtsam, klarbewußt, und er fühlt in seinem Innern jenes Glück, von dem die Edlen sprechen: ,Glückselig weilt der Gleichmütige, der Achtsame'. Und so gewinnt er die dritte Vertiefung."[109]

Diese Vertiefung „gibt einen Faktor auf und besitzt zwei Fakto-

---

[107] Das heißt, in diesem Zustand spielen immer noch geistige Erregung und Verwirrung eine Rolle. Vgl. Anm. 103.
[108] VDM IV, 158–159 (186–187).
[109] D 22.

ren"[110]. Der Faktor, den sie aufgegeben hat, ist, wie wir gerade gesehen haben, derjenige der Verzückung, denn dabei handelt es sich um etwas, was zwar angenehm ist, jedoch eine Erregung des Geistes verursacht und daher eine beunruhigende Wirkung hat. Die beiden übrigen Faktoren, die für diese Stufe der Vertiefung charakteristisch sind, sind das Glücksgefühl und die Einspitzigkeit des Geistes. Auf den ersten Blick scheint der Wortlaut der traditionellen Formel auch noch andere Elemente zu beinhalten, aber bei näherem Zusehen zeigt sich, daß das nicht der Fall ist. Tatsächlich ist in der Formel nicht nur vom Glücksgefühl die Rede, sondern auch noch von Gleichmut, von Achtsamkeit und von klarer Bewußtheit. Doch was die letzteren beiden Aspekte betrifft, läßt sich leicht verstehen, daß die Begriffe „achtsam" und „klarbewußt" (wie auch später der Ausdruck „der Achtsame") einfach andere Worte sind, um die Sammlung zu beschreiben. Denn Sammlung oder Einspitzigkeit des Geistes ist ja genau das: ganz achtsam zu sein (nacheinander für den Meditationsgegenstand, das aufgefaßte Bild und das Gegenbild), und zwar in voller Bewußtheit und mit klarem Verständnis dessen, was geschieht. Um dies deutlich zu sagen, heißt es im *Visuddhi Magga:*

„Die Feinheit dieser Vertiefung, die sich daraus ergibt, daß man die groben Faktoren aufgibt[111], setzt immer voraus, daß der Geist in seinem Vorwärtskommen die Funktionen der Achtsamkeit und der klaren Bewußtheit immer bei sich trägt, genau wie wenn ein Mann auf einer Messerschneide geht."[112]

Was den Gleichmut betrifft, so ist das, was sich auf dieser Stufe der Vertiefung einstellt, der Anfang des Gleichmuts, der als integraler Bestandteil der Erfahrung des Glücksgefühls betrachtet wird. Natürlich ist der Gleichmut, als Zustand emotionalen und geistigen Gleichgewichts ganz klar eine glückselige Erfahrung. Ja, ein gut entwickelter Gleichmut, der sich in einer gesetzten, heiteren Geistesverfassung äußert, ist eine höhere Form der Glückse-

---

[110] VDM IV, 164 (193).

[111] Nämlich die schon seit der zweiten Vertiefung abgelegten *Gedankenfassung* und *Überlegung*, und jetzt, seit der dritten, die *Verzückung.*

[112] VDM IV, 163 (191–192).

ligkeit. Wie wir alsbald sehen werden, wenn in der vierten Vertiefung ein hochentwickelter Grad an Gleichmut erreicht ist, ist diese Erfahrung dann nicht länger als Glücksgefühl oder Wonne beschreibbar[113], und daher heißt es, auf dieser Stufe werde dann der Faktor „Glücksgefühl" aufgegeben.

Doch bei dieser dritten Vertiefung ist das Glücksgefühl, zusammen mit der Konzentration, immer noch von grundlegender Wichtigkeit, und seine Gegenwart auf der körperlichen Ebene geht einher mit einem äußerst angenehmen Gefühl des Wohlbefindens und der Entspannung auf der körperlichen Ebene. Aus diesem Grund heißt es, in der dritten Vertiefung erfahre der Meditierende das Glück „in seinem Innern".

Aber gemäß der Dialektik des Daseins hat alles seine zwei Seiten: Glück und Leiden, Wonne und Schmerz sind unvermeidlich Gegenpole. Daher transzendiert ein Zustand der Glückseligkeit, ganz gleich wie intensiv angenehm er sein und wie lange er andauern mag, nicht die Dualität und ist immer noch weit von einem Zustand der Vollkommenheit entfernt. In der traditionellen Terminologie ist auch er immer noch „grob"[114]. Tritt also folglich der Meditierende

„aus der wohlgemeisterten 3. Vertiefung heraus, so soll er doch darin einen Mangel erblicken und bedenken, daß dieser Erreichungszustand einen Feind in der sich nache befindenden Verzükkung besitzt und daß die Gleider dieser Vertiefung infolge des Grobgeartetseins des Glücksgefühls schwach entwickelt sind, wie beschrieben in den Worten: „Wegen jenes Glücksgefühls, das da besteht im Hingeneigtsein des Geistes, deswegen gilt diese Vertiefung als grobgeartet." Und die 4. Vertiefung als friedvoll betrachtend, soll man das Verlangen nach der 3. Vertiefung überwinden und nach Erreichung der 4. Vertiefung streben. Nach dem Heraustreten aus der dritten Vertiefung, während man achtsam, klarbewußt die Vertiefungsglieder prüft, erscheint einem das im Frohsinn bestehende geistige Glücksgefühl als grobgeartet, und

---

[113] Siehe oben Anm. 91.
[114] Siehe oben Anm. 103.

bloß das Gleichmutsgefühl und die Einspitzigkeit des Geistes als friedvoll."

Auf dieser Grundlage begibt sich der Meditierende dann daran, sich in die vierte Vertiefung einzuüben,

„mit dem Ziel, den groben Faktor [also hier das im Frohsinn bestehende geistige Glücksgefühl, und auch alle damit verbundenen angenehmen Körperempfindungen] aufzugeben und die friedvollen Faktoren [den Gleichmut und die Einheit des Geistes] zu erlangen"[115].

2.2.6 Die Tauglichkeit der vierten Erhabenen Weilung (Gleichmut) für die Erlangung der vierten Vertiefung

Wie bei den vorausgehenden Übergängen (von der ersten zur zweiten und von der zweiten zur dritten Vertiefung) kann man wiederum die Konzentration anhand des bislang verwendeten Meditationsgegenstands oder mit jedem beliebigen anderen dafür geeigneten weiterentwickeln. Dabei sollte man jedoch immer beachten, daß nicht alle Gegenstände für die Erlangung aller Stufen der Vertiefung geeignet sind (siehe Abschnitt 2.1 dieses Kapitels).

Für die vorliegende Aufgabe, sich in die vierte Vertiefung einzuüben, gibt es jedoch einen Meditationsgegenstand, der infolge seiner Natur ganz besonders geeignet ist, und zwar im Hinblick darauf, daß der Gleichmut einer der beiden wesentlichen Faktoren in dieser Vertiefung ist. Dieser Gegenstand ist natürlich die vierte Erhabene Weilung, denn bei ihr handelt es sich ja gerade um den Gleichmut. Man wird sich auch erinnern, daß (wie in Kapitel 4, Abschnitt 4.6.3 und in Abschnitt 2.1 dieses Kapitels schon gesagt) man diesen Meditationsgegenstand nur zur Erlangung der vierten Vertiefung verwenden kann, nicht jedoch zur Erlangung der vorausgehenden drei Stufen. Die Vorteile des Umstands, daß man als Meditationsgegenstand einen der beiden Faktoren verwendet, die den Zustand auszeichnen, den man erreichen will, liegen auf der Hand. Doch sei hier daran erinnert, daß man den Gleichmut erst dann als Meditationsgegenstand zur Erlangung

---

[115] VDM IV, 164 (193–194).

der vierten Vertiefung verwenden kann, wenn man sich mittels einer der anderen drei erhabenen Weilungen (und nicht z. B. mittels eines *kasiṇa*) durch die vorigen drei Stufen heraufgearbeitet hat.

Praktisch heißt das: wenn man in der Lage sein will, sich mittels des Gleichmuts als Meditationsgegenstand in die vierte Vertiefung einzuüben, ist es unerläßlich, daß man die dritte Vertiefung mittels der Meditationsgegenstände „Güte", „Mitleid" oder „Mitfreude" erreicht hat. In diesem Fall richtet sich die Betrachtung der Mängel der dritten Vertiefung darauf, daß man sich „den Nachteil in den vorausgehenden drei erhabenen Weilungen" vor Augen hält, „eben weil man dabei in dem Gedanken: ‚Mögen diese beglückt sein usw.!' dem [persönlichen] Wohlgenuß der Lebewesen Aufmerksamkeit schenkt, weil man sich in der Nähe von Neigung und Abneigung bewegt, weil Mitfreude grob geartet ist wegen ihrer Verbindung mit Frohsinn."[116] (Der Gleichmut als Meditationsgegenstand zum Zweck der Erlangung der vierten Vertiefung wird genauso verwendet, wie das in Kapitel 4, Abschnitt 4.6.3 geschildert ist.)

2.2.7 Die vierte Vertiefung

„Nach dem Schwinden von Wohlgefühl und Schmerz und dem schon früheren Erlöschen von Frohsinn und Trübsinn, tritt er ein in den Besitz der leidlos-freudlosen, in der völligen Reinheit der durch Gleichmut gezeugten Achtsamkeit bestehenden 4. Vertiefung."[117]

Um zu dieser Vertiefung zu gelangen, mußte als letzter Faktor, wie wir gerade gesehen haben, auch noch das Glücksgefühl abgelegt werden. Doch sollte es nicht überraschen, daß sein „Aufgeben" mit Hilfe der Begriffe von Wohlgefühl und Schmerz und Frohsinn und Trübsinn beschrieben wird. Im wesentlichen geht es darum, daß der Zustand, den man jetzt erlangt, ein Zustand gefestigten Gleichmuts ist, welcher als solcher frei von jeglicher Wertung ist, sei sie positiver oder negativer Art, und auch frei von

---

[116] VDM IX, 317 (361–362).
[117] D.22

sowohl körperlichen wie geistigen Qualifikationen. Der *Visuddhi Magga* erläutert dazu, „Wohlgefühl und Schmerz" bedeute „körperliches Wohl und Wehe", und „Frohsinn und Trübsinn" bedeute „geistiges Wohlgefühl und Wehgefühl"[118]. Damit ist die gesamte Skala abgedeckt. Was das letztere Begriffspaar betrifft, spricht der Leitfaden genauer, von dem „früheren Erlöschen", denn tatsächlich läßt man Frohsinn und Trübsinn bereits hinter sich, ehe man in die vierte Vertiefung eintritt. Diese geistigen Faktoren verschwinden schon, ehe man die Fülle der vierten Vertiefung erreicht. Beim Eintreten in diese Vertiefung legt man dann auch noch die körperlichen Faktoren ab, denn von ihr heißt es, daß sie „leidlos-freudlos" sei (sowie auf geistigem wie auf körperlichem Gebiet) und daß sie in der völligen Reinheit der durch Gleichmut gezeugten Achtsamkeit bestehe. Der *Visuddhi Magga* sagt noch genauer, diese wichtige Qualität trete zwar erst jetzt, in der vierten Vertiefung, ganz zutage, aber sie sei ein wesentliches Element des gesamten Prozesses der Entfaltung der Geistesruhe. Sie sagt: „Diesen Gleichmut gibt es auch schon auf den drei früheren Vertiefungen."

Aber genau wie man während des hellen Tages selbst dann den Mond kaum sieht, wenn er hoch am Himmel steht, weil er vom viel helleren Strahlen der Sonne überdeckt wird, so wird auch der in den drei niedrigeren Vertiefungen bereits vorhandene Gleichmut vom „grellen Licht" der groben Faktoren „überdeckt". Er ist zwar bis zu einem gewissen Grad schon vorhanden, aber noch nicht so stark, daß er nicht von den groben Faktoren verdunkelt würde.

Erinnern wir uns, daß die groben Faktoren in der ersten Vertiefung die Gedankenfassung und das Überlegen sind, in der zweiten die Verzückung, in der dritten das Glücksgefühl. Auf jeder höheren Stufe ist der ihr entsprechende „grobe" Faktor jedoch bereits weniger „grob"; das heißt, die Verzückung nimmt den Geist weniger in Beschlag als das Gedankenfassen und das Überlegen, und das Glücksgefühl bringt weniger Erregung ins Spiel als die Verzük-

---

[118] VDM IV, 165 (194).

kung. Oder, um es mit dem im *Visuddhi Magga* verwendeten Bild zu sagen: die dritte Vertiefung ist wie die Zeit des Sonnenuntergangs, in der das sanfte Leuchten des Mondes sichtbar zu werden beginnt. Daher wird in jener Phase zum ersten Mal der Gleichmut erwähnt („glückselig weilt der Gleichmütige, der Achtsame"), obwohl er zu der Zeit noch kein Hauptfaktor ist. Mit der vierten Vertiefung ist es dann ganz Nacht geworden; die überdeckenden Faktoren sind verschwunden, der Mond des Gleichmuts kann in voller Reinheit strahlen: das ist die Reinheit der Achtsamkeit. „Deshalb", so folgert der *Visuddhi Magga*, „wird diese Vertiefung als ‚Reinheit der durch Gleichmut gezeugten Achtsamkeit' bezeichnet."[119].

Diese vierte Vertiefung, die letzte der feinkörperlichen Vertiefungen, zeichnet sich also durch einen hohen Grad an Sammlung und Geistesruhe aus. Sie stellt den Ausgangspunkt für die vier unkörperlichen Vertiefungen dar, bei denen es sich um höchst seltene Bewußtseinszustände handelt, die sehr weit von denjenigen entfernt sind, die wir aus allen unseren Alltagserfahrungen kennen.

2.3 Die unkörperlichen Vertiefungen *(arūpa jhāna)*

Selbst wenn die Praxis der vier Grund-Vertiefungen schon sehr weit darin geht, Sinneswahrnehmungen und geistige Anreize auszuschalten, steckt darin immer noch ein gewisses Maß an materiellen und formalen Elementen. Das kommt entweder daher, daß die Gegenstände, die man sich zur Einübung der Wahrnehmung vornimmt, materieller Natur sind (wie die *kasiṇas*, der Körper, seine Organe und Bestandteile, das Atmen usw.) oder daß die Reflexionsübungen wesentlich konkreter Natur sind (wie die Betrachtung der Qualitäten des Buddha, des *Dhamma* und des *Sangha* oder die Natur und die Wirkungen bestimmter Tugenden oder das geistige Zustandebringen erhabener Weilungen – Mitleid, Mitfreude usw. – anhand bestimmter konkreter Menschen als Betrachtungsgegenstand), und in jedem Fall durch

---

[119] VDM IV, 168 (197).

die Art der geistigen Tätigkeiten und der Zustände von Geist und Körper die auf diesen Ebenen vorkommen (Gedankenfassen und Überlegen, die verschiedenen Arten des Wohlseins, physische und mentale Glückseligkeit usw.). Aus diesem Grund werden jene ersten vier Vertiefungen die feinkörperlichen Vertiefungen genannt.

Die vier darauf aufbauenden weiteren Vertiefungsstufen jedoch steigen zu äußerst subtilen Bewußtseinszuständen auf und lassen alle Komponenten geistiger und körperlicher, innerlicher und äußerlicher Art unserer gewohnten menschlichen Umwelt hinter sich. Aus diesem Grund spricht man von ihnen als von den unkörperlichen Vertiefungen.

Die notwendige Vorbedingung für ihre Entwicklung ist, wie schon gesagt, daß man zunächst die grundlegenden feinkörperlichen Vertiefungen bis zur vierten hinauf erreicht hat und dann irgendeines der möglichen neun *kasinas* als Meditationsgegenstand verwendet. Weder das zehnte *kasina* (begrenzter Raum) noch irgendein anderer der dreißig Betrachtungsgegenstände eignen sich als Ausgangspunkt für die Entfaltung der unkörperlichen Vertiefungen. Der Grund dafür ist, daß hier das Ziel ja darin besteht, auch noch die subtilsten Aspekte der materiellen Welt zu transzendieren, und daß man gerade deshalb unbedingt mit einem materiellen Gegenstand anfangen muß, der sich für die Wahrnehmungs-Meditation eignet, um dann zunehmend alle Elemente der Materialität davon auszuscheiden, wie wir das bei der Erörterung der vier unkörperlichen Zustände bereits beschrieben haben (Kapitel 4, Abschnitt 4.7). Jeder dieser vier entspricht einer der unkörperlichen Vertiefungen und stellt die einzige Grundlage dafür dar, in sie einzutreten.

Einfacher gesagt, nur die neun *kasinas* (ausgeschlossen ist also der „begrenzte Raum") eignen sich dafür, sie zur Entwicklung der unkörperlichen Zustände herzunehmen, und nur diese vier unkörperlichen Zustände erschließen den Zugang zu den unkörperlichen Vertiefungen. Wenden wir uns wieder zur genaueren Erklärung dieses Sachverhalts dem *Visuddhi Magga* zu.

2.3.1 Die fünfte Vertiefung: die erste unkörperliche Stufe (grenzenloser Raum)

Der Meditierende, welcher sich in diese Vertiefung einüben möchte, betrachtet, wie alle physischen Dinge in jeglicher Form von Natur aus äußerst hinfällig und unbefriedigend sind, und mit ihnen auch die sich darauf beziehenden Wahrnehmungen. Um sodann diesen Zustand zu transzendieren,

„erweckt er bei einem von den neun mit dem Erdkasina beginnenden Kasinas – das begrenzte Raumkasina ausnehmend – die vierte Vertiefung. Wenn er auch durch die vierte Vertiefung der Feinkörperlichen Sphäre die grobstoffliche Körperwelt überwunden hat, so wünscht er dennoch, da eben die Kasinaform jener ähnlich ist, auch sie zu überwinden. Und in welcher Weise? ... Nachdem er nun die Meisterschaft in der vierten Vertiefung der Feinkörperlichen Sphäre erlangt und sich daraus erhoben hat, erkennt er ihren Unsegen also: ‚In dieser Vertiefung bildet die von mir verabscheute Körperlichkeit das Vorstellungsobjekt, den Frohsinn hat sie als nahen Feind, und grobgeartet ist sie im Vergleiche mit den friedvollen Befreiungen (d. i. den Unkörperlichen Zuständen)'. – Hat er nun auf diese Weise ihren Unsegen erkannt und die Neigung dazu überwunden, so betrachtet er das Raumunendlichkeitsgebiet als etwas Friedvolles, Unbegrenztes."[120]

An diesem Punkt beginnt der Meditierende seine Übung mit einem beliebigen *kasiṇa*, das er sich ausgewählt hat, und „weitet das *kasiṇa*„ auf die gleiche Weise aus, wie wir das oben für die Erweiterung des Gegenbildes bei den feinkörperlichen Vertiefungen beschrieben haben (Abschnitt 2.2.2 in diesem Kapitel). Anders ist in diesem Fall nur, daß man hier die Erweiterungsübung direkt auf das Anfangs-*kasiṇa* anwendet, d. h. auf den Meditationsgegenstand selbst. Nach der Erweiterung des kasiṇas schreitet man zu seiner Ausschaltung:

„... und bis zu den Grenzen des Weltalls, oder soweit er wünscht, breitet er das Kasina aus. Dann erwägt er den davon erfüllten Raum also: ‚Der Raum! Der Raum!' oder: ‚Unendlich ist

---

[120] VDM X, 326–327 (372–373).

der Raum!', und damit hebt er das Kasina auf. Dabei aber rollt er es weder auf wie eine Matte, noch zieht er es fort wie einen Kuchen von der Backpfanne, sondern er richtet bloß seinen Geist nicht mehr darauf, beachtet es nicht mehr, denkt nicht mehr daran. Indem er aber seinen Geistnicht mehr darauf richtet, es nicht mehr beachtet, nicht mehr daran denkt, sondern bloß den davon erfüllten Raum betrachtet, in der Vorstellung: ‚Der Raum! Der Raum!', hebt er, wie man sagt, das Kasina auf."[121]

Der Meditierende übt sich dann weiter in die Konzentration ein und benützt als Bild den nach Ablegen des *kasina* verbleibenden Raum, bis er zunächst die Zugangs-Sammlung und dann die volle Sammlung auf den „grenzenlosen Raum" erreicht. So tritt er auf die erste unkörperliche Stufe (welche die fünfte in der Gesamtreihe der Vertiefungen ist).

„Wenn er vollständig alle Wahrnehmungen des Materiellen hinter sich läßt, wenn die Wahrnehmungen sinnlicher Reaktionen aufhören, wenn er auf nichts Vielfältiges mehr achtet und nur noch in der Bewußtheit ‚grenzenlosen Raumes' weilt, da tritt er in den Zustand, der nur noch aus grenzenlosem Raum besteht, und verweilt darin."[122]

2.3.2 Die sechste Vertiefung: die zweite unkörperliche Stufe (grenzenloses Bewußtsein)

Hat sich der Meditierende gründlich in die erste unkörperliche Stufe eingeübt, so tretet er wieder aus ihr aus, überprüft sie auf die gewohnte Weise und bedenkt, welche Schwachpunkte sie hat, nämlich, daß sie sehr nahe bei der vorhergehenden (d. h. bei der vierten feinkörperlichen) Vertiefung liegt und daß sie nicht so friedvoll ist wie die nächsthöhere Vertiefung, deren Grundlage das „grenzenlose Bewußtsein" ist. Dann wendet er sich von der Betrachtung des Raumes (des „grenzenlosen Raumes") ab und macht sich daran, den Bewußtseinszustand als solchen zu betrachten, der sich ausgehend vom Raum eingestellt hat. Es handelt sich hier also um einen Prozeß des Bewußtwerdens der Bewußtheit,

---

[121] VDM X, 327 (373).
[122] D 16.

bei dem sich der Meditierende „das jenen Raum [der ersten unkörperlichen Vertiefung] durchdringende Bewußtsein" zum Meditationsgegenstand nimmt, „indem er die Aufmerksamkeit immer und immer wieder auf: ‚Bewußtsein, Bewußtsein' richtet"[123]. Verfolgt er beharrlich diesen Weg, so erlangt der Meditierende hintereinander die Zugangs-Sammlung und die volle Sammlung des „grenzenlosen Bewußtseins": „indem er ganz über die Grundlage hinausschreitet, die der grenzenlose Raum darstellt, [ganz achtsam auf] „grenzenloses Bewußtsein", tritt er auf die Stufe, die aus grenzenlosem Bewußtsein besteht und verweilt darin"[124].

2.3.3 Die siebte Vertiefung: die dritte unkörperliche Stufe (Nichtsheit)[125]

Das fortschreitende Weglassen von Faktoren erreicht hier einen hohen Grad der Abstraktion. Der Meditierende hatte zunächst das materielle Objekt (das *kasiṇa*) weggelassen, um den Raum zu betrachten, den es eingenommen hatte (Bewußtsein des Raumes); dann hatte er den Raum weggelassen, um sich ausschließlich auf den Zustand der Achtsamkeit zu konzentrieren, auf dem diese Betrachtung beruhte, d. h., um den Akt der Achtsamkeit als solchen

---

[123] VDM X, 331 (378).

[124] D 16.

[125] *Ākiñcaññā* heißt wörtlich ‚nicht etwas" also, rein sprachlich gesehen, ‚Nichts'. Es so zu übersetzen wäre aber irreführend. Man muß sich darüber im klaren sein, daß dieser Ausdruck als Begriff, der eine bestimmte Stufe in der hier betrachteten Abfolge von Vertiefungen beschreibt, einen rein deskriptiven, psychologischen Wert hat, und nicht als metaphysischer Begriff verstanden werden sollte. Mit anderen Worten, er bezeichnet kein absolutes ‚Nichts' und darf deshalb nicht mit dem Begrif des *sūnyatā* (d. h. der allumfassenden und endgültigen Leere, verstanden als letzte Wirklichkeit) gleichgesetzt werden, der im Mahāyāna seit Nāgārjuna (2. Jh. n. Chr.) gebräuchlich ist. Der große Buddhismus-Gelehrte Paul Dahlke hat in seiner Übersetzung der Lehrrede vom Edlen Streben (Ariyapariyesanasutta, M 26) den Spezialbegriff ‚Nichtetwasheit' geprägt und in einer Fußnote erklärt, er sei ‚keineswegs identisch mit dem Nichtsein' (‚Buddha. Die Lehre des Erhabenen', siehe Ausgewählte Literatur). Wir ziehen es vor, dem bahnbrechenden Gelehrten und deutschen Theravada-Mönch Nyānatiloka folgend, ākiñcannā mit ‚Nichtsheit' zu übersetzen (‚Buddhistisches Wörterbuch', und ‚Der Weg zur Reinheit', siehe Ausgewählte Literatur). (Diese Fußnote wurde vom Autor für die vorliegende deutsche Übersetzung besonders revidiert).

zu betrachten (Bewußtsein des Bewußtseins); jetzt läßt er auch noch das Bewußtsein als Objekt weg, um das zu betrachten, was übrigbleibt, wenn alles entfernt worden ist, also nichts (Bewußtsein der Nichtsheit).

Natürlich läßt sich das leichter sagen als tun oder auch nur vorstellen. Nun sind wir es zwar gewöhnt, intellektuell und philosophisch mit den Begriffen „Null" und „Nichts" umzugehen. Doch erfahrungsmäßig wissen wir nicht, was es bedeutet, „die Nichtsheit zu erfahren". Wir können uns auch keine Kenntnis darüber verschaffen, es sei denn, wir üben uns in die siebte Vertiefung ein (oder unternehmen entsprechende Übungen aus anderen Traditionen der Meditation, die dieselbe Erfahrung erschließen). Der *Visuddhi Magga* gibt sich Mühe, eine Vorstellung davon zu vermitteln, und verwendet dazu einen seiner typischen anschaulichen Vergleiche:

„Nehmen wir an, ein Mann hat in einer runden Halle oder an einem ähnlichen Orte eine wegen irgend einer Angelegenheit versammelte Schar von Mönchen gesehen und ist darauf irgendwo anders hingegangen. Nachdem die Mönche nun nach Beendigung ihrer Angelegenheit, deretwegen sie zusammengekommen waren, sich erhoben und fortbegeben hatten, kehrte jener Mann zurück. Als er aber, am Tore stehend, wiederum jenen Ort betrachtete, sah er ihn ganz leer, ganz verlassen. Und doch kam ihm nicht der Gedanke: ‚So viele Mönche sind gestorben oder nach allen Richtungen auseinandergegangen'; sondern er sieht bloß, daß der Ort leer und verlassen ist, daß niemand mehr da ist. Genau so auch betrachtet, sobald jener Geisteszustand der Vollen Sammlung aufgestiegen ist, der Mönche zuerst mit dem Vertiefungsauge das mit Rücksicht auf den Raum entstandene Bewußtsein. Und ist dann infolge der vorbereitenden Erwägung, wie: ‚Nichts ist da! Nichts ist da!' usw., jenes Bewußtsein geschwunden, so verweilt er in der Betrachtung des als dessen Schwinden geltenden Nichtmehrvorhandenseins desselben."[126]

Die Vorgehensweise, um auf diese nächste Stufe zu gelangen,

---

[126] VDM X, 333–334 (381).

ist immer die gleiche: Der Meditierende tritt aus der sechsten Vertiefung heraus, betrachtet ihre Schwachpunkte und sieht, daß sie allzu nah an der nicht so feinen fünften Vertiefung ist (grenzenloser Raum), und daß sie selbst weniger friedvoll als die siebte Vertiefung ist, die auf der Nichtsheit beruht. Dann sollte der Meditierende „seine Aufmerksamkeit dem Aspekt des Nicht-Seins, der Leere und der Einsamkeit zuwenden", der sich aus dem Aufhören des Bewußtseins des Raumes ergibt (das seinerseits der Gegenstand für die Betrachtung des „Bewußtseins des Bewußtseins", also der sechsten Vertiefung, gewesen war). Mit dieser Leere und dieser Nichtsheit als Gegenstand hält sich der Meditierende immer und immer wieder vor Augen: „da ist nichts, da ist nichts" oder „leer, leer", oder „einsam, einsam". Verharrt er darin, so erlangt er die Zugangs-Sammlung und dann die volle Sammlung der Nichtsheit, und damit die siebte Vertiefung (und dritte unkörperliche Stufe):

„indem er ganz über die Grundlage hinausschreitet, die das grenzenlose Bewußtsein darstellt [und darauf achtet, daß] ‚da nichts ist', tritt er auf die Stufe, die aus Nichtsheit besteht, und verweilt darin"[127].

2.3.4 Die achte Vertiefung: die vierte unkörperliche Stufe (Weder-Wahrnehmung-noch-Nicht-Wahrnehmung)

Wenn schon die siebte Vertiefung nur noch schwer vorstellbar war, um wieviel mehr ist es dann diese letzte, die einen derart veränderten Bewußtseinszustand darstellt, daß er sich auf keine Weise durch logisches Denken begreifen läßt, mag man das auch noch so sehr versuchen. Wie läßt sich streng logisch ein Zustand verstehen, den sowohl die Abwesenheit jeglicher Wahrnehmung als auch die Abwesenheit jeglicher Nicht-Wahrnehmung kennzeichnet? Zu dieser Stufe kann man nur noch sagen, daß sie jeder selbst erfahren muß, wozu es großer Ausdauer bedarf; ferner ist es ganz wichtig, sich dazu von einem erfahrenen Meister hinführen zu lassen.

---

[127] D 16.

Doch um unsere Übersicht abzurunden, wollen wir uns wieder den entsprechenden Abschnitt des *Visuddhi Magga* ansehen. Er gibt wiederum die Anleitung, wie man auf dem Weg dahin vorgehen soll, und das ist im wesentlichen wieder das gleiche wie auf den vorhergehenden Stufen. Auch hier geht es zunächst darum, wieder aus dem erreichten Zustand herauszutreten und sich auf einen noch abstrakteren hinzubewegen:

„Wer aber das Gebiet der Weder-Wahrnehmung-Noch-Nicht-wahrnehmung zu entfalten wünscht und in fünffacher Weise die Meisterschaft in der Erreichung des Nichtsheitsgebietes erlangt hat, möge den Unsegen des Nichtsheitgebietes betrachten, nämlich, daß dieser Zustand einen nahen Feind hat im Bewußtseins-unendlichkeitsgebiete, und daß jenes nicht so friedvoll ist wie das Weder-Wahrnehmungs-Noch-Nichtwahrnehmungsgebiet; oder, daß Wahrnehmung eine Seuche, ein Schwären, ein Stachel ist, friedvoll und erhaben aber dieses Weder-Wahrnehmung-Noch-Nichtwahrnehmungsgebiet. [128] Solcherart den Unsegen des Nichtsheitgebietes und den Segen des höheren Zustandes erkennend und sein Verlangen nach dem Gebiete der Nichtsheit überwindend, möge er das Weder-Wahrnehmungs-Noch-Nichtwahrnehmungsgebiet als friedvoll betrachten. Darauf möge er jenen durch Vorstellung des Nichts entstandenen Erreichungszustand des Nichtseins als ‚Friedvoll! Friedvoll!‘ immer wieder bedenken, beachten, erwägen, mit seinen Gedanken beständig bearbeiten. Während er noch so seinen Geist auf jenes Vorstellungsbild [129] hinlenkt, werden in ihm die Hemmungen [130] zurückgedrängt, die Achtsamkeit festigt sich, und sein Geist sammelt sich auf der Angrenzenden Stufe. Jenes Vorstellungsbild aber übt er immer wieder, entfaltet und pflegt es. Und während er solches tut, erreicht das Bewußtsein des Weder-Wahrnehmung-Noch-Nichtwahrnehmungsgebietes die Volle Sammlung." [131]

---

[128] Dies ist ein direktes Zitat aus einer der Lehrreden des Buddha (*Pañcattaya-sutta*, M 102).
[129] Das *Bild* dieser Meditation ist also das ‚Friedvolle'.
[130] Siehe Anm. 73 und Kapitel 6, Abschnitt 2.5.1.1.
[131] VDM X, 335 (382–383).

Auf diese Weise erlangt der Meditierende die achte Vertiefung (die vierte unkörperliche Stufe), die folgendermaßen definiert wird: „Indem er ganz über die Grundlage hinausschreitet, welche aus Nichtsheit besteht, betritt er die Stufe, die aus weder Wahrnehmung noch Nicht-Wahrnehmung besteht und verweilt darin."[132]

2.4 Bemerkung über die Erlangung des „Erlöschungszustands" (nirodha samāpatti)

Bei der Übung der reinen Geistesruhe-Meditation stellt die achte Vertiefung den höchsten erreichbaren Grad dar. Doch gibt es darüber hinaus noch einen sehr ungewöhnlichen Zustand, den nur ein Meditierender erreichen kann, welcher voll und ganz nicht nur alle Stufen der Geistesruhe-Meditation, sondern auch der Klarblicks-Meditation (die im nächsten Kapitel behandelt wird) erreicht hat. Es handelt sich dabei um einen Zustand höchster Vertiefung, bei dem die physiologischen Funktionen fast ganz aussetzen. Er ist bekannt als „Erlöschung von Wahrnehmung und Gefühl" (saññā vedayita nirodha) oder „Erlöschungszustand" (nirodha samāpatti).

Unerläßlich für die Erlangung dieses Zustandes ist es, sowohl alle acht Vertiefungen der Geistesruhe-Meditation zu beherrschen als auch eine der zwei letzten Stufen der Erkenntnis durch die Klarblicks-Meditation erlangt zu haben (d. h. „Niewiederkehr" oder „Heiligkeit" – siehe Kapitel 6, Abschnitt 2.6.1). Natürlich ist es äußerst selten, daß jemand beide Disziplinen (Geistesruhe- und Klarblicks-Meditation) so voll und ganz beherrscht. Für jemanden, der durch Klarblick die Fülle des nibbāna erlangt hat oder nahe davor ist, sie zu erlangen, ist zudem die Einübung in die Vertiefungen als solche, selbst auf ihren fortgeschrittensten Stufen, nicht mehr besonders wichtig. Er hat schon längst alles Sich-Mühen um besondere Bewußtseinszustände oder beseligende Erfahrungen – mögen diese noch so befriedigend sein – hinter sich gelassen, als wären das bloß alles Kinderspiele, es sei denn,

---

132 D 16.

unter bestimmten Umständen seien sie noch aus irgendwelchen funktionellen Gründen gerechtfertigt. (Der Buddha zum Beispiel übte wieder das Eintreten in die Vertiefungen und das Verweilen darin, um während seiner letzten Lebensmonate seine schlechte Gesundheit und seine körperlichen Schmerzen zu bewältigen und imstande zu sein, die letzte Etappe seiner Reise, die er sich vorgenommen hatte, noch zu schaffen.) Doch wäre die vorliegende Darstellung unvollständig, würde nicht wenigstens noch kurz die Erlangung des Erlöschungszustands beschrieben. Zu diesem Zweck wenden wir uns noch einmal dem *Visuddhi Magga* zu [133].

Zur Vorübung sollte der Meditierende alle Stufen der Vertiefung bis zur siebten hinauf durchgehen. Auf jeder Stufe sollte er die „beiden Kräfte" anwenden, das heißt, mit seiner „Kraft der Geistesruhe" sollte er in die betreffende Vertiefung eintreten und darin verweilen, und mit der „Kraft des Klarblicks" sollte er sie genau betrachten, um voll und deutlich ihre Unbeständigkeit und ihren Mangel an Wesen (d. h. Nicht-Selbst) sowie die daraus folgende radikale Unzulänglichkeit auch solch subtiler und heiterer Erfahrungen zu sehen und zu erfahren.

Wenn er aus der siebten Vertiefung heraustritt, soll sich der Meditierende, welcher zur Erlangung des Erlöschungszustands weitergehen will, zunächst geistig auf verschiedene Weisen darauf vorbereiten. Dazu gehört unter anderem, daß er im voraus beschließt, wie lange er in diesem Erlöschungszustand bleiben will (er muß also sozusagen geistig „den Wecker stellen"). Dann tritt er in die achte Vertiefung ein und gleitet aus dieser unmittelbar in die Erlöschung hinüber. Während er in diesem Zustand der Erlöschung ist (der nicht länger als sieben Tage dauern darf), werden die vitalen Funktionen so vollständig aufgehoben, daß der Meditierende tot zu sein scheint. Der Unterschied liegt natürlich darin, daß diese Erlöschung zeitlich begrenzt und nicht endgültig ist. In einer der kanonischen Unterweisungen, in welcher Sāriputta, einer der beiden führenden Schüler des Buddha,

---

[133] VDM XXIII, 702 (844).

einen anderen Mönch belehrt, heißt es, der Unterschied bestehe darin, daß,

„wenn ein Mönch tot ist, und er seinen Lauf vollendet hat, dann haben seine leiblichen, sprachlichen und geistigen Gestaltungen aufgehört und sind still. Sein Leben ist erschöpft, seine Hitze ist erloschen, seine Fähigkeiten sind abgebrochen. Doch wenn ein Mönch in die Erlöschung von Wahrnehmung und Gefühl eintritt, hören zwar auch seine leiblichen, sprachlichen und geistigen Gestaltungen auf und sind still; aber sein Leben ist noch nicht erschöpft, seine Hitze ist nicht erloschen, und seine Fähigkeiten sind noch ganz da."[134]

3 Zum Abschluß

Zum Schluß dieser kurzen Erörterung der buddhistischen Geistesruhe-Meditation lohnt es sich, noch einmal auf das hinzuweisen, was zu Beginn von Kapitel 3 gesagt worden ist: Es handelt sich hier um eine abstrahierende Form der Meditation, die sich im Wesentlichen nicht von den Techniken unterscheidet, die in anderen Traditionen der Meditation üblich sind (vor allem im Hinduismus, aber auch in anderen Kulturen; auch die Meditationsweisen der Kabbala und des Sufismus gehen in diese Richtung[135].

Diesen Techniken (mit Ausnahme allerdings der Erlangung des Erlöschungszustands) wandte sich der Prinz Gotama zu, nachdem er sein königliches Heim verlassen hatte. Er erprobte sie und fand, daß sie untauglich dafür seien, zur endgültigen Erleuchtung zu führen, die er suchte. Mit modernen Begriffen könnten wir sagen, er stellte fest, daß sie zwar neue Bewußtseins**zustände** herbeiführten, aber das Bewußtsein nicht definitiv **umwandelten** und ihm keine neuen Eigenschaften mit ganz eigenen **Wesenszügen** gaben. Daher verließ er die beiden großen Yoga-Lehrer, mit denen er geübt hatte, um auf eigene Faust zu suchen. Das Ergebnis seiner Un-

---

[134] M 43.
[135] Vgl. für diesen Zusammenhang die bereits in den Anmerkungen 21 und 26 genannte ausgezeichnete Studie von Goleman: *The Varieties of Meditative Experience.*

ternehmungen war *vipassanā*, die Klarblicks-Meditation, welche, wie schon (in Kapitel 3) gesagt, die unterscheidend buddhistische Form der Meditation darstellt. Die beiden nächsten Kapitel sind ihrer Praxis und ihren Endergebnissen gewidmet.

6

VIPASSANĀ –
ENTFALTUNG DES KLARBLICKS

1 Die ganze Zeit über haben wir betont, daß jegliche Meditationspraxis damit beginnt, den Geist zu konzentrieren. Man wird sich
erinnern, daß es zur Entfaltung des Klarblicks – also zur *vipassanā*-Meditation – genügt, die Zugangs- oder momentane Sammlung zu erreichen, ohne daß man versuchen müßte, auch noch
den höheren Grad der vollen Sammlung zu erreichen [136]. Letztere
ist allerdings für die Entfaltung der Geistesruhe wesentlich. Jedoch ist die abstrahierende Natur der Vertiefungszustände, die
man bei der Entfaltung der Geistesruhe erlangt, für die Entfaltung
des Klarblicks nicht geeignet. Ja, wie wir bereits einmal deutlich
gesagt haben [137], bedarf es zum Zweck des Klarblicks des geraden
Gegenteils der Abstraktion. Dabei handelt es sich nämlich nicht
um eine zunehmend radikale Abkehr von sensorischen und mentalen Inputs, sondern im Gegenteil um die ungebrochene und
vollbewußte Achtsamkeit – innerhalb des für das Wahrzuneh-
mende abgesteckten Bereichs – auf alle solchen Inputs von ihrem
Entstehen an, um – mittels einer direkten Erfahrung, die frei von
Verzerrungen und Täuschungen ist – ihre wahre Natur klar zu
unterscheiden. Die Wahl des Meditationsgegenstands ist daher
hier von besonders großer Bedeutung, weil dabei gewährleistet
sein muß, daß er sich für die Entfaltung des Klarblicks eignet und
keine Vernebelung durch mentale Konstrukte mit im Spiel ist.
Über die Hälfte der vierzig grundlegenden Meditationsgegenstände (um genau zu sein: sechsundzwanzig) eignen sich nicht für
die Einübung in das *vipassanā*, entweder weil sie zum reflexiven

---

[136] Siehe Kapitel 4, Abschnitt 1.2.
[137] Siehe Kapitel 3, Abschnitt 5.

Typ gehören – wie etwa acht der zehn Betrachtungen[138] und die vier erhabenen Weilungen[139] – oder weil man mit ihnen auf abstrahierende Weise umgehen muß (indem man alle Phänomene und schließlich den anfangs verwendeten Gegenstand selbst ausschließt), was nicht jene völlig offene Empfänglichkeit erlaubt, die für *vipassanā* wesentlich ist. Das gilt für die zehn *kasiṇas*[140] oder mehr noch für die vier unkörperlichen Zustände[141].

Unter den restlichen vierzehn Betrachtungsgegenständen sind zwei, von denen bereits gesagt wurde, daß sie sich besonders gut für die Einübung in das *vipassanā* eignen: die Achtsamkeit auf den Körper und die Atmungs-Achtsamkeit[142]. Zu ihnen lassen sich noch hinzufügen die Analyse der vier Elemente[143] und die zehn Arten des körperlichen Zerfalls[144], sowie die Wahrnehmung, wie unangenehm das Sich-Ernähren ist[145].

Obwohl diese Meditationsgegenstände in der Tradition verschiedenen Bereichen zugeordnet sind, läßt sich leicht zeigen, daß sie einer gemeinsamen Kategorie angehören: Es handelt sich bei allen um Betrachtungen des Körpers unter jeweils unterschiedlichen Blickwinkeln. Da geht es zum Beispiel um die Funktionen des Körpers (Atmen, Haltungen, Bewegungen, Tätigkeiten), um seine einzelnen Teile, um die Substanzen und Prozesse seiner Ernährung, um die Grundelemente, aus denen er zusammengesetzt ist, und um den toten Körper in seinen unterschiedlichen Verfallsstadien.

Diese Konzentration auf den Körper ist alles andere als zufällig. Man kann gar nicht genug betonen, daß die Einübung der *vipassanā* darin besteht, so sorgfältig wie möglich die Welt der Phäno-

---

138 Siehe Kapitel 4, Abschnitt 4.3.
139 Siehe Kapitel 4, Abschnitt 4.6. Hat man jedoch einen bestimmten Grad an Klarblick erlangt, so werden auch diese – und vor allem die Güte – immer wieder gern zum Üben verwendet, als Übung, die einem selbst und anderen besonders wohltut (siehe Kapitel 8 und 9, Abschnitt 3.3.2.2, Neunter Tag).
140 Kapitel 4, Abschnitt 4.1.
141 Kapitel 4, Abschnitt 4.7.
142 Kapitel 4, Abschnitte 4.3.9 und 4.3.10.
143 Kapitel 4, Abschnitt 4.5.
144 Kapitel 4, Abschnitt 4.2.
145 Kapitel 4, Abschnitt 4.4.

mene zu beobachten, d. h. präzis und durchdringend auf alles zu achten, was sich ereignet, und zwar **im Augenblick des Sich-Ereignens**. Welches Beobachtungsfeld aber wäre dazu besser geeignet als unser eigener Organismus, der uns immer gegenwärtig ist, immer zur Verfügung steht und der immer gleichzeitig sowohl das Objekt als auch das Subjekt des Prozesses der Wahrnehmung ist, Experimentierender und Experimentsgegenstand, Anschauender und Angeschauter?

In letzter Analyse ist unsere einzige Informationsquelle, unser einziges Arbeitsinstrument, um mit dem Universum zurechtzukommen, tatsächlich unser Organismus als ganzer – unser Körper mit seinen fünf Sinnen und unser Geist, der in ihm und durch ihn arbeitet. Darum hat der Buddha gesagt: „In genau diesem klafterlangen Körper mit seinen Wahrnehmungen und seinem Geist erschließe ich die Welt und den Ursprung der Welt und das Erlöschen der Welt und den Pfad zum Auslöschen der Welt." [146]

Daher kreisen in der Unterweisung des Buddha die Übungen der Klarblicks-Meditation um den Körper: Sie fangen mit den offenkundigsten körperlichen Wahrnehmungen an und schreiten dann über die aufmerksame Beobachtung aller Arten von sensorischen und mentalen Prozessen fort, um sowohl die körperlichen wie die geistigen Aspekte des gesamten Organismus zu erfassen und schließlich zur befreienden Einsicht zu gelangen, daß alle die Prozesse, von denen wir gewöhnlich meinen, sie machten unser „Selbst" aus und die Welt, nach dem sich dieses Selbst sehnt, von radikal unbeständiger und unpersonaler Natur sind.

2 Die Grundlagen der Achtsamkeit *(satipaṭṭhāna)*

2.1 Die systematischen Unterweisungen des Buddha für seine Schüler, wie man sich in die *vipassanā* einübe, finden sich in der *Satipaṭṭhāna Sutta* („Lehrrede von den Grundlagen der Achtsamkeit"), die in zwei im wesentlichen identischen Texten überliefert sind: in der zehnten Lehrrede der „Sammlung mittellanger Lehr-

---

[146] S 1.2.3.6.

reden" *(Majjhima Nikāya)* und der zweiundzwanzigsten der „Sammlung langer Lehrreden" *(Dīgha Nikāya)*[147]. Letztere als „Die größere Lehrrede von den Grundlagen der Achtsamkeit" bekannt, gibt genau den Text der ersten wieder, jedoch mit einem Zusatz, in dem ausführlich die Vier Edlen Wahrheiten erklärt werden. Von dieser „größeren Lehrrede" gibt es eine maßgebende deutsche Übersetzung, in der der interessierte Leser alle Einzelheiten nachschlagen kann[148]. Für unsere Zwecke hier verwende ich Auszüge aus der „Sammlung mittellanger Lehrreden" (M 10), die wir für unsere Analyse und Erörterung brauchen, ohne sie jedoch in ihrem vollen Wortlaut wiederzugeben.

Die „Lehrrede von den Grundlagen der Achtsamkeit" gehört zu den berühmtesten Texten des Buddha, und das mit Recht, denn sie stellt die primäre Quelle für die Übung der Klarblicks-Meditation dar, wie sie der Buddha selbst gelehrt hat. Die gemessene Feierlichkeit der Eingangsworte zeigt schon die Bedeutung, die er der darin niedergelegten Unterweisung beigemessen hat:

„Das ist der einzige Weg, o ihr Mönche, zur Läuterung der Wesen, zur Überwindung von Kummer und Klage, zur Vernichtung von Schmerz und Leid, zur Erlangung des rechten Pfads, zur Verwirklichung des *nibbāna*, nämlich die vier Grundlagen der Achtsamkeit."[149]

Die Lehrrede erklärt die Übung der Achtsamkeit auf vier Gebieten, die zusammen das gesamte Spektrum der Prozesse abdecken, die den Gesamtorganismus mit Leib und Geist umfassen. Man entwickelt und vervollkommnet den Klarblick, indem man aufmerksam und nicht-reaktiv auf alle körperlichen und geistigen Prozesse und Ereignisse achtet, wie sie sich ergeben (das ist der Faktor der rechten Achtsamkeit des Edlen Achtfachen Pfads).

Unmittelbar nach den gerade zitierten Eingangsworten definiert der Buddha die vier Grundlagen der Achtsamkeit folgendermaßen:

---

[147] M 10 und D 22.
[148] Übersetzung von Ehrw. Nyanaponika im „Geistestraining durch Achtsamkeit" (siehe Ausgewählte Literatur).
[149] M 10

Betrachtung des Körpers,

Betrachtung der Sinnesempfindungen, (manchmal auch als „Gefühle" übersetzt)

Betrachtung des Geistes (der Geisteszustände) und

Betrachtung der Geistobjekte (also der Inhalte des Geistes).

Sodann beschreibt er in einzelnen Abschnitten, und zwar je einem für jede dieser vier Sparten, die Übung der Achtsamkeit. Zuvor trifft der Buddha jedoch noch eine wichtige Klarstellung, indem er sorgfältig definiert, **wie** man die Achtsamkeit zum Zweck des Klarblicks üben sollte:

„Da weilt, ihr Mönche, der Mönch [150] in der Betrachtung des Körpers im Körper, eifrig, wissensklar und achtsam, nach Verwindung von Begierde und Trübsal hinsichtlich der Welt; er weilt in der Betrachtung der Sinnesempfindungen in den Sinnesempfindungen ... des Geistes im Geist ... der Geistobjekte in den Geistobjekten, eifrig, wissensklar und achtsam, nach Verwindung von Begierde und Trübsal hinsichtlich der Welt."

Die wiederholte Rede von der „Betrachtung seines Körpers **im Körper**", der „Sinnesempfindungen **in den Sinnesempfindungen**" usw. mag auf den ersten Blick seltsam erscheinen, aber sie bezeichnet den springenden Punkt, auf den es bei der korrekten Praxis ankommt. Denn es geht darum, sich in **reiner, nicht-reaktiver Achtsamkeit** zu üben, das heißt in einer höchstmöglich klaren und vollen Achtsamkeit auf das, was **im Augenblick** in dem zur Betrachtung ausgewählten Bereich gegenwärtig ist, unter Vermeidung jeglicher Abschweifung – zu welcher der unkonzentrierte Geist ständig neigt – in mehr oder weniger relevante Assoziationen (Gedanken, Gemütsbewegungen, Werturteile, Vorstellungen). Zwei Zitate aus anderen Lehrreden des Buddha machen das ganz eindeutig klar:

„Fahre fort, den Körper im Körper zu betrachten, aber laß dich

---

[150] Wenn er von einem Mönch spricht, muß das nicht notwendigerweise bedeuten, diese Übungen seien nur für solche im Mönchsstand gedacht. Der Buddha unterwies einfach damals Mönche, jedoch gibt es unzählige Beispiele von Laien, die unter seiner Anleitung oder derjenigen seiner Schüler genau dieselben Techniken praktiziert haben.

nicht auf eine Gedankenkette bezüglich des Körpers ein; fahre fort, die Sinnesempfindungen in den Sinnesempfindungen zu betrachten, ... den Geist im Geist, ... die Geistobjekte in den Geistobjekten, aber laß dich nicht auf eine Gedankenkette bezüglich der Sinnesempfindungen ..., des Geistes ..., der Geistobjekte ein."[151]

„So mußt du dich üben: ‚Im Gesehenen soll nichts als das Gesehene sein; im Gehörten nichts als das Gehörte; im Gespürten nichts als das Gespürte; im Erkannten nichts als das Erkannte.' So mußt du dich üben."[152]

Der Grund leuchtet unmittelbar ein: Sobald man Gedanken, Gemütsbewegungen usw. **über** die Beobachtung zuläßt, ist man kein **reiner Beobachter** mehr. Dieses ständige **Wegdriften** von dem, was eigentlich da ist, soll diese Übung beheben helfen.

Kehren wir jetzt zu der Lehrrede zurück, und besprechen wir jede einzelne der vier Grundlagen der Achtsamkeit, und zwar in der darin genannten Reihenfolge.

2.2 Betrachtung des Körpers *(kāyānupassanā)*

Wie bereits in Kapitel 4 über die Sammlung bemerkt, gibt es unterschiedliche Übungsarten für die Betrachtung des Körpers, die jeweils für bestimmte Zeiten oder Zwecke geeignet sind. Auch kommt es immer auf Umstände, Charakter und Disposition des betreffenden Meditierenden an[153]. Eine dieser Übungen jedoch ist von grundlegender Wichtigkeit und ganz allgemein verwendbar, zu jeder Zeit und für jeden. Das ist die Atmungs-Achtsamkeit *(ānāpānasati)*, die der Buddha ganz besonders für die Einübung in die *vipassanā* empfiehlt und die er, wie wir uns erinnern, zu dem Zeitpunkt selbst geübt hat, an dem er in seine endgültige Erleuchtung eintrat[154].

Die Atmungs-Achtsamkeit ist nicht nur ein hervorragendes Mittel, um den Geist zu konzentrieren und sich dadurch in *vipas-*

---

[151] *Dantabhūmisutta* (M 125).
[152] *Lehrrede an Bāhiya* in *Ud* (im Kapitel *Bodhivagga*).
[153] Siehe Kapitel 4, Abschnitt 4.3.9.
[154] Kapitel 4, Abschnitt 4.3.10.

sanā oder *samatha* einzuüben, sondern auch in sich eine vollständige Übung, welche, „weiterentwickelt und immer wieder geübt" – wie der Buddha hervorgehoben hat –, zu den höchsten Vollkommenheiten führt. So wundert es nicht, daß die Erörterung der Betrachtung des Körpers als einer der Grundlagen der Achtsamkeit mit der Atmungs-Achtsamkeit anfangen muß.

2.2.1 Atmungs-Achtsamkeit

2.2.1.1 Allgemeine Anweisungen
Am Anfang steht die körperliche und geistige Vorbereitung:

„Und wie, ihr Mönche, weilt ein Mönch, der den Körper im Körper betrachtet? Hierzu, ihr Mönche, sollte der Mönch in den Wald gehen, zu Füßen eines Baumes oder an einen leeren Ort, sich mit gekreuzten Beinen hinsetzen, seinen Körper aufrecht halten und Achtsamkeit um den Mund einüben."

Die Sitzstellung mit gekreuzten Beinen (im Lotus- oder halben Lotus-Sitz), dem Körper aufrecht und den nach oben gerichteten Handflächen im Schoß des Meditierenden ruhend – wie auf unzähligen Darstellungen abgebildet – ist natürlich die traditionelle Meditationshaltung. Sie einzunehmen gibt es ausgezeichnete Gründe, weil es eine sehr stabile Haltung ist, welche (vorausgesetzt, die Wirbelsäule wird gerade, aber nicht gespannt gehalten und ruht gleichmäßig auf dem Becken) bequem sehr lange Zeit über beibehalten werden kann, und auch, weil die ruhige und gesammelte Körperhaltung dazu beiträgt, daß auch der Geist zur Ruhe und Sammlung kommt. Wenn man damit jedoch Schwierigkeiten hat, kann man jedwede andere bequeme Sitzhaltung einnehmen. Worauf es ankommt, ist, daß man eine gute Zeit lang ganz reglos verharren kann, wach, aber nicht angespannt. [155]

Die Aussage dieses Lehrtextes, man solle die „Achtsamkeit um den Mund" einüben, ist hier wortwörtlich übersetzt, genau so wie es in der ursprünglichen Textfassung auf Pali steht. Diese Wendung hat den Gelehrten und Übersetzern schon großes Kopfzerbrechen bereitet, weil sie – bar jeder praktischen Erfahrung dieser

---

[155] Wie in Kapitel 4, Abschnitt 4 erklärt.

Übung – nicht sehen konnten, wovon damit genau die Rede ist. Sie wurde schon so gedeutet, daß damit gemeint sei, man solle „Achtsamkeit direkt vor sich selbst (im räumlichen Sinn) gegenwärtig halten bzw. herstellen"[156]. Oder es wurde erklärt, das sei eine Metapher für „die Aufmerksamkeit konzentrieren, indem man sie auf den Atem richtet, der direkt vor dem Mund ist", oder noch kürzer, es bedeute einfach, „seine Achtsamkeit wachhalten"[157]. Für jemanden mit praktischer Erfahrung in dieser Übung hingegen ist der genaue Wortlaut vollkommen klar. Der bekannte zeitgenössische *vipassanā*-Meister S. N. Goenka erklärt[158], „um den Mund" bedeute, man solle sich bei der aufmerksamen Betrachtung seines Atmens nicht nur auf den Punkt auf der Nasenspitze richten (welcher der naheliegendste ist), sondern auch auf die Oberlippe direkt unter den Nasenlöchern, denn an dieser Stelle verspüre man am leichtesten das Vorbeistreichen der Atemluft, die in die Nasenlöcher ein- und wieder aus ihnen ausströmt.

Hat er sich also bequem hingesetzt, so beginnt der Meditierende, ganz aufmerksam sein Atmen zu betrachten.

„Achtsam atmet er ein, und achtsam atmet er aus. Wenn er mit einem langen Zug einatmet, weiß er: ‚ich atme mit einem langen Zug ein'; wenn er mit einem langen Zug ausatmet, weiß er: ‚ich atme mit einem langen Zug aus'. Wenn er mit einem kurzen Zug einatmet, weiß er: ‚ich atme mit einem kurzen Zug ein'; wenn er mit einem kurzen Zug ausatmet, weiß er: ‚ich atme mit einem kurzen Zug aus.' ‚Den ganzen Körper empfindend, werde ich einatmen', so übt er, und: ‚Den ganzen Körper empfindend, werde ich ausamten', so übt er. ‚Die Körperfunktionen beruhigend, werde ich einatmen', so übt er, und: ‚Die Körperfunktionen beruhigend werde ich ausatmen', so übt er."

---

[156] Wobei der Pali-Begriff *parimukkhaṃ* (‚um den Mund'), der scheinbar keinen Sinn ergab, so gedeutet wurde, als sei er ein Synonym von *abhimukkhaṃ* (‚vor dem Mund'), was ein geläufiges Adverb ist und bedeutet ‚unmittelbar vor'.

[157] So in *The Way of Mindfulness* S. 68, und sogar in *The Heart of Buddhist Meditation* (im Folgenden abgekürzt HBM), S. 132, n. 4.

[158] Bei der Erläuterung der Übung der ‚Atmungs-Achtsamkeit', in seinen Kursen (siehe Kapitel 9, Abschnitt 3.3.2).

Beachten wir, daß die Übung drei Teile umfaßt, von denen jeder den gesamten Zyklus des Ein- und Ausatmens umfaßt:

1. **Achtsamkeit auf den Akt des Atmens als solchen**, wobei sowohl lang als auch kurz ein- und ausgeatmet wird;
2. **Achtsamkeit auf den Körper während des Atmens**: „Den ganzen Körper empfindend werde ich ein/ausatmen."
3. **Beruhigung der Körperfunktionen während des Atmens**: „Die Körperfunktionen beruhigend werde ich ein/ausatmen."

Besprechen wir sie jetzt der Reihe nach.

2.2.1.2 Atmungs-Achtsamkeit

Diese wird eingeübt, indem man seine Aufmerksamkeit auf die gerade genannte Zone konzentriert (wovon bereits in Kapitel 4, Abschnitt 4.3.10 die Rede war), das heißt, auf die Nasenlöcher und die Oberlippe genau darunter. Wesentlich ist, keinerlei Versuch zu machen, seinen Atem zu beeinflussen (das ist also anders als bei bestimmten Yoga-Übungen), sondern den Atem ganz natürlich kommen zu lassen, manchmal langsamer und tiefer (langer Einatem- und Ausatemzug), manchmal flacher und schneller (kurzer Einatem- und Ausatemzug). Der Meditierende sollte gar nichts anderes tun, als mit höchstmöglicher Aufmerksamkeit auf die Berührung des ein- und ausströmenden Luftzugs mit den genannten Partien zu achten, ganz streng darauf gerichtet zu bleiben und keinerlei anderen Punkt, der mit dem Atmen zu tun hat (wie die Kehle, die Brust oder das Zwerchfell), in die Aufmerksamkeit einzubeziehen. Außerdem ist es sehr wichtig, jeden Zug des Einatmens und Ausatmens ganz und ununterbrochen von Anfang bis Ende mitzugehen und ganz genau auf seine Dauer, seine Intensität, seine Lokalisierung und die von ihm verursachten Berührungsempfindungen zu achten.

2.2.1.3 Achtsamkeit auf den Körper während des Atmens

Bei dieser und der folgenden Anweisung ist „Körper" auf zweierlei Weise zu verstehen. Nach den alten Kommentaren bedeutet „Körper" in diesem Zusammenhang „den gesamten Luftkörper, der an einem vollkommenen Zug des Einatmens oder Ausatmens beteiligt ist". Im Sinn dieser Kommentare sagt zum Beispiel der *Visuddhi Magga*:

„,den ganzen Körper empfindend werde ich einatmen ... werde ich ausatmen' so übt er sich" bedeutet soviel wie: ,des vollständigen Einatmungskörpers Anfang, Mitte und Ende mir klar erkennbar und deutlich machend werde ich einatmen' so übt er sich; ,des vollständigen Ausatmungskörpers Anfang, Mitte und Ende empfindend werde ich ausatmen' so übt er sich. Sich so den Atemkörper klar erkennbar und deutlich machend atmet er mit einem mit Wissen verbundenen Geiste ein und aus. Darum heißt es: „,werde ich einatmen ... werde ich ausatmen'."[159]

Nach dieser Tradition der Textinterpretation (der sich auch manche moderne Autoren angeschlossen haben[160] bezieht sich also das „Empfinden des ganzen Körpers" auf die achtsame, bewußte Erfahrung jedes einzelnen Atemzugs in allen seinen Phasen. So bekräftigt eigentlich diese zweite Anleitung nur die erste, indem sie noch einmal betont, wie wichtig es sei, achtsam jeden einzelnen Atemzug von Anfang bis Ende mitzuverfolgen.

Dies ist soweit ganz richtig, aber im Licht der praktischen Erfahrung wird es der vollen Tragweite dieser Anweisung nicht gerecht. Nach der empirischen Tradition, wie sie vor allem in Birma erhalten ist (einem Land, das, zusammen mit Sri Lanka und Thailand, die ältesten Traditionen über die Lehre des Buddha jahrhundertelang betreut hat)[161], sollte die Aufforderung, „den ganzen Körper empfindend" auch wörtlich genommen werden und bezieht sich auf einen weiteren Schritt bei dieser Übung. Hier wird die Achtsamkeit, die man zunächst durch das konzentrierte Aufmerksamsein auf sein Ein- und Ausatmen gewonnen hat, auf die Betrachtung weiterer Prozesse und Phänomene angewandt, die sich ständig im Körper abspielen; oder, genauer gesagt, auf die Be-

---

[159] VDM VIII, 273 (314–315).
[160] In HBM wird z. B. ganz im Sinne des alten Kommentars das Wort ,Atem' vorangestellt (,er ist sich des ganzen (Atem-)Körpers bewußt' usw., S. 118), und es folgt die Erläuterung, daß der Meditierende ,sich anschicken soll, seine Achtsamkeit gleichmäßig auf alle drei Phasen des jeweiligen Atemzugs gerichtet zu halten' (S. 110).
[161] Siehe HBM Kapitel 5: „The Burmese Satipaṭṭhāna Method".

trachtung des Zusammenspiels vielfältiger Phänomene, die auf der physischen Ebene das ausmachen, was wir im üblichen Sprachgebrauch als „den Körper" bezeichnen. Das ist die typische *vipassanā*-Übung, die konkrete Übung zur Entwicklung des Klarblicks. Genauere Einzelheiten über ihre heutige Praxis finden sich in Kapitel 9 [162].

2.2.1.4 Beruhigung der Körperfunktionen während des Atmens

Auch hierfür gibt es zwei Auslegungen. Nach der Textüberlieferung bedeutet die „Beruhigung der Körperfunktionen", daß „die Körperfunktion des Atmens ruhig wird". So wird es in dem einflußreichen modernen Handbuch *The Heart of Buddhist Meditation* übersetzt, und es folgt die Erläuterung, daß „diese konzentrierte Beobachtung von allein den Wunsch und das Bemühen mit sich bringen wird, den betreffenden Atmungsvorgang und den sich auf ihn beziehenden geistigen Prozeß zu noch größerer Ruhe und Entspanntheit zu führen." [163] So gesehen, handelt es sich dann eher um eine Übung im *samatha* und führt zur Entfaltung der Geistesruhe.

Andererseits gibt es die empirische Tradition, derzufolge es nicht nur um das Ruhigerwerden des Atem- (und des damit verbundenen geistigen) Vorgangs geht, sondern ganz allgemein um die Körperfunktionen. Genaugenommen ist die Beruhigung nicht das Ergebnis des Wunsches und Bemühens, ruhiger zu werden, sondern Achtsamkeit zu entwickeln. Die Beruhigung der körperlichen Funktionen ergibt sich ganz natürlich, wenn sie achtsamer, nicht-reaktiver Betrachtung ausgesetzt werden. Ja, das ganz genaue, achtsame Anschauen dieser Funktionen schärft die Bewußtheit des Meditierenden, und er erlangt in zunehmendem Maß das Bewußtsein von Prozessen und Vorgängen, die gewöhnlich subliminal sind, d. h. unterhalb der Schwelle bewußter Wahrnehmung des unkonzentrierten Geistes. Es ist eine Erfahrungstatsache, daß das zunehmende bewußte Erfassen immer subtilerer Prozesse sowohl auf den Geist (den Beobachtungsvorgang) als auch auf den

---

[162] Abschnitte 3.3.1 und 3.3.2.
[163] HBM S. 110.

Körper (den beobachteten Vorgang) eine beruhigende Wirkung ausübt. So betrachtet, handelt es sich hierbei also um einen weiteren Schritt des *vipassanā*, bei dem der Klarblick durch die direkte, unzerstreute Betrachtung des Körpers entwickelt und vertieft wird, wobei das Ruhigerwerden dann nur eine Nebenwirkung ist.

2.2.1.5 Zusammenfassung der Praxis

Der erste Abschnitt über die Betrachtung des Körpers schließt mit einigen Sätzen (sie werden dann immer wieder als Abschluß aller anderen Abschnitte wiederholt), die besonders sorgfältig gelesen werden müssen, weil sie konzentriert zusammenfassen, worauf es im wesentlichen bei den Übungen und der geistigen Einstellung ankommt, wenn man erfolgreich üben will:

„Er weilt in der Betrachtung des Körpers im Körper nach innen oder nach außen, oder sowohl nach innen als auch nach außen. Er weilt in der Betrachtung des Entstehens von Phänomenen im Körper oder in der Betrachtung des Vergehens von Phänomenen im Körper oder des Entstehens und Vergehens von Phänomenen im Körper. Die Achtsamkeit darauf, daß ‚da ein Körper ist‘, ist in ihm gegenwärtig in dem Maß, wie es für das Wissen und die Achtsamkeit notwendig ist. Er weilt unabhängig, von nichts in der Welt abhängig. Ja, ihr Mönche, so weilt ein Mönch in der Betrachtung des Körpers im Körper.“

Die Aussage über die „Betrachtung des Körpers im Körper nach innen oder nach außen, oder sowohl nach innen als auch nach außen“ ist ebenfalls bereits sehr unterschiedlich gedeutet worden. Der Text sagt dem Wortsinn nach „drinnen“ und „draußen“ [164]. In der empirischen Tradition versteht man das als Erklärung der spezifischen Methode, die man anwendet, um die Achtsamkeit mit Hilfe des gesamten Körpers als Betrachtungsgegenstand einzuüben. Tatsächlich tastet der Meditierende bei der *vipassanā*-Übung seinen gesamten Körper systematisch mit konzentrierter Aufmerksamkeit ab und läßt keinen Körperteil aus, um sich jegli-

---

[164] Im Pali lauten die Adverbien *ajjhataṃ* und *bahiddhā* und bedeuten genau das.

che Sinneswahrnehmung voll bewußtzumachen, die Augenblick für Augenblick auftritt. Dieses Abtasten beginnt mit der Körperoberfläche (um Oberflächenempfindungen wahrzunehmen) und geht dann weiter nach innen (d. h. in die Tiefe der Körpermasse, um die inneren Empfindungen wahrzunehmen). Von Zeit zu Zeit wiederholt man immer wieder beide Übungen, indem man jeweils zwischen dem Abtasten der Oberfläche („nach außen", weil auf der Außenseite des Körpers) und dem Abtasten des Innenbereichs („nach innen") abwechselt. Hat der Meditierende darin etliche Übung erlangt und die Klarheit und Feinheit seiner Wahrnehmung verschärft, kann er schließlich auch zur Übung der Bewußtheit des **ganzen** Körpers übergehen. Sie besteht darin, daß man gleichzeitig sowohl die Oberflächen- als auch die Innenempfindungen wahrnimmt („sowohl nach innen als auch nach außen").

Andererseits hält sich die Texttradition an die alten Kommentare und hält fest, das „drinnen" beziehe sich auf die Betrachtung des eigenen Atmens und das „draußen" auf die Betrachtung des Atmens eines andern: „Nach diesem ersten Teil der Anleitungen muß man also jede einzelne Übung zunächst auf sich selbst anwenden und dann auf andere (ganz allgemein oder auf eine bestimmte Person, die man gerade beobachtet) und schließlich auf beide zugleich."[165]

In der Praxis braucht man diese beiden Auffassungen nicht als einander widersprechend aufzufassen, sondern sie ergänzen sich eher, und zwar in dem Sinn, daß beide praktikabel und nützlich für die Entfaltung des Klarblicks sind. Die Grundübung ist natürlich diejenige, welche man auf seinen eigenen Körper anwendet: daß man das achtsame, klare Begreifen der Phänomene in sich selbst einübt, sowohl auf der Oberfläche als auch im Körperinnern. Jedoch bestätigt es die Erfahrung, daß, wenn der Übende die Feinheit seiner Wahrnehmung genügend entwickelt hat, er fähig ist, das Entstehen und Vergehen von Phänomenen nicht nur in sich selbst, sondern auch in anderen wahrzuneh-

---

[165] HBM S. 58.

men. Er kann sich regelrecht „einschwingen" in das, was in anderen vorgeht.

Eine weitere Interpretation hat unlängst der spanische Orientalist Professor Ramiro A. Calle ins Spiel gebracht[166]. Sie kommt zwar eher von der spekulativen Seite her, leistet aber – wie ich glaube – einen wertvollen Beitrag dazu, daß wir die dabei mitspielenden Prozesse begrifflich besser erfassen können. Seiner Ansicht nach könnte man „drinnen" und „draußen" als Ausdrücke verstehen, mit denen unterschiedliche Erfahrungsebenen der Meditationspraxis bezeichnet werden sollen. Wenn er „nach innen" betrachtet, ist der Meditierende noch nicht weit von der für die Alltagserfahrung typischen **subjektiven** Haltung entfernt. Er spürt: „**Ich** betrachte meinen Körper" (oder später: „meine Empfindungen, meinen Geist" usw.). Je weiter der Prozeß der Ablösung von dieser irreführenden „Ich"-Vorstellung voranschreitet, desto besser gelingt eine **objektive** Betrachtung. Das bedeutet, daß man den Wahrnehmungsakt nicht mehr mit einem wahrnehmenden „Ich" in Verbindung bringt, sondern daß man ihn „draußen" erfährt, als Wahrnehmungsprozeß, dessen Gegenstand einzig der wahrgenommene Prozeß ist (der Körper, die Sinnesempfindungen usw.). Schließlich hebt sich auch noch dieser Dualismus Wahrnehmungsakt/Wahrnehmung auf, und mit „sowohl nach innen als auch nach außen" wäre dann dieses Zusammenfallen von beidem zu einer einzigen Betrachtungs- bzw. Kontemplationserfahrung gemeint, bei der es keine Unterscheidung zwischen Subjekt und Objekt mehr gibt.

Doch zurück zu unserem zu besprechenden Abschnitt. Nachdem uns die Anleitung gesagt hat, **wie** wir betrachten sollen, spezifiziert sie, **was** man nun wirklich betrachtet, und das ist außerordentlich wichtig. Man betrachtet nämlich „das Entstehen von Phänomenen und das Vergehen von Phänomenen". Das heißt also, Ziel der Übung ist es, eine möglichst volle und äußerst scharfe Bewußtheit dafür zu entwickeln, daß die beobachteten Phänomene alle unablässig am Auf- und Abebben sind, was ihre

---

[166] Persönliche Mitteilung vom August 1982.

unstabile und nicht dauerhafte Natur offenbart: „Vergänglich sind alle seienden Dinge."[167] Jeder Augenblick dessen, was wir für „unser" Dasein, „unser" Leben halten, ist ein Wirbel momentaner Ereignisse, die unablässig entstehen und vergehen. Auf der körperlichen Ebene, mit der wir uns im Augenblick befassen, ist es eine wohlbekannte Tatsache, daß tagtäglich Millionen von Zellen, die das lebendige Gewebe unseres Körpers ausmachen, zerfallen und zerstört und durch neue ersetzt werden, die ihrerseits wieder vergänglich sind. Jeden Augenblick ereignen sich also in unserem Körper buchstäblich Millionen von „Toden" und „Geburten". Vor einigen Jahren hat noch keine der Zellen, die gegenwärtig unseren Körper aufbauen, existiert, und schon in wenigen Jahren wird keine von ihnen mehr existieren (ja viele werden schon in wenigen Augenblicken nicht mehr da sein). Das gilt für den körperlichen Bereich. Aber auch im geistigen Bereich ist es so. Wie viele mehr oder weniger klar formulierte Gedanken blitzen jeden Augenblick durch unseren Geist? Wie oft jeden Tag fluktuieren und ändern sich unsere Absichten, Erwartungen und Geisteszustände, nicht selten mit atemberaubender Geschwindigkeit?

Der Meditierende erfährt also infolge der genauen Beobachtung seines Körpers das Entstehen und Vergehen von Phänomenen und kommt zur Bewußtheit „ein Körper ist da" **in dem Maß, das für das Wissen und die Achtsamkeit notwendig ist.** Was ist mit diesen letzten, besonders hervorgehobenen Worten genau gemeint? Schlicht und einfach, daß die bewußte Erfahrung der vielfältigen Prozesse die wir „Körper" nennen, ausschließlich zum Zweck der achtsamen Betrachtung gesucht wird, wobei man sich ganz und gar nicht der Versuchung aussetzen sollte, sich auf irgendwelche Reflexionen, Spekulationen, Phantasievorstellungen, Sehnsüchte, Hoffnungen, Ängste oder sonstigen mentalen Konstrukte oder emotionalen Impulse einzulassen, die sich auf diesen „Körper", seine Identität, Dauer, Vergangenheit oder Zukunft, seine hypothetische Verbindung mit einer Seele, einem Ich oder einer Personhaftigkeit usw. beziehen. Das ist mit dem Ausdruck

---

[167] Die letzten Worte des Buddha, wie schon in Kapitel 1 zitiert.

„Betrachtung des Körpers im Körper" gemeint. Bei der so gewonnenen Erkenntnis handelt es sich um eine durch direkte Erfahrung wahrgenommene Einsicht in die unstabile und nicht dauerhafte Natur der Phänomene, aus denen sich der Körper zusammensetzt. Oder, wie der Ehrwürdige Nyāṇaponika sagt:

„... ‚Ein Körper ist da‘, ‚Gefühl ist da‘ usw., aber kein abgetrenntes Selbst, keine verborgene Persönlichkeit oder Seele. Diese Worte des Textes geben das Ergebnis in Form von Einsicht wieder, d. h. als realistische Sicht der Dinge, so wie sie wirklich sind."[168]

Ich habe mich ziemlich ausführlich mit dem genauen Wortlaut dieses Abschnitts beschäftigt, weil er als Kurzformel über Zweck und Sinn der Praxis der Grundlagen der Achtsamkeit äußerst wichtig ist. In der Lehrrede selbst kommt das deutlich durch den Umstand zum Ausdruck, daß diese Zusammenfassung nicht nur jeweils als Abschluß der Anweisung zu jeder einzelnen der Körperbetrachtungs-Übungen im vollen Wortlaut wiederholt wird, sondern auch noch in den Abschnitten über die übrigen drei Grundlagen der Achtsamkeit (lediglich mit den entsprechenden Abwandlungen auf die „Sinnesempfindungen", den „Geist" und die „Geistobjekte"). Das ist einleuchtend, denn es ist der Natur ausnahmslos **aller** – körperlicher wie geistiger – Phänomene eigen, vergänglich zu sein, und das Ziel ist ja genau die volle Erkenntnis in dieser Tatsache.

Doch besprechen wir jetzt die Lehrrede weiter. Schon wiederholt wurde darauf hingewiesen, daß am wesentlichsten die Übung der Atmungs-Achtsamkeit ist; sie wird am öftesten zur Entfaltung des Klarblicks verwendet. Daher wird sie auch im Text der Lehrrede als erste genannt, und aus dem gleichen Grund habe ich ihr mehr Zeit gewidmet, als ich jetzt auf die übrigen Körper-Betrachtungsübungen verwenden werde, denen sich die Lehrrede jetzt zuwendet. Doch muß betont werden, daß auch diese anderen Übungen höchst effektiv und hilfreich sind, sei es in Verbindung mit der Atmungs-Achtsamkeit oder als Alternative dazu, je nach Person und Umständen.[169]

---

[168] HBM S. 60.
[169] Siehe Kapitel 4, Abschnitte 4.2 und 4.3.9.

2.2.2 Achtsamkeit auf Haltungen und Bewegungen des Körpers

„Und wiederum, ihr Mönche, wenn ein Mönch geht, weiß er: ‚Ich gehe'; wenn er steht, weiß er: ‚Ich stehe'; wenn er sitzt, weiß er: ‚Ich sitze'; wenn er liegt, weiß er: ‚Ich liege'. Ganz gleich, welche Haltung sein Körper einnimmt, er weiß es."

Worauf es hier wie bei allen anderen Übungen ankommt, ist, die volle Bewußtheit bei jeglicher aktueller Verrichtung oder Erfahrung zu erlangen, statt, wie das gewöhnlich der Fall ist, etwas mehr oder weniger automatisch zu verrichten und dabei mit dem Kopf halb oder ganz bei verschiedenen anderen Dingen zu sein. Nichts sollte „automatisch" ablaufen, nichts sollte unbemerkt an einem vorbeigehen. Das Ziel ist unausgesetzte Achtsamkeit. Bei dieser Übung richtet sich die Achtsamkeit auf die Grundhaltungen des Körpers und auf die Bewegung des Gehens, also auf Verrichtungen, die natürlich zu den alltäglichsten und gewöhnlich am unbedachtesten getätigten gehören.

2.2.2.1 Die Hauptübung

Die Hauptübung besteht darin, mit skrupulöser Aufmerksamkeit die wechselnden Stellungen des Körpers, seine Bewegungen und die damit verbundenen Sinneswahrnehmungen (von den vordergründigsten bis zu den subtilsten) zu beobachten, die ständig überall im Organismus auftauchen und wieder verschwinden. Man geht dabei ganz wie beim „Empfinden des ganzen Körpers" während des Atmens vor (wie in der vorhergehenden Übung[170], aber mit dem Unterschied, daß man in diesem Fall nicht beim Atmen anfängt, sondern sich sofort mit der Beobachtung des Körpers beschäftigt.

2.2.2.2 Meditation im Gehen *(cankamana)*

Achtsames Gehen wird häufig als eine der Hauptübungen bei der *vipassanā*-Meditation verwendet (oft im Wechsel mit Perioden der Sitzmeditation – siehe unten Abschnitt 2.2.2.3). In buddhisti-

---

[170] Abschnitt 2.2.1.3 in diesem Kapitel.

schen Klöstern oder Meditationszentren vor allem in Südostasien findet man oft „Meditationswege" oder „Meditationsterrassen", die eigens zum Zweck der Geh-Meditation *(cankamana)* angelegt sind. Diese Gehwege sind kerzengerade, eben und glatt, so daß der Meditierende beim Aufundabgehen nicht durch Änderungen der Richtung oder der Bodenbeschaffenheit abgelenkt wird und sich ungestört auf die Gehbewegung konzentrieren kann. Der Meditationsweg sollte nicht zu kurz sein (das Minimum wären wenigstens zwanzig Schritte), da ein zu oftmaliges Sich-Umdrehen zerstreuend wirken kann; aber er sollte auch nicht zu lang sein, da es vor allem für Anfänger zu schwierig ist, die Achtsamkeit auf einem zu langen Weg beizubehalten. Die normale Länge beträgt ungefähr dreißig bis vierzig Schritte, obwohl manche Wege ausnahmsweise bis zu sechzig Schritte lang sein können.

Was die Art und Weise des Gehens betrifft, so gibt es darüber verschiedene Schulmeinungen. Manche Meister empfehlen ein sehr langsames Gehen, wobei man jeden einzelnen Schritt in sechs verschiedene Phasen aufteilt (den Fuß anheben – vorwärtsbewegen – weiter vorwärts – senken – damit den Boden berühren – das Gewicht auf den Fuß verlagern); andere teilen ihn in drei Phasen ein (anheben – vorwärts – senken und aufsetzen), wobei der Rhythmus dann entsprechend weniger langsam ist; andere wiederum achten nur auf zwei Phasen (anheben und vorwärts bewegen – senken und aufsetzen). Schließlich gibt es auch Meister, die ein zügiges Gehen empfehlen, das zwar gemessen bleibt, aber sehr an ein normales, nicht hastiges Gehen herankommt, und sie weisen darauf hin, daß es auf diese Weise leichter ist, die Achtsamkeit auch beim alltäglichen Gehen einzuüben, d. h. außerhalb ausdrücklicher Meditationszeiten. Die gleichen Meister sind auch großzügiger hinsichtlich der Phasen der Bewegung, auf die der Schüler besonders achten sollte, und überlassen es ihm selbst, die Weise herauszufinden, die ihm am besten das Einüben der Achtsamkeit ermöglicht.

„Manche achten besonders auf den Bodenkontakt ihrer Füße, andere auf die Bewegung ihrer Beine und so weiter. Achte zunächst nur ganz allgemein auf den gesamten Prozeß des Gehens.

Später wird dein Geist einen interessanten Aspekt heraussuchen, auf den du dich dann genauer einlassen solltest."[171]

Ganz gleich, welche Details der Methode man bevorzugt, die Übung besteht grundsätzlich immer darin, auf der gesamten Länge des Meditationsweges hin- und herzugehen und jeweils am Ende des Wegs kurz innezuhalten, ehe man sich umdreht, um die Konzentration seines Geistes zu überprüfen. Die Hände hält man dabei gewöhnlich vor dem Körper gefaltet, die Augen gesenkt, so daß man nicht weiter als knapp anderthalb Meter auf dem Boden vorausschaut[172]. Der Zweck der Übung ist immer der gleiche: die achtsame Beobachtung der körperlichen Prozesse und Phänomene, um ihre ständigen Fluktuationen mit zunehmender Klarheit und Schärfe wahrzunehmen.

2.2.2.3 Verwendung als unterstützende Übung

Bei intensiven Meditationskursen (wo die Teilnehmer bis zu fünfzehn oder zwanzig Stunden am Tag mit Meditieren verbringen) wird zuweilen die Geh-Meditation als unterstützende Übung eingesetzt. Man führt sie im Wechsel mit Zeiten der Sitz-Meditation durch, die der Achtsamkeit auf das Atmen oder ganz allgemein auf den Körper dienen. Dadurch kann man für etwas Abwechslung sorgen und ein hilfreiches Maß an körperlicher Übung ermöglichen, ohne die anhaltende Achtsamkeit zu unterbrechen.

Achtsamkeit auf die verschiedenen Körperhaltungen (Stehen, Sitzen, Liegen) kann man auch sonst als unterstützende Übung einsetzen, und zwar im Wechsel mit jeder beliebigen Hauptübung, die man sich vorgenommen hat (meistens mit der Achtsamkeit auf das Atmen oder irgendeine andere der Körperbetrachtungs-Übungen). Der Zweck ist immer der gleiche: sich etwas Abwechslung zu erlauben, ohne die anhaltende Achtsamkeit zu unterbrechen.

Aber natürlich ist die Achtsamkeit etwas, was man nicht nur während ausdrücklicher Meditationsübungen praktizieren sollte.

---

[171] Bhikkhu Khantipalo, Calm and Insight S. 95 (vgl. Ausgewählte Literatur).
[172] Also gerade weit genug, um den Weg vor sich zu sehen, ohne von irgendwelchen anderen Dingen abgelenkt zu werden.

Im Gegenteil: in zunehmendem Maß sollte sie das ganze Dasein durchwirken. Daher wird immer empfohlen, daß man beim Verrichten seiner Alltagsgeschäfte so intensiv wie möglich auf seine Körperhaltungen und Bewegungen achten sollte, soweit das eben das Maß an spezifischer Konzentration erlaubt, das für die jeweilige Tätigkeit erforderlich ist. Wenn man von einer anspruchsvollen intellektuellen Tätigkeit gefordert wird (z. B. mathematischer oder logisch-verbaler Art), muß natürlich für diese Zeit die Achtsamkeit auf den Körper ins zweite Glied zurücktreten. Aber man kann es lernen, selbst dann die Bewußtheit wachzuhalten, zum Beispiel für die Tastempfindung beim Sitzen auf dem Stuhl, der Füße auf dem Boden oder den Stift zwischen den Fingern, während man eine mathematische Formel bearbeitet oder einen Artikel schreibt. Es ist wichtig, sich während aller seiner Alltagstätigkeiten eine Grundhaltung der Achtsamkeit zu bewahren. Abgesehen von ihrem unmittelbaren Vorteil, daß sie die Aufmerksamkeit und geistige Wachheit fördert, macht sie es dem Übenden auch viel leichter, nahtlos wieder und wirksam zur ausdrücklichen Übung zurückzukehren, wenn diese angesagt ist; und zugleich verbessert das auch die Qualität des Übens.

2.2.3 Wissensklarheit bei jeglicher Verrichtung [173]

Diese Übung ist eine Ausweitung der gerade beschriebenen:

„Und wieder, ihr Mönche, da ist ein Mönch beim Hin- und Hergehen wissensklar in seinem Tun; er ist es, wenn er geradeaus vor sich hinschaut und wenn er anderswo hinblickt …, wenn er sich beugt und wenn er sich streckt …, wenn er Kleider trägt und wenn er die Almosenschüssel hält [174] …, wenn er ißt, trinkt, kaut und schmeckt …, wenn er ausscheidet und uriniert …, wenn er geht, steht, sitzt, schläft, wacht, wenn er spricht und wenn er schweigt, bei allem ist er wissensklar in seinem Tun."

Man sieht also, daß sich diese Übung auch darauf erstreckt, vorsätzlich nicht nur genau auf die Körperhaltungen und Bewe-

---

[173] Über dieses Thema und die folgenden Abschnitte über die Körper-Betrachtung siehe auch Kapitel 4, Abschnitt 4.3.9.
[174] Beim Umherwandern, um sich seine Nahrung zu erbetteln.

gungen zu achten, sondern auch auf ausnahmslos alle Alltagsverrichtungen wie Essen, Trinken oder sich Erleichtern, Nahrungsbeschaffung (ob man dabei die Almosenschüssel zur Hand nimmt und betteln geht oder ob man nach der Einkaufstasche greift und einkaufen geht, ist dabei unerheblich), Einschlafen am Abend, Aufwachen am Morgen und all die unzähligen anderen Dinge, die wir täglich verrichten, ohne noch darauf besonders zu achten. Zusätzlich zur Erweiterung der Bandbreite der Achtsamkeit führt diese Übung ein neues Element ein, das als „Wissensklarheit" bezeichnet wird. Das ist die Ergänzung der achtsamen Beobachtung auf der Ebene der Wahrnehmung durch eine entsprechende Wachheit auf der intellektuellen Ebene. Wenn man die Meditation als ausschließliche Beschäftigung in regloser Haltung übt, sei es im Sitzen, Stehen oder Liegen, ist es tatsächlich möglich, sich ganz auf die reine Achtsamkeit auf der Ebene der Wahrnehmung zu beschränken. Genauso ist das möglich – zu allen praktischen Zwecken – im Verlauf einer Phase ausdrücklicher Geh-Meditation. Indes geht das nicht mehr, wenn komplexere Aktivitäten im Spiel sind, die nicht nur eine Vielzahl wahrnehmender und motorischer Akte erfordern, sondern auch Elemente der Intention, des Beurteilens, des Entscheidens usw. Man denke zum Beispiel nur daran, was alles bei der einfachen Verrichtung, sich ein Stück Nahrung zum Mund zu führen, im Spiel ist: Man greift zu Gabel und Messer, schneidet sich ein Stück zurecht, führt es zum Mund, öffnet den Mund, schiebt es in den Mund usw. Die Verrichtung selbst der einfachsten Tätigkeit bringt notwendigerweise den Willen und den Intellekt ins Spiel (es gilt, die Aufgabe klar zu erkennen, die angemessenen Mittel für ihre Erledigung auszuwählen; dann folgt die Durchführung der verschiedenen Phasen der Ausgabenlösung, die Verifizierung, daß das gewünschte Ergebnis erreicht ist usw.). Indem man diesen geistigen Komponenten dieselbe Art vorsätzlicher Aufmerksamkeit zuwendet, die man den reinen Sinnesdaten in den gerade beschriebenen Übungen gewidmet hat, entwickelt man das klare Erfassen des Zwecks jeder Verrichtung und der besten Weise, diesen Zweck zu erfüllen – sowohl bezüglich der Mittel als auch der Art und Weise ihrer Anwendung –, und der genauen Natur jeder Verrichtung. Jetzt sieht man noch besser ein, warum es in der Anfangsunterweisung für die Übung (Abschnitt 2.1 dieses Kapitels) ausdrücklich geheißen hatte, der Meditierende solle darin wohnen, „eifrig (das heißt, mit aller erforderlichen Begeisterung und Hingabe), wissensklar und achtsam weilen".

2.2.4 Die Widerlichkeit des Körpers – Die vier Elemente – Leichenfeldbetrachtungen

Die Lehrrede führt weiter mit drei Varianten der Körper-Betrachtung, die bereits in Kapitel 4 über die Konzentration erwähnt worden sind. In Anbetracht des dort Gesagten [175] brauchen wir sie hier nicht weiter zu besprechen, außer daran zu erinnern, daß diese Übungen nicht nur als Gegenstände für das Einüben der Konzentration besonders nützlich sind, sondern sich auch ganz besonders dazu eignen, einer überstarken Anhänglichkeit an körperlichem Aussehen und sinnliche Freuden entgegenzuwirken, denn sie lenken die Aufmerksamkeit auf die eindrucksvollsten Aspekte des hinfälligen und oft genug sogar widerlichen Charakters der körperlichen Prozesse und Funktionen und auf die Tatsache, daß die Elemente, aus denen unser Organismus besteht, durch und durch unpersönlicher Natur sind. Wie in den vorausgehenden Abschnitten schließt auch jede einzelne dieser drei Übungen, die das Spektrum der in der Lehrrede beschriebenen Körperbeobachtungs-Übungen vervollständigen, mit der zusammenfassenden Übungsanweisung, die in Erinnerung ruft:

„Er weilt in der Betrachtung des Körpers im Körper nach innen oder nach außen, oder sowohl nach innen als auch nach außen. Er weilt in der Betrachtung des Entstehens von Phänomenen im Körper oder in der Betrachtung des Vergehens von Phänomenen im Körper. Die Achtsamkeit darauf, daß ,da ein Körper ist', ist in ihm gegenwärtig in dem Maß, das für das Wissen und die Achtsamkeit notwendig ist."

---

[175] Kapitel 4, Abschnitte 4.2, 4.3.9 und 4.5.

2.3 Die Betrachtung der Sinnesempfindungen

(vedanānupassanā)

„Und wie, ihr Mönche, weilt ein Mönch in der Betrachtung der Sinnesempfindungen in den Sinnesempfindungen? Wenn der Mönch hier eine angenehme Sinnesempfindung erfährt, weiß er: ‚Ich erfahre eine angenehme Sinnesempfindung'; wenn er eine schmerzliche Sinnesempfindung erfährt, weiß er: ‚Ich erfahre eine schmerzliche Sinnesempfindung'; wenn er eine Sinnesempfindung erfährt, die weder angenehm noch schmerzlich [d. h. neutral] ist, weiß er: ‚Ich erfahre eine neutrale Sinnesempfindung'. Wenn er eine angenehme ..., schmerzliche ... oder neutrale weltliche Sinnesempfindung erfährt, weiß er: ‚Ich erfahre eine angenehme ..., schmerzliche ... oder neutrale weltliche Sinnesempfindung'; wenn er eine angenehme ..., schmerzliche ... oder neutrale unweltliche Sinnesempfindung erfährt, weiß er: ‚Ich erfahre eine angenehme ..., schmerzliche ... oder neutrale unweltliche Sinnesempfindung.'"

Hier ist wichtig zu wissen, daß die traditionelle buddhistische Psychologie im Menschenwesen sechs Sinne unterscheidet, d. h. die fünf Körpersinne plus den Geist. Tatsächlich läßt sich der Geist als ein weiterer Sinn auffassen, denn er stellt nicht nur die Fähigkeit dar, die von den Körpersinnen gelieferten Daten aufzunehmen und auszuwerten, sondern nimmt darüber hinaus noch eine eigene Art von Daten wahr: er empfindet und beobachtet direkt (d. h. ohne Vermittlung der Körpersinne) alles, was sich auf der strikt mentalen und affektiven Ebene abspielt – Ideen, Wünsche, Emotionen usw. Da also der Geist als ein zusätzlicher Sinn erachtet wird, muß man sich darüber im klaren sein, daß in der buddhistischen Tradition zu den „Sinnesempfindungen" das gesamte Spektrum von Inputs sowohl aus physischen Quellen (welche die fünf Körpersinne erfassen) als auch aus mentalen Quellen (welche der Geist direkt erfaßt) gehört, die dann das Unterscheidungsvermögen des Geistes selbst registriert und auswertet.

Natürlich stellt die Beobachtung des Körpers in Wirklichkeit bereits eine Beobachtung der körperlichen Sinnesempfindungen dar, denn wie wir gerade gesehen haben, übt man die Körperbeobachtung dadurch aus, daß man die Sinnesempfindungen, so wie sie auftauchen, ganz aufmerksam beobachtet. Der Unterschied liegt in der Tatsache, daß man bei der reinen und einfachen Betrachtung des Körpers seine Aufmerksamkeit strikt darauf gerichtet hält, die Daten zu erkennen und zu erfassen, ohne darüber irgendein Werturteil zu fällen. Hier jedoch, bei der spezifischen Übung der Betrachtung der Sinnesempfindungen, wird das Beobachtungsfeld erweitert, und man bezieht auch die mentalen „Sinnesempfindungen" (wie eben definiert) mit ein; genaugenommen ist also der Betrachtungsgegenstand jetzt die unterscheidende Tätigkeit des Geistes.

Der Prozeß der Unterscheidung, das heißt, das mentale Klassifizieren der betreffenden körperlichen Sinnesempfindung als „angenehm", „schmerzlich" oder „neutral", ist etwas, was wir automatisch und unverzüglich die ganze Zeit tun, in jedem Augenblick unseres Wachzustands (und sogar noch beim Träumen). Normalerweise agieren, oder genauer: reagieren wir dementsprechend genauso automatisch – vor allem auf der körperlichen Ebene –, um Schmerzliches oder Unangenehmes zu vermeiden und Angenehmes zu erlangen oder beizubehalten, während wir neutralen Daten gegenüber zu Gleichgültigkeit neigen[176]. Nun besteht das Ziel der meditativen Betrachtung hier wie bei anderen Übungen darin, automatische Reaktionen auszuschalten und Achtsamkeit zu entwickeln. Der Meditierende konzentriert seine Aufmerksamkeit auf den Prozeß des Bewertens, um sich ganz genau der Qualität der wahrgenommenen Empfindung (als angenehm, schmerzlich oder neutral) bewußt zu werden, d. h. des präzisen Werturteils, das stattgefunden hat, **jedoch ohne zu reagieren**. Die Reaktion ist immer von einem Wollen abhängig (man **will**, was „gut" scheint bzw. als „gut" wahrgenommen und eingeschätzt wird, und man **will nicht**, was „schlecht" scheint),

---

[176] Ein wirklich neutraler Input läßt uns indifferent. Doch wenn wir einen Augenblick nachdenken, sehen wir, daß echt neutrale Sinnesempfindungen äußerst selten sind. Es gibt nur sehr wenige Erfahrungen, die absolut frei von irgendwelchen positiven oder negativen Aspekten sind, d. h., bei denen auch nicht das geringste Maß an Werteinschätzung seitens des sie Erfahrenden im Spiel ist. Daher konzentriert man sich vor allem am Anfang auf das exakte Ausmachen, ob die Reaktion „angenehm" oder „unangenehm" lautet.

d. h. man begehrt etwas und haftet daran eben weil man die wahre Natur der Erfahrung falsch versteht [177]. Zitieren wir hier wieder aus dem maßgeblichen Handbuch des Ehrwürdigen Nyāṇaponika:

„Wenn man beim Empfang eines Sinneseindrucks imstande ist, in der Phase des Empfindens (d. h. der Sinneswahrnehmung) stehenzubleiben und innezuhalten und ihn auf dieser ersten Stufe seines Auftretens zum Gegenstand reiner Aufmerksamkeit zu machen, wird das Empfinden nicht imstande sein, gleich das Begehren oder andere Leidenschaften zu wecken. Es wird bei den nüchternen Feststellungen ‚angenehm‘, ‚unangenehm‘ oder ‚indifferent‘ stehenbleiben und der Wissensklarheit genügend Zeit lassen, über eine der Situation angemessene Einstellung oder Handlung zu entscheiden. Wenn man außerdem durch reine Aufmerksamkeit die bedingte Natur der aufsteigenden Gefühle erkennt (d. h. die Tatsache des Entstehens und Vergehens aller Phänomene), so sieht man aus eigener Erfahrung ein, daß überhaupt keine Notwendigkeit besteht, sich von leidenschaftlichen Reaktionen mitreißen zu lassen, die lediglich eine neue Abfolge leidvoller Erfahrungen auslösen würden." [178]

Auf diese Weise betrachtet der Meditierende „Sinnesempfindungen in den Sinnesempfindungen", genau wie den Körper im Körper: Er fügt absolut nichts hinzu und macht nichts daraus, konzentriert sich ausschließlich auf das exakte Erfahren in jedem

---

[177] Natürlich wird auch ein voll erleuchteter *arahant* seine Hand rasch vom Feuer zurückziehen, um sie nicht zu verbrennen. Der grundlegende Unterschied besteht darin, daß der *arahant* seine Hand nicht instinktiv und unreflektiert wegziehen wird, sondern vorsätzlich, denn offensichtlich ist es vernünftig, die physische Unversehrtheit eines Organismus zu erhalten, solange man seiner Funktion noch bedarf. Ergibt sich jedoch ein vernünftiger Grund, die Hand ins Feuer zu halten (z. B. um jemandem das Leben zu retten), so wird er seine Hand nicht wegziehen und (wenn er wirklich ein *arahant* ist) das in aller Ruhe und Ausgeglichenheit tun, denn was sich ereignet, erfährt er nicht mehr als ‚**meine** Hand wird verbrannt‘, sondern richtiger als einen unpersonalen Prozeß, bei dem eine Anzahl Elemente gewisse Veränderungen erfahren. Das könnte z. B. in wissenschaftlichen Begriffen beschrieben werden als Entstehen neuer chemischer Verbindungen mittels Hitze und Licht.
[178] HBM S. 69.

Augenblick und gewinnt so in zunehmendem Maß ein klares und volles Verständnis der undauerhaften und unpersönlichen Natur aller Phänomene.

Die Rede von **weltlichen** und **unweltlichen** Sinnesempfindungen bedarf noch einer genaueren Erklärung. „Weltliche" Sinnesempfindungen entstehen anläßlich aller Ereignisse und Erfahrungen des Alltagslebens – aus den Befriedigungen und Freuden, Widerwärtigkeiten und Schmerzen oder den Zuständen geistiger und körperlicher Indifferenz, die wir tagtäglich erfahren. „Unweltliche" Sinnesempfindungen beziehen sich auf die Anstrengungen, Befriedigungen und Enttäuschungen, die sich aus dem Ringen um Erkenntnis durch die Entfaltung des meditativen Vermögens ergeben. Das sind zum Beispiel die Verzückung und das Glücksgefühl, die sich in der ersten Vertiefung einstellen[179], die Phasen der Trägheit, Entmutigung oder Angst oder das Hochgefühl und die Begeisterung, die gelegentlich auftreten werden, usw.

Der Abschnitt über die Betrachtung der Sinnesempfindungen schließt mit der wichtigen „Zusammenfassung der Praxis", die wir bereits bei ihrem ersten Auftauchen im Zusammenhang mit der Achtsamkeit auf das Atmen besprochen haben (Abschnitt 2.2.1.5 dieses Kapitels).

2.4 Die Betrachtung des Geistes *(cittānupassanā)*

„Und wie, ihr Mönche, weilt ein Mönch in der Betrachtung des Geistes im Geist? Hier kennt ein Mönch den Geist mit Gier als gierig; den Geist ohne Gier als nicht gierig; den Geist mit Haß als hassend; den Geist ohne Haß als nicht hassend; den Geist mit Verblendung als verblendet; den Geist ohne Verblendung als unverblendet; den gehemmten Geist als gehemmt; den zerstreuten Geist als zerstreut; den entwickelten Geist als entwickelt; den unentwickelten Geist als unentwickelt; den übertreffbaren Geist als übertreffbar; den unübertreffbaren Geist als unübertreffbar; den gesammelten Geist als gesammelt; den ungesammelten Geist als

---

[179] Kapitel 5, Abschnitt 2.2.1.

ungesammelt; den befreiten Geist als befreit; den unbefreiten Geist als unbefreit."[180]

Bei dieser Betrachtung wird die Aufmerksamkeit direkt auf die Geisteszustände gelenkt. So wie bei der Betrachtung des Körpers die körperlichen Prozesse der achtsamen, nicht-reaktiven Prüfung unterzogen wurden, um eine zunehmend durchdringendere Wahrnehmung sehr subtiler, normalerweise unterschwellig sich abspielender Vorgänge zu erlangen, werden jetzt die Geisteszustände der gleichen Art Prüfung unterzogen. Der Zweck dabei ist, ganz klar Augenblick um Augenblick den exakten Zustand und die Verfassung des Geistes zum jeweiligen Zeitpunkt zu sehen.

Das läßt sich als Hauptübung zur Entfaltung der Klarsicht verwenden. Doch ist diese Übung auch als Hilfsübung bei der Betrachtung des Körpers und der Sinnesempfindungen sehr hilfreich. Für die frühen Stufen dieser Betrachtungen ist sie sogar ganz wesentlich, nämlich als Mittel, Unterbrechungen der Andauer der bewußten, vorsätzlichen Aufmerksamkeit zu vermeiden. Während er sich in der Betrachtung des Körpers oder der Sinnesempfindungen übt, wird der Meditierende erleben, daß sein Geist von der strikten Konzentration auf den Körper oder die Sinnesempfindungen abschweift (d. h., sobald Gedanken, Ideen-

---

[180] Alle in diesem Abschnitt verwendeten Begriffe sind Termini technici der buddhistischen Psychologie. Die Bedeutung mancher von ihnen entspricht ziemlich genau unserem Sprachgebrauch und bedarf keiner besonderen Erläuterung. Die übrigen sind nach Auskunft der alten Kommentare folgendermaßen zu verstehen:

gehemmt: träge, lethargisch, antriebslos. Unter der Bezeichnung ‚Stumpfheit und Mattheit' zählt dieser Zustand in der klassischen Systematik zu den fünf Hemmungen der geistigen Entwicklung (siehe Anm. 73).

zerstreut: erregt, ruhelos. Es handelt sich um eine weitere der fünf Hemmungen mit der Bezeichnung ‚Aufgeregtheit und Gewissensunruhe'.

entwickelt: ein Geist, der sowohl die feinkörperlichen, als auch die unkörperlichen Vertiefungen erlangt hat.

unentwickelt: ein Geist im gewöhnlichen Bewußtseinszustand, der sich von physischen Sinneseindrücken lenken läßt.

übertreffbar: im wesentlichen ‚unentwickelt' im gerade genannten Sinn. Insofern ist er übertreffbar durch die in den Vertiefungen zu erreichenden Bewußtseinszustände.

unübertreffbar: die in den Vertiefungen erlangte Bewußtseinszustände.

assoziationen, Emotionen auftauchen). Er soll dann auf der Stelle seine volle momentane Aufmerksamkeit dem auftauchenden Geisteszustand widmen, ihn jedoch nicht weiterverfolgen, sondern im Gegenteil ihn einfach mit voller Bewußtheit registrieren und dann entlassen. Daraufhin soll er unmittelbar und vorsätzlich wieder zur Betrachtung des Körpers zurückkehren. Dieses „Registrieren" stellt eine momentane Betrachtung des Geistes dar, und es kommt bei ihr darauf an, daß man der Unterbrechung der anhaltenden Aufmerksamkeit zuvorkommt. Sie würde eintreten, wenn der Geist unbemerkt abschweifen könnte (was so oft im Alltagsleben geschieht, wenn man plötzlich merkt, daß man eine Zeitlang an etwas gedacht, von etwas geträumt oder sich Gefühlen hingegeben hat, die mehr oder weniger nichts mit dem Gegenstand zu tun hatten, mit dem man sich gerade befaßt). Indem man den abschweifenden Geist, d. h. den gerade erst auftauchenden Geisteszustand, für einen kurzen Augenblick zum Gegenstand seiner bewußten Achtsamkeit macht, bleibt die Bewußtheit unversehrt erhalten. Sie besteht nämlich immer darin, sich voll und ganz dessen bewußt zu sein, was sich in jedem gegebenen Zeitpunkt abspielt[181].

Abgesehen von ihrer Nützlichkeit für die formelle Meditation, eignet sich die Betrachtung des Geistes oder der Geisteszustände auch ausgezeichnet dazu, durch ruhige, leidenschaftslose Selbstbeobachtung seine Selbsterkenntnis zu vertiefen. Hat man es sich erst einmal zur festen Gewohnheit gemacht, auf der Stelle alle Gedanken, Empfindungen usw., die während der Meditationsübung auftauchen, zu „registrieren", so läßt sich das auch mit großem Nutzen auf viele Alltagssituationen anwenden, bei denen wir allzuoft dazu neigen, unreflektiert zu reagieren. Man kann z. B. bei sich die übliche verärgerte Reaktion auf eine beleidigende Bemerkung eines Gesprächspartners neutralisieren, indem man ganz schnell „Ärger" bei sich registriert, sobald diese Regung in einem hochkommt. Wenn man sich auf diese Weise nicht gedankenlos mit dem emotionalen Impuls identifiziert, sondern ihn aus inne-

---

[181] Vgl. Abschnitt 2.6.1.6 in diesem Kapitel und Kapitel 9, Abschnitte 2.2 und 3.3.2.2.

rem Abstand achtsam registriert, hilft das, mental im Gleichgewicht zu bleiben. Man kann dann auf die ursprünglich wahrgenommene Aggression des anderen auf objektiv angemessenere
Weise antworten, was gewöhnlich die Situation verbessern statt
verschlimmern wird.

Auch dieser Abschnitt schließt mit der „Zusammenfassung der
Praxis", und was dazu oben im Abschnitt 2.2.1.5 gesagt worden
ist, gilt genauso hier, ausgenommen daß natürlich jetzt der Hauptgegenstand der Übung (sowohl hier wie bei der nächsten) der
Geist und seine Funktionsweisen sind, und nicht mehr der Körper
und seine Sinnesempfindungen. Allerdings hängen beide innerlich eng zusammen. So gilt die Anweisung, „nach innen und nach
außen, oder sowohl nach innen als auch nach außen" zu betrachten, sowohl für den Bereich des Geistigen als auch für den Bereich
des Körperlichen. Auf der körperlichen Ebene bezeichnet sie die
Achtsamkeit auf Sinnesempfindungen, die sich aus bestimmten
geistigen Zuständen, Gedanken usw. ergeben (man sollte sich
zum Beispiel bei geistiger Erregung klar der damit einhergehenden
körperlichen Phänomene bewußt sein: daß das Herz schneller
schlägt, das Atmen sich verändert usw.). Auf der strikt geistigen
Ebene sollte man sich darüber im klaren sein, daß man geistige
Zustände (oder, in der nächsten Übung, geistige Inhalte) einerseits
sowohl bei sich selbst („drinnen"), in anderen („draußen") und in
beiden gleichzeitig wahrnehmen sollte, und andererseits, daß
man sie auf einer subjektiven, einer objektiven und auf einer beiden gemeinsamen Ebene (welche die Subjekt/Objekt-Spaltung
transzendiert) wahrnehmen kann.

2.5 Die Betrachtung der Geistobjekte oder Inhalte des Geistes
   (dhammānupassanā)

Geistige Inhalte bzw. Objekte der geistigen Tätigkeit gibt es natürlich unzählige. Alle Betrachtungsgegenstände, die wir bislang besprochen haben, sind insofern geistige Inhalte, als sich der Geist
mit ihnen beschäftigt: die Wahrnehmung körperlicher Prozesse,
die positive, negative oder neutrale Einschätzung von Sinnesempfindungen sowie Bewußtseinszustände als Objekte achtsamer
Aufmerksamkeit. Zu diesen kommen ihrer Natur nach strikt gei-

stige Objekte hinzu, wie die Begriffe, mit deren Hilfe wir uns ein kohärentes Weltbild zu verschaffen versuchen, die logisch-verbalen Mechanismen, mit denen wir die Flut mentaler Daten verarbeiten, die Verhaltens- und Wissensideale, die wir intellektuell entwickeln, ausgehend von unserer Wahrnehmung dessen, was sich uns als Realität darbietet, und so weiter.

Aus diesem weiten Feld hat der Buddha – für die Zwecke dieser Lehrrede – fünf Bereiche ausgewählt, die für die Entwicklung der Einsicht von besonderer Bedeutung sind. Es handelt sich dabei um

(1) die fünf Hemmungen;

(2) die fünf Gruppen des Anhangens;

(3) die sechs Sinne mit ihren entsprechenden Gegenständen (in der Tradition bekannt als „die sechs inneren und die sechs äußereren Sinnesgrundlagen"), und die geistigen Fesseln, die sich daraus ergeben;

(4) die sieben Faktoren der Erleuchtung;

(5) die Vier Edlen Wahrheiten.

Die Bereiche (1) und (4)[182] gehören praktisch eher zur Betrachtung der Geisteszustände, aber trotzdem werden auch sie in diesen letzten Abschnitt der Lehrrede aufgenommen, weil, wie wir gleich sehen werden, die Übung hier über die bloße achtsame Beobachtung hinausgeht und vorsätzliche geistige Aktivität mit ins Spiel bringt, um diejenigen Faktoren auszuschließen, die den Klarblick hemmen, und diejenigen zu fördern, die zu seiner Entfaltung beitragen.

Die Bereiche (2) und (5) gehören ganz zu den Geistobjekten im eigentlichen Sinn und stellen verschiedene Aspekte der buddhistischen Wirklichkeitsanalyse dar, immer mit dem spezifischen Zweck, den Klarblick zu entfalten und zu vervollkommnen. Der Bereich (3) hat zwei Seiten: einerseits gleicht er dem analytischen Zugang insofern, als er sich mit dem Mechanismus der Sinneswahrnehmung beschäftigt (wobei es also um die sechs „Sinne" der buddhistischen Psychologie geht, d. h. die fünf Körpersinne plus den Geist), über welchen wir die Daten dessen, was wir „Wirklich-

---

[182] Das Folgende nach der erhellenden Analyse dieses Abschnitts des *sutta* durch den Ehrwürdigen Nyāṇaponika in HBM S. 73 ff.

keit" nennen, aufnehmen und deuten; andererseits gehören zu ihm auch sowohl das Beobachten wie das Verarbeiten von Geisteszuständen, insofern es dabei auch um die Folgen dieser Wahrnehmung für die menschliche Psyche geht (in traditionellen Begriffen: um die „Fesseln"), welche sich aus der Tätigkeit der Wahrnehmungsmechanismen ergeben.

Ich möchte jetzt diese verschiedenen Bereiche besprechen, aber nicht in ihrer Reihenfolge in der Lehrrede, sondern – um der leichteren Darstellung willen – eingeteilt in zwei Kategorien: in die Kategorie der positiven und der negativen Geisteszustände – das wären die Bereiche (1), (3) und (4) – und die Kategorie der Wirklichkeitsanalyse – (2) und (5). Die sechs Sinnesgrundlagen und die sich jeweils daraus ergebenden Fesseln (3) ordne ich lieber in die erste als in die zweite Kategorie ein. Es kommt bei ihnen, was die Entfaltung des Klarblicks betrifft, in erster Linie auf ihre praktischen Auswirkungen an, die sie auf der mentalen Ebene der Wahrnehmung haben, d. h. auf die „Fesseln" für den Geist, die sich aus ihnen ergeben.

2.5.1 Negative und positive Geisteszustände: Hemmungen, Fesseln und Faktoren der Erleuchtung

2.5.1.1 Die fünf Hemmungen *(nīvaraṇa)*

„Hier, ihr Mönche, weilt ein Mönch in der Betrachtung der Geistobjekte in den Geistobjekten, [nämlich] den fünf Hemmungen. Und wie betrachtet er? Hier, ihr Mönche, weiß der Mönch, wenn **Sinnesbegehren** in ihm ist: ‚da ist Sinnesbegehren in mir'; oder wenn kein Sinnesbegehren in ihm ist, weiß er: ‚da ist kein Sinnesbegehren in mir'. Er weiß, wie das Entstehen von [vorher] nicht entstandenem Sinnesbegehren zustande kommt; er weiß, wie es zum Aufgeben von entstandenem Sinnesbegehren kommt; und er weiß, wie das künftige Nicht-Entstehen des aufgegebenen Sinnesbegehrens zustande kommt. Wenn **Übelwollen** in ihm ist ..., **Stumpfheit und Mattheit** ..., wenn **Aufgeregtheit und Gewissensunruhe** in ihm ist ..., wenn **Zweifel** in ihm ist, weiß der Mönch: ‚Da ist Übelwollen ..., Stumpfheit und Mattheit ..., Aufgeregtheit und Gewissensunruhe ..., Zweifel in mir'; oder wenn Übelwollen ..., Stumpfheit und Mattheit ..., Aufgeregtheit und Gewissensunruhe ..., Zweifel nicht in ihm sind, weiß er: ‚Da ist kein Übelwollen in mir usw.' Er weiß, wie das Entstehen des [vorher] nicht entstandenen Übelwollens, ... der Stumpfheit und Mattheit ..., der Aufgeregtheit und Gewissensunruhe ..., des Zweifels zustande kommt; er weiß, wie es zum Aufgeben [dieser entstandenen Hemmungen] kommt; und er weiß, wie das künftige Nicht-Entstehen [der aufgegebenen Hemmungen] zustande kommt."

Die Hemmungen – Sinnesbegehren, Übelwollen, Stumpfheit und Mattheit, Aufgeregtheit und Gewissensunruhe und der Zweifel – werden als solche bezeichnet, weil es sich dabei um Geisteszustände handelt, die den Geist mit Begehren und Abneigungen erfüllen, ihn folglich träge oder übererregt machen und ihm dadurch die Möglichkeit verderben, die Dinge klar zu sehen und zu verstehen. In einer anderen Lehrrede [183] hat der Buddha das mit einem Teich verglichen: wenn sein Wasser mit unterschiedlich gefärbtem Schmutz getrübt ist (mit den Sinnesbegehren), aufgewühlt wird (durch das Übelwollen), mit Kräutern und Gras verwachsen (Stumpfheit und Mattheit) ist; wenn seine Oberfläche vom Wind gepeitscht wird (Aufgeregtheit und Gewissensunruhe) und er randvoll mit Schlamm ist (dem Zweifel), so wird niemand sein eigenes Spiegelbild in seinem Wasser zu erkennen vermögen, wenn er hineinschaut. Genausowenig kann der Geist, wenn er von den Hemmungen verschmutzt ist, klar erkennen, was entweder für ihn oder für andere wahr und gut ist.

Die erste Stufe dieser Betrachtung besteht darin, aufmerksam die Inhalte seines Geistes zu beobachten, um ganz bewußt zu erkennen, welche spezifische Hemmung zu jedem gegebenen Zeitpunkt gerade am Entstehen oder bereits im Geist gegenwärtig ist („er weiß, wie das Entstehen des nicht entstandenen Sinnesbegehrens usw. zustande kommt"). Die zweite Stufe (und sie macht nun den Unterschied zwischen der Übung dieser vierten Grundlage der Achtsamkeit und die der anderen drei Grundlagen aus) be-

---

[183] A. 5.193.

steht darin, vom reinen Beobachten zur Handlung überzugehen: man handelt in voller Bewußtheit und wissensklarem Verständnis des Zweckes, den man verfolgt, und der besten Mittel zu seiner Erlangung[184] und unternimmt es jetzt, im Maß des Möglichen die erkannte Hemmung zu überwinden und auszumerzen („er weiß, wie es zum Aufgeben von entstandenem Sinnesbegehren usw. kommt"). Ich sage „im Maß des Möglichen", denn bevor man nicht einen sehr hohen Grad an Klarblick erreicht hat, kann man alle Hemmungen nur immer wieder kurzfristig ausmerzen; früher oder später treten sie wieder auf. Das ist ganz natürlich, denn wie alle bedingten Dinge beweisen auch sie wiederum, „daß alle Phänomene unablässig entstehen und vergehen". Das braucht kein Grund zur Entmutigung zu sein, vorausgesetzt, man hält sich immer deutlich vor Augen, daß es bei der Entfaltung des Klarblicks genau wie bei allen anderen Übungen im wesentlichen darauf ankommt, wach und gleichmütig zu bleiben, indem man sich der **achtsamen, nicht-reaktiven Beobachtung** von allem, was auch immer sich einstellen mag, widmet. Es sei noch einmal in Erinnerung gerufen: Darauf kommt alles in den in der „Zusammenfassung der Praxis" enthaltenen Unterweisungen an, die im Lauf der Lehrrede so oft und auch hier noch einmal sowie am Ende jedes der folgenden Abschnitte über die Betrachtung des Geistes wiederholt wird:

„Er weilt in der Betrachtung des Entstehens von Phänomenen in Geistobjekten oder in der Betrachtung des Vergehens von Phänomenen in Geistobjekten. Die Achtsamkeit darauf, daß ‚da Geistobjekte sind', ist in ihm gegenwärtig in dem Maß, wie es für das Wissen und die Achtsamkeit notwendig ist. Er weilt unabhängig, von nichts in der Welt abhängig. Ja, ihr Mönche, so weilt ein Mönch in der Betrachtung der Geistobjekte in den Geistobjekten, [nämlich] den fünf Hemmungen."

Sooft also ein Sinnesbegehren (oder welche andere Hemmung auch immer) im Geist gegenwärtig ist, registriert man: „da ist ein Sinnesbegehren" (oder was auch immer). Wenn man sich daran-

---

[184] Vgl. Abschnitt 2.2.3 dieses Kapitels.

macht, diese vorhandene Hemmung aufzugeben oder sich von ihr abzuwenden, registriert man: „ich mache mich daran, sie aufzugeben". Hat man sie mit Erfolg aufgegeben, registriert man: „kein Sinnesbegehren mehr usw." und registriert dann wiederum jegliches hochkommende Gefühl der Befriedigung oder Genugtuung über das erfolgreiche Gelingen dieser Maßnahme (was wiederum die Betrachtung eines Geisteszustandes ist). Wenn dann früher oder später die Hemmung wieder auftaucht, registriert man wiederum ihr Dasein und bleibt beharrlich wie zuvor.

Hat man einige Erfahrung gesammelt, so merkt man, daß das leidenschaftslose Beobachten tatsächlich das beste Mittel ist, mit unerwünschten Zuständen oder Inhalten des Bewußtseins richtig umzugehen. Dem Unterdrücken oder Verhindern negativer Gedanken oder Gefühle durch gewalttätige Willensäußerungen mag zwar kurzfristig Erfolg beschieden sein, aber es erzeugt genauso starke Gegenreaktionen und führt letztlich zur Niederlage. In der westlichen Psychologie hat man seit langem die – psychischen und psychosomatischen – pathologischen Folgen des Unterdrückens oder Verdrängens erkannt, und sie sind ein nur allzu geläufiges Element in unserer modernen Welt. Natürlich bedarf es tatsächlich der ernsthaften Mühe, aber man sollte diese ausschließlich auf die Entwicklung einer stabilen, unzerstreuten Achtsamkeit verwenden. Für die Lösung dieser Aufgabe sollte man ein Höchstmaß an Energie aufbringen, um so eine Haltung klarsichtiger Bewußtheit zu gewährleisten, die keinerlei impulsiven Reaktionen mehr unterworfen ist. Auf diese Weise schwächt die zunehmend alles durchdringende Wahrnehmung der Vergänglichkeit und unpersonalen Natur aller Phänomene Schritt für Schritt die eingefleischte Neigung zur Anhänglichkeit und löst sie schließlich auf. Diese Anhänglichkeit beruht ja auf der irreführenden Meinung, es gebe ein bleibendes „Selbst", dessen Wünsche befriedigt werden müßten, was die Wurzelursache der Hemmungen selbst ist. Die Erfahrung von Jahrhunderten hat gezeigt, daß der Fortschritt in dieser Hinsicht in mehreren verschiedenen Stufen erfolgt, die später erörtert werden sollen (in der traditionellen Terminologie spricht man von den vier „Pfaden" und ihren entsprechenden

„Früchten"[185], und daß die verschiedenen negativen Elemente
eines ums andere ausgemerzt werden („Er weiß, wie das künftige
Nicht-Entstehen der aufgegebenen Hemmungen usw. zustande
kommt").

2.5.1.2 Die sechs Sinnesgrundlagen *(salāyatana)* und die sich jeweils daraus ergebenden Fesseln *(saṃyojana)*

„Und wieder, ihr Mönche, weilt ein Mönch in der Betrachtung
der Geistobjekte in den Geistobjekten, [nämlich] den sechs inneren und äußeren Sinnesgrundlagen. Und wie betrachtet er? Hier,
ihr Mönche, kennt ein Mönch das **Auge**, kennt **sichtbare** Objekte
und kennt die Fessel, die sich aus beiden [dem Auge und den
sichtbaren Objekten] ergibt ..., er kennt das **Ohr** und die **Töne** ...,
die **Nase** und die **Düfte** ..., die **Zunge** und die **Geschmäcke** ...,
den **Körper** und die **berührbaren** Gegenstände ..., den **Geist** und
die **Geistobjekte**, und er kennt die Fessel, die sich aus beiden ergibt; er weiß, wie das Entstehen der [zuvor] nicht-entstandenen
Fessel zustande kommt; er weiß, wie es zum Aufgeben der entstandenen Fessel kommt; und er weiß, wie das künftige Nicht-
Entstehen der aufgegebenen Fessel zustande kommt."

Das ist eine kurze Aussage darüber, wie die Sinneswahrnehmung zustande kommt. Damit eine Wahrnehmung erfolgen
kann, braucht man ein Organ (Auge, Ohr usw.), welches die „innere Sinnesgrundlage" ist, und ein Objekt (etwas Sichtbares, Hör-
bares usw.), also eine „äußere Sinnesgrundlage", sowie die
Beziehung oder den Kontakt zwischen beiden (das Auge, das den
sichtbaren Gegenstand anschaut, das Ohr, das ein Geräusch hört
usw.). Aber die wie immer ganz praktische Analyse des Buddha
bleibt nicht beim Mechanismus der Wahrnehmung stehen, sondern bedenkt unverzüglich auch ihre Konsequenzen, d. h. die
„Fesseln", die sich aus dem Akt der Wahrnehmung ergeben, weil
unser Verstehen getrübt ist und das nicht Dauerhafte als beständig, das Leere als substantiell und das Unpersonale als etwas deu-
tet, das ein Selbst hat.

---

[185] Siehe Abschnitt 2.6.1 dieses Kapitels.

In der Terminologie des Buddha sind das aus dem Grund „Fesseln", weil es sich dabei um Einstellungen und Bewußtseinszustände handelt, die uns an die unbefriedigende Existenz einer unerleuchteten Person fesseln, die von Anhänglichkeit und Leiden beherrscht wird. Auch hier kommt alles darauf an (genau wie im Fall der Hemmungen), diese negativen Faktoren zu erkennen und daran zu arbeiten, daß sie ausgemerzt werden („Er weiß, wie das Entstehen der [zuvor] nicht-entstandenen Fessel zustande kommt; er weiß, wie es zum Aufgeben der entstandenen Fessel kommt; und er weiß, wie das künftige Nicht-Entstehen der aufgegebenen Fessel zustande kommt").

Die Fesseln werden unter zehn Begriffen zusammengefaßt:

1. Persönlichkeitsglaube (d. h. die Täuschung, es gebe in irgendeinem wirklichen Sinn so etwas wie ein „Selbst").
2. Der Zweifel (über die Richtigkeit der Lehre, die Wirksamkeit der Praxis usw.).
3. Das Hängen an Regeln und Riten (in der irrigen Auffassung, Riten und äußere Observanzen an sich könnten den Fortschritt in der klarsichtigen Erkenntnis voranbringen).
4. Das sinnliche Begehren (d. h. nach Objekten, die den fünf Körpersinnen schmeicheln).
5. Das Übelwollen (d. h. die Abneigung gegen was immer, das man auf der körperlichen oder geistigen Ebene als unangenehm oder bedrohlich wahrnimmt).
6. Das Begehren nach Befriedigungen auf den Stufen der feinkörperlichen Zustände (traditionell „Begehren nach Feinkörperlichkeit" genannt).
7. Das Begehren nach Befriedigungen auf den unkörperlichen Stufen (traditionell: „Begehren nach dem Unkörperlichen").
8. Dünkel.
9. Aufgeregtheit.
10. Unwissenheit.

Die 6. und 7. Fessel erntstehen in Verbindung mit den Zuständen des Glücks, der Verzückung und der Gemütsruhe, die mittels der Geistesruhe-Meditation *(samatha)* erreicht werden können; die „feinkörperlichen" Zustände beziehen sich auf die feinkörperlichen, die „nichtkörperlichen" Zustände auf die nichtkörperlichen Vertiefungen [186]. Die Anhänglichkeit an diese Zustände ist schwieriger zu überwinden als die Anhänglichkeit an gewöhnliche materielle, sinnliche Befriedigungen, und zwar gerade deshalb, weil diese Zustände an sich qualitativ sehr subtile und ungemein befriedigende Erfahrungen darstellen. Später [187] werden wir sehen, daß deshalb die endgültige Eliminierung dieser beiden Fesseln (wie auch der drei folgenden) erst auf der letzten Stufe der Erkenntnis durch den Klarblick stattfindet, wenn der Meditierende die vollkommene Verwirklichung der Erleuchtung erreicht hat.

2.5.1.3 Die sieben Faktoren der Erleuchtung *(sambojjhanga)*

„Und wieder, ihr Mönche, weilt ein Mönch in der Betrachtung der Geistobjekte in den Geistobjekten, [nämlich] den sieben Faktoren der Erleuchtung. Und wie betrachtet er? Hier, ihr Mönche, weiß ein Mönch, wenn ihm der Erleuchtungsfaktor **Achtsamkeit** gegenwärtig ist: ‚Der Erleuchtungsfaktor Achtsamkeit ist in mir‘; oder wenn ihm der Erleuchtungsfaktor Achtsamkeit abgeht, weiß er: ‚Der Erleuchtungsfaktor Achtsamkeit geht mir ab.‘ Und er weiß, wie das Entstehen des [zuvor] nicht-entstandenen Erleuchtungsfaktors Achtsamkeit zustande kommt; und er weiß, wie die vollkommene Entfaltung des Erleuchtungsfaktors Achtsamkeit zustande kommt.

Wenn ihm der Erleuchtungsfaktor **Ergründung der Wirklichkeit** ... **Energie** ... **Verzückung** ... **Beruhigung** ... **Sammlung** ... **Gleichmut** gegenwärtig ist, weiß der Mönch: ‚Der Erleuchtungsfaktor Ergründung der Wirklichkeit ... Energie ... Verzückung ... Beruhigung ... Sammlung ... Gleichmut ist in mir‘; oder wenn ihm der [jeweilige] Erleuchtungsfaktor ... abgeht, weiß er: ‚Der [jeweilige] Erleuchtungsfaktor ... geht mir ab.‘ Und er weiß, wie das Entstehen des [zuvor] nicht-entstandenen Erleuchtungsfaktors ... zustande kommt; und er weiß, wie die vollkommene Entfaltung des entstandenen Erleuchtungsfaktors ... zustande kommt.“

---

[186] Siehe Kapitel 5, Abschnitte 2.2 und 2.3.
[187] In Abschnitt 2.6.1.5 dieses Kapitels.

Wie bei der vorigen Übung, geht es auch hier um zwei Stufen. Zunächst um die Bewußtheit auf das, was vorgeht („Er weiß: ‚Der Erleuchtungsfaktor Achtsamkeit usw. ist in mir'; oder wenn ihm der Erleuchtungsfaktor abgeht, weiß er: ‚Der Erleuchtungsfaktor ... geht mir ab'"). Sodann geht es darum, etwas zu tun: im Fall der Hemmungen, sie zu beseitigen; hier, da die Faktoren etwas Positives sind und zur Erleuchtung führen, zu versuchen, sie zu bewahren und weiterzuentwickeln („Er weiß, wie das Entstehen des nicht-entstandenen Erleuchtungsfaktors ... zustande kommt, und wie die vollkommene Entfaltung des entstandenen Erleuchtungsfaktors ... zustande kommt").

Die Reihenfolge, in der die Erleuchtungsfaktoren aufgezählt werden, ist nicht zufällig, sondern gibt ihre jeweilige Wechselwirkung wieder. Bei der Entwicklung der Einsicht ergibt sich jeder dieser Faktoren aus den ihm vorausgehenden und schafft die Voraussetzungen für die darauffolgenden. Diese Reihenfolge wird sehr klar und einfach in einer anderen Lehrrede des Buddha erklärt [188]:

„Und wie, ihr Mönche, vervollkommnen die vier voll entfalteten und beharrlich geübten Grundlagen der Achtsamkeit die sieben Faktoren der Erleuchtung?

Wenn ein Mönch also darin weilt, den Körper im Körper zu betrachten ... die Sinnesempfindungen in den Sinnesempfindungen ... den Geist im Geist ... die Geistobjekte in den Geistobjekten –, eifrig, wissensklar und achtsam, nach Verwindung von Begierde und Trübsal hinsichtlich der Welt, dann besteht in ihm die ununterbrochene Achtsamkeit. Und wenn in einem Mönch die ununterbrochene Achtsamkeit besteht, dann wird der Erleuchtungsfaktor der **Achtsamkeit** in ihm geweckt, und er entwickelt ihn weiter, und durch die Weiterentwicklung gelangt der Erleuchtungsfaktor zur Vollkommenheit in ihm.

Wenn er solcherart achtsam weilt, untersucht und überprüft er

---

[188] *Lehrrede über die Atmungs-Achtsamkeit* (M 118). Es gibt eine ausgezeichnete Übersetzung ins Englische, sorgfältig mit Anmerkungen versehen und durch Auszüge aus den alten Kommentaren erweitert, vom Ehrwürdigen Ñāṇamoli (siehe Ausgewählte Literatur).

diesen Zustand mit Verständnis und macht sich an eine sorgfältige Ergründung [dieses Zustands]. Wenn er solcherart achtsam weilt, diesen Zustand mit Verständnis untersucht und überprüft und sich an eine sorgfältige Ergründung macht, wird der Erleuchtungsfaktor **Ergründung der Wirklichkeit** in ihm geweckt, und er entwickelt ihn weiter und durch die Weiterentwicklung gelangt der Erleuchtungsfaktor zur Vollkommenheit in ihm.

In ihm, der diesen Zustand mit Verständnis untersucht und sich an eine sorgfältige Ergründung [desselben] macht, erwacht unermüdliche Energie. Wenn in einem Mönch, der diesen Zustand mit Verständnis untersucht und sich an eine sorgfältige Ergründung macht, unermüdliche Energie erwacht, dann wird der Erleuchtungsfaktor **Energie** in ihm geweckt, und er entwickelt ihn weiter und durch die Weiterentwicklung gelangt der Erleuchtungsfaktor zur Vollkommenheit in ihm.

In ihm, der die Energie geweckt hat, erwacht unweltliche Verzückung [189]. Wenn in einem Mönch, der Energie geweckt hat, unweltliche Verzückung erwacht, dann wird der Erleuchtungsfaktor **Verzückung** in ihm geweckt, und er entwickelt ihn weiter und durch die Weiterentwicklung gelangt der Erleuchtungsfaktor zur Vollkommenheit in ihm.

Bei dem geistig Verzückten werden Körper und Geist ganz still. Wenn der Körper und Geist eines Mönchs, dessen Geist verzückt ist, ganz still werden, dann wird der Erleuchtungsfaktor **Beruhigung** in ihm geweckt, und er entwickelt ihn weiter und durch die Weiterentwicklung gelangt der Erleuchtungsfaktor zur Vollkommenheit in ihm.

In ihm, der im Körper ganz beruhigt und geistig beglückt ist, sammelt sich der Geist. Wenn der Geist eines Mönchs, der im Körper ganz beruhigt und geistig beglückt ist, sich ganz sammelt, dann wird der Erleuchtungsfaktor **Sammlung** in ihm geweckt, und er entwickelt ihn weiter und durch die Entwicklung gelangt der Erleuchtungsfaktor zur Vollkommenheit in ihm.

Er wird jemand, der in vollkommenem Gleichmut auf den der-

---

[189] Wörtlich: ‚ein Glück nicht vom Fleisch', d. h. eine Verzückung, die nicht auf den Körpersinnen beruht.

art gesammelten Geist schaut. Wenn ein Mönch jemand wird, der in vollkommenem Gleichmut auf den derart gesammelten Geist schaut, dann wird der Erleuchtungsfaktor **Gleichmut** in ihm geweckt, und er entwickelt ihn weiter und durch die Entwicklung gelangt der Erleuchtungsfaktor zur Vollkommenheit in ihm.

So entfaltet, ihr Mönche, so beharrlich geübt, vervollkommnen die vier Grundlagen der Achtsamkeit die sieben Faktoren der Erleuchtung."

In der gleichen Lehrrede betont der Buddha, von wie entscheidender Bedeutung die Faktoren der Erleuchtung seien. Er sagt: „Die sieben Faktoren der Erleuchtung, voll entfaltet und beharrlich geübt, führen zur Vollkommenheit des Wissens und der Befreiung."

2.5.2 Die Analyse der Wirklichkeit

2.5.2.1 Die fünf Gruppen des Anhangens *(upādāna-khandha)*

„Und wieder, ihr Mönche, weilt ein Mönch in der Betrachtung der Geistobjekte in den Geistobjekten, [nämlich] den fünf Gruppen des Anhangens. Und wie betrachtet er? Hier erwägt der Mönch: ‚So ist die Körperlichkeit, so das Entstehen der Körperlichkeit, so das Vergehen der Körperlichkeit; so ist die Sinnesempfindung, so das Entstehen der Sinnesempfindung, so das Vergehen der Sinnesempfindung; so ist die Wahrnehmung, so das Entstehen der Wahrnehmung, so das Vergehen der Wahrnehmung; so sind die geistigen Gestaltungen, so ist das Entstehen der geistigen Gestaltungen, so das Vergehen der geistigen Gestaltungen; so ist das Bewußtsein, so das Entstehen des Bewußtseins, so das Vergehen des Bewußtseins.'"

Diese fünf Gruppen von Phänomenen (d. h. Körperlichkeit, Sinnesempfindungen, Wahrnehmung, geistige Gestaltungen und Bewußtsein) umfassen nach der Lehre des Buddha das Gesamt des erkennbaren Universums.

„Alle körperlichen Phänomene, seien sie vergangen, gegenwärtig oder zukünftig, eigen oder fremd, grob oder fein, erhaben oder gemein, fern oder nah, alle gehören zur Körperlichkeitsgruppe. Alle Sinnesempfindungen ... gehören zur Gruppe der Sinnesempfindungen. Alle Wahrnehmungen … gehören zur Gruppe der Wahrnehmungen. Alle geistigen Gestaltungen … gehören zur Gruppe der geistigen Gestaltungen. Alles Bewußtsein … gehört zur Gruppe de Bewußtseins." [190]

Die fünf Gruppen des Anhangens schließen folglich auch per Definition alle diejenigen körperlichen und geistigen Phänomene mit ein, die die ungeübte Person als das betrachtet, was ihr „Selbst" oder ihre „Persönlichkeit" ausmacht, und an die sie sich hängt, im Bemühen, an der ihrem Wesen nach illusorischen Einbildung festzuhalten, die man das eigene „Ich" nennt. Daher nennt man sie die Gruppen des **Anhangens**.

Wie wir gesehen haben, besteht nun aber der Zweck der *vipassanā*-Meditation genau darin, die klarblickende Einsicht in die tatsächliche Natur dieser Phänomene zu entwickeln und dadurch zu sehen und zu begreifen, daß es sich bei ihnen allen um vorübergehende, instabile Ereignisse handelt, denen keinerlei dauerhafte Identität zukommt. In dieser Übung bewahrt der Meditierende eine Geisteshaltung der achtsamen Empfänglichkeit, einen wirklich „offenen Geist" und betrachtet, was immer von Augenblick zu Augenblick auf dem Feld der Wahrnehmung auftaucht. Dabei versucht er, sich immer ganz klar die Kategorie oder die „Gruppe" bewußtzumachen, zu der das jeweilige Phänomen gehört. Wenn er sich eines körperlichen Phänomens bewußt wird, vermerkt er also im Geist: „körperlich" oder „körperliche Gestalt"; wenn eine Sinnesempfindung entsteht, vermerkt er, ob sie „angenehm, unangenehm oder neutral" ist; wenn sich eine Wahrnehmung einstellt (d. h. wenn er sich über die Art des Phänomens bewußt wird[191], vermerkt er sowohl ihren grundsätzlichen Charakter (d. h., ob es sich um eine Seh-, Hör-, Riech-, Geschmacks-, Tast- oder Geistobjekt-Wahrnehmung handelt) als auch ihre spezifische Eigenart (z. B. eine Blume, einen Schrei, einen Küchengeruch); wenn er eine geistige Tätigkeit betrachtet,

---

[190] M 109.
[191] „Was ist Wahrnehmung? Ihr Mönche, es gibt sechs Klassen von Wahrnehmungen: Wahrnehmung von [sichtbaren] Formen, von Tönen, Gerüchen, Geschmäckern, von betastbaren Objekten und von geistigen Objekten" (S 22.56).

vermerkt er ihre Quelle bzw. ihren Ursprung und ihren Charakter (geistige Reaktionen oder Ideenassoziationen, die sich anläßlich verschiedener körperlicher oder geistiger Objekte einstellen); und wenn er das Bewußtsein selbst betrachtet, vermerkt er den spezifischen Bewußtseinszustand, der in diesem Augenblick vorhanden ist (d. h. die Art Übung, die bei der Betrachtung des Geistes oder der Geisteszustände oben in Abschnitt 2.4 beschrieben wurde).

Auch hier wie bei allen *vipassanā*-Übungen ist ganz wesentlich, daß man völlig ohne Anhangen und leidenschaftslos vorgeht, ohne irgend etwas zu wollen oder abzulehnen, und sich immer dessen bewußt bleibt, daß ausnahmslos alles, was man anschaut, Gebilde sich ständig wandelnder Phänomene sind, die unablässig entstehen und vergehen („er erwägt: ‚So ist die Körperlichkeit usw. ... so das Entstehen der Körperlichkeit usw. ... so das Vergehen der Körperlichkeit usw.‘"). Auf diese Weise setzt der Meditierende die genauen Anweisungen der schon oft zitierten „Zusammenfassung der Praxis" in die Tat um:

„Er weilt in der Betrachtung des Entstehens von Phänomenen ... oder des Vergehens von Phänomenen ... oder des Entstehens und Vergehens von Phänomenen in Geistobjekten. Die Achtsamkeit darauf, daß ‚da Geistobjekte sind‘, ist in ihm gegenwärtig in dem Maß, wie es für das Wissen und die Achtsamkeit notwendig ist ... Ja, ihr Mönche, so weilt ein Mönch in der Betrachtung der Geistobjekte in den Geistobjekten, [nämlich] den fünf Gruppen des Anhangens."

Diese Übung verbindet die Praxis nicht-reaktiver Achtsamkeit mit der leidenschaftslosen Unterscheidung der Phänomene und ist besonders hilfreich, um gründlich die fundamentale Wahrheit begreifen zu lernen, daß

„die Körperlichkeit vorübergehend ist, die Sinnesempfindung vorübergehend ist, die Wahrnehmung vorübergehend ist, die geistigen Gestaltungen vorübergehend sind, das Bewußtsein vorübergehend ist. Und was vorübergehend ist, ist dem Leiden unterworfen [solange wir hartnäckig an Dingen festhalten und ihren unablässigen Fluß aufzuhalten versuchen], und von dem, was vorübergehend und dem Leiden und der Veränderung unterworfen ist, kann man nicht zu Recht sagen: ‚Das gehört mir, das bin ich, das ist mein Selbst.'" [192]

2.5.2.2 Die Vier Edlen Wahrheiten *(ariya sacca)*

„Und wieder, ihr Mönche, weilt ein Mönch in der Betrachtung der Geistobjekte in den Geistobjekten, [nämlich] den Vier Edlen Wahrheiten. Und wie betrachtet er? Hier, ihr Mönche, weiß ein Mönch wirklichkeitsgemäß: ‚Das ist das Leiden'; er weiß wirklichkeitsgemäß: ‚Das ist der Ursprung des Leidens'; er weiß wirklichkeitsgemäß: ‚Das ist das Aufhören des Leidens'; er weiß wirklichkeitsgemäß: ‚Das ist der Weg, der zum Aufhören des Leidens führt'."

Dies sind die Vier Edlen Wahrheiten, die das Wesen der Lehre des Buddha zusammenfassen, und der Leser wird sich erinnern, daß sie kurz in Kapitel 2 besprochen worden sind. Die jetzige Übung besteht darin, sich die Vier Wahrheiten als Gegenstand der Betrachtung vorzunehmen, und zwar insofern sie sich ständig in der Arbeitsweise und den Inhalten unseres Geistes offenbaren. Das ist eine Betrachtung, die man auf unterschiedlichen Ebenen durchführen kann (je nach Mentalität und Entwicklungsstand des Meditierenden); sie führt zu außerordentlich tiefen und subtilen Erkenntnissen. Ich kann das allerdings an dieser Stelle lediglich kurz anhand eines ganz einfachen Beispiels illustrieren.

Ganz gleich, welches unangenehme geistige Phänomen im Verlauf der Meditation auftaucht (mag es sich in Verbindung mit körperlichem Schmerz oder Unbehagen einstellen, oder auch unabhängig von dergleichen), jedenfalls hat es den Charakter des **Leidens** (was der Ersten Wahrheit entspricht) und muß sofort als solches identifiziert werden. Der geübte Meditierende weiß jedoch, daß dieses Phänomen an sich, also der sensorisch-mentale Input, keine Qualität in sich besitzt – lediglich der Geist nimmt es wahr, ordnet es ein und versieht es mit dem Etikett „unangenehm", indem er auf ein Phänomen, das er irgendwie als Bedrohung oder Angriff empfindet, auf eine spezifische Weise (nämlich

---

[192] S 22.59.

durch Ablehnung) **reagiert**. Diese Ablehnung, dieses „Nicht-Wollen" (des Leidens, des Unbehagens usw.) ist **der Ursprung des Leidens** (also die Zweite Wahrheit). Wird sich nun der Meditierende dieser Reaktion bewußt (vorausgesetzt, dieses Bewußtwerden ist stark und deutlich), löst er sich aus der vollen Identifikation mit ihr. Er erfährt somit nicht länger eine unreflektierte Reaktion, sondern beobachtet leidenschaftslos, wie sich diese Reaktion einstellt; er hört also mit dem „Wollen" (daß der Schmerz, das Unbehagen usw. schwindet) auf; statt dessen beobachtet er einfach seine Reaktion und registriert sie. Mit dem „Wollen" aufhören heißt mit dem Reagieren aufhören – und damit gelangt man zum **Aufhören des Leidens** (also zur Dritten Wahrheit). Ein alltägliches Beispiel dafür (aber ein besonders eindrucksvolles, gerade weil es so auf der Hand liegt und so leicht von jedem, der es versucht, nachvollzogen werden kann) ist das Problem der Gelenk- und Muskelschmerzen, von denen fast unvermeidlich alle Anfänger im Meditieren heimgesucht werden, wenn sie bei formellen Sitz-Meditationsübungen ungewöhnlich lange Zeit vollkommen regungslos sitzen bleiben müssen. Mit ein wenig Übung kann jeder erfahren: wenn man diese Schmerzen mit äußerster Achtsamkeit und ohne jegliche Emotion betrachtet, hören sie auf, als „Schmerzen" empfunden zu werden. Statt dessen entdeckt man in ihnen eine ganze Bandbreite unterschiedlicher physischer Sinnesempfindungen (Prickeln, Druck, Spannung usw.), die, **in sich gesehen**, nichts mit dem Begriff „Schmerz" zu tun haben und die, wie alle Sinneswahrnehmungen, in einem Fließzustand sind – sich ständig verändern, kommen und gehen, durch andere ersetzt werden. Schließlich geht dem Meditierenden auf, daß er durch korrektes, sorgfältiges und hingebungsvolles Üben einen oder mehrere der acht Faktoren des **Wegs, der zum Aufhören des Leidens führt** (also die Vierte Wahrheit) praktiziert. Und zwar nicht nur während der Meditationszeiten (wo er mit rechter Erkenntnis und rechter Gesinnung die rechte Anstrengung übt, um rechte Achtsamkeit und rechte Sammlung zu entwickeln). Auch in den Zwischenzeiten zwischen den Sitzungen bei einem Kurs oder einer Einkehrzeit kann er rechte Erkenntnis, rechte Gesinnung, rechte Anstrengung, rechte Rede, rechtes Handeln und rechte Achtsamkeit

üben. Mehr noch: auch – zwischen Kursen und Einkehrzeiten –
in seinem Alltagsleben kann er sich so verhalten, weil er dann zunehmend von den gesunden Grundsätzen, die er gelernt und eingeübt hat, inspiriert und geleitet wird – also geleitet von einer
rechten Erkenntnis, mit rechter Gesinnung rechte Rede übend
und bei jeder Gelegenheit recht handelnd, seinen Lebenserwerb in
der rechten Art von Tätigkeit verdienend und mit rechter Anstrengung, diese Lebensweise aufrechtzuerhalten und weiterzuentwickeln.

2.6 Abschluß der Lehrrede über die Grundlagen der Achtsamkeit

„Wahrlich, ihr Mönche, wer immer auf diese Weise sieben Jahre
lang diese vier Grundlagen der Achtsamkeit übt, darf eine von
zwei Früchten erwarten: höchste Erkenntnis [das höchste Stadium
eines arahants] hier und jetzt oder, falls noch Reste der Anhänglichkeit geblieben sind, den Zustand der „Nichtwiederkehr".

Aber nicht erst nach sieben Jahren, ihr Mönche! Falls jemand
auf diese Weise diese vier Grundlagen der Achtsamkeit sechs ...
fünf ... vier ... drei ... zwei Jahre ... ein Jahr lang übt, darf er eine
von zwei Früchten erwarten: höchste Erkenntnis hier und jetzt
oder, falls noch Reste der Anhänglichkeit geblieben sind, den Zustand der „Nichtwiederkehr".

Aber nicht erst nach einem Jahr, ihr Mönche! Falls jemand auf
diese Weise diese vier Grundlagen der Achtsamkeit sechs ... fünf
... vier ... drei ... zwei Monate ... einen Monat lang übt, darf er
eine von zwei Früchten erwarten: höchste Erkenntnis hier und
jetzt oder, falls noch Reste der Anhänglichkeit geblieben sind, den
Zustand der „Nichtwiederkehr".

Darum ist gesagt worden: ‚Das ist der einzige Weg, ihr Mönche,
zur Läuterung der Wesen, zur Überwindung von Kummer und
Klage, zur Vernichtung von Schmerz und Leid, zur Erlangung des
rechten Pfads, zur Verwirklichung des *nibbāna*, nämlich die vier
Grundlagen der Achtsamkeit.‘ So sprach der Gesegnete. Mit heite-
rem Herzen freuten sich die Mönche über seine Worte."

So schließt die Lehrrede, wie sie begonnen hat – mit der feierli-
chen Aussage, von welch entscheidender Bedeutung die Übungen

seien, die sie zur Erlangung der vollen Verwirklichung des nirvana (*nibbāna*) lehre. Über diese letzte Vollendung läßt sich nur sehr wenig sagen, und wir wollen das gleich versuchen. Aber, wie schon erwähnt, ist das etwas, was man nicht in Worte fassen, sondern nur selbst erfahren kann. Vorher ist es jedoch notwendig, sich das obige Zitat noch etwas genauer anzusehen. Alles darin Gesagte ist, wie auch andere Stellen der Lehrrede (und ganz allgemein die Lehre des Buddha) keineswegs einfach ein Stück inspirierender Rhetorik, sondern will dem angemessen vorgebildeten Leser ganz praktische Anweisungen geben. So will z. B. die rhetorisch anmutende Rede von Jahren, Monaten usw. des Übens die sehr wahre und wichtige Aussage machen, daß das Maß des zu erwartenden Fortschritts von Person zu Person sehr unterschiedlich ist. Was der eine vielleicht innerhalb weniger Tage erlangt, erreicht der andere erst nach Monaten oder Jahren. Das hängt ganz von der Mentalität, dem Charakter und den Fähigkeiten und auch von den speziellen Lebensverhältnissen jedes einzelnen ab. Oder, mit traditionellen buddhistischen Begriffen gesagt, es hängt davon ab, wie sein *karma* infolge seiner Vorgeschichte befrachtet ist: ob es mehr Segen oder mehr Unheil birgt, mehr Gunst oder mehr Ungunst – was alles dadurch bedingt ist, welche mentalen, verbalen oder körperlichen Taten er von früher her angesammelt hat. Zweitens betont dieses Zitat den Umstand, daß die Verwirklichung nicht ein für allemal stattfindet, sondern (wie schon früher gesagt [193] in aufeinanderfolgenden Stufen. Das ist mit der Stelle gemeint, die von zwei Ergebnissen oder Früchten spricht, die man von seiner Übung erwarten darf: „höchstes Wissen hier und jetzt oder, falls noch Reste der Anhänglichkeit geblieben sind, den Zustand der ‚Nichtwiederkehr'". Natürlich genügte diese kurze Anspielung für die Mönche, die ursprünglich die Zuhörer dieser Lehrrede waren und mit dem Gesamtzusammenhang vertraut waren. Der heutige, darin nicht bewanderte Leser dagegen braucht einige zusätzliche Erläuterungen.

---

[193] In Kapitel 3, Abschnitt 5, und auch in Abschnitt 2.5.1.1 dieses Kapitels.

2.6.1 Der Prozeß der Reinigung

In der Lehre des Buddha ist der Prozeß, den wir in heutiger Sprache gern als „Verwirklichung" oder „Integration" bezeichnen, traditionellerweise als Reinigung oder **Läuterung** geläufig (von daher der Titel des alten Meditations-Handbuchs, das ich schon so oft zitiert habe: *Visuddhi Magga*, „Der Weg zur Reinheit"). Das ist ein sehr angemessener Begriff, denn er betont den Umstand, daß das, was wir durchlaufen müssen, wenn unsere vorgegebene menschliche Psyche nachhaltig umgewandelt werden soll, am besten als ein Prozeß der Reinigung beschrieben werden kann. Unsere mentalen und affektiven Prozesse müssen Schritt für Schritt von ihren tief eingefleischten Gewohnheiten des Wahrnehmens und Reagierens befreit werden, die uns davon abhalten, die Dinge so zu sehen und zu erfahren, wie sie wirklich sind (wie wir das z. B. mit Hilfe des Vergleichs mit dem Teich vor Augen geführt haben). Bei der Beschreibung der Betrachtung von Geistobjekten haben wir die wichtigsten negativen Faktoren gesehen, die jeder von uns aus eigener Kraft ausmerzen muß: die geistigen Hemmungen und Fesseln. Und gerade die geistigen Fesseln sind es, die – nach der traditionellen Methode – den erforderlichen Maßstab liefern, mit dem sich der Fortschritt auf dem Weg der Reinigung messen läßt – nämlich je nachdem, wie weit man sie geschwächt oder abgelegt hat.

2.6.1.1 Der Stromeintritt

Die erste wichtige Stufe erkennt man daran, daß die ersten drei Fesseln fallen: der **Persönlichkeitsglaube** (d. h. das Festhalten an einem illusorischen Selbst), der **Zweifel** (an der Wirksamkeit der Lehre und der Übungen) und das **Hängen an Regeln und Riten** (was eine – sehr oft gewählte – Möglichkeit ist, vor der harten Aufgabe des Arbeitens an sich selbst zu kneifen). Jemand, der die klarsichtige Erkenntnis entwickelt und dadurch diese drei Fesseln abgelegt hat, wird als *sotāpanna* bezeichnet – wörtlich: „Strom-Eintaucher" – denn er hat die erste Stufe eines Prozesses erlangt, der von jetzt an unumkehrbar wie ein Strom fließt und unweigerlich nach höchstens sieben Wiedergeburten zur endgültigen Erleuchtung, zum *nibbāna* führen wird.

Halten wir an diesem Punkt, um jegliche Verwirrung zu vermeiden, für einen Augenblick inne und erwägen wir die genaue Bedeutung des Begriffs „Wiedergeburt" und die Vorstellung des Kreislaufs der Wiedergeburten im Buddhismus.

2.6.1.2 Der Kreislauf der Wiedergeburten

Wenn man von Wiedergeburt spricht, stellt man sich das weithin so vor, als gebe es eine Seele, die als geschlossene Ganzheit beim Tod ihres alten Körpers in einen neuen Körper eingeht. Das ist als Reinkarnation, Seelenwanderung (Transmigration) oder Metempsychose bekannt und gehört in vielen östlichen Religionen (vor allem innerhalb der orthodoxen hinduistischen Tradition) und auch in esoterischen westlichen Traditionen zum allgemeinen Glauben. In Anbetracht der Tatsache aber, daß es nach der Lehre des Buddha nirgendwo irgendeine Art von bleibender Selbst-Identität gibt (siehe auch oben Kapitel 2), kann man unschwer sehen, daß es ein grober Irrtum ist, die buddhistische Vorstellung einer „Wiedergeburt" mit der „Seelenwanderung" in einen Topf zu werfen (ein Irrtum, der bedauernswerterweise sogar häufig angeblich gut informierten Autoren unterläuft, die diese wesentliche Unterscheidung entweder aus tatsächlicher Unkenntnis nicht treffen, oder weil sie parteiischerweise dazu neigen, den Buddhismus mit dem orthodoxen Hinduismus gleichzusetzen).

Nun erfordert aber der Begriff der Seelenwanderung oder Reinkarnation notwendigerweise die Existenz einer Seele als andauerndem Wesen, die von einem sterblichen Körper in den nächsten umzieht, ohne dabei ihre eigene Substanz und ihr Wesen zu verlieren. Doch wir haben gesehen, **daß der Buddha herausgefunden hat, daß es gerade dieses andauernde Wesen letztlich nicht gibt**, und er hat diese Einsicht im Grundprinzip des *anattā* formuliert. Dieses Prinzip, nämlich daß es nirgendwo so etwas wie eine andauernde Selbst-Identität gibt, gilt nicht nur auf der körperlichen Ebene (wo Vergänglichkeit und Verfall ja nur zu augenscheinlich sind), sondern genauso auf allen anderen Ebenen, wie immer man diese bezeichnen mag – als physisch, mental oder spirituell. Der Buddha hat gelehrt, und dies ist der Kern seiner Lehre, daß absolut alles (**einschließlich** des von keinerlei Bedingtheit abhängigen *nibbāna*) bar jeglichen dauerhaften Wesens und bar jeder bleibenden Substanz ist, bar auch eines Selbst: *anattā*. Daher verwendet er den Begriff „Wiedergeburt", der offenläßt, was nun eigentlich wiedergeboren wird, und daher weniger mit der irrigen Vorstellung einer unvergänglichen „Seele" befrachtet ist wie die anderen Begriffe.

Andererseits jedoch bestritt der Buddha genauso nachdrücklich die rein materialistische Sicht, d. h., daß der Tod des Körpers, also die Auflösung der physikalischen Elemente, auch die endgültige Vernichtung aller mentalen, willensmäßigen und affektiven Elemente als Teile des gestorbenen Organismus bedeute. Daher lehrte er, die erste Fessel, d. h. der **Persönlichkeitsglaube**, äußere sich in zwei genauso falschen und gefährlichen Formen, nämlich im **Ewigkeitsglauben** (in der idealistischen Täuschung, es gebe so etwas wie ein bleibendes Selbst oder eine unsterbliche Seele) und im **Vernichtungsglauben** (in der materialistischen Täuschung, das Zunichtewerden eines bestimmten Körpers bedeute das Zunichtewerden von allem). Nach der Auffassung des Buddha jedoch verhält es sich anders: Der Zustand der Psyche im Augenblick des Todes (welcher sich sowohl aus den körperlichen und geistigen Taten in der soeben abgeschlossenen Existenz als auch aus denjenigen in früheren Existenzen ergibt) stellt das Anfangsbewußtsein, also sozusagen den Ausgangspunkt, der nächsten Existenz dar.

Man könnte also in anderen Worten und sehr ins unreine gesprochen sagen: Das, was im nächsten Leben „wiedergeboren" wird, ist der Bodensatz, die psychische Ablagerung (an mentalem, willensmäßigem, affektivem Material) des letzten und aller vorangegangenen Leben, soweit deren Ablagerungen noch nicht vollständig aufgearbeitet sind. Das Bewußtsein des neuen Wesens ist deshalb nicht das gleiche wie das des vorhergegangenen; es ist nicht mit ihm identisch, aber zugleich ist es auch nicht unabhängig von ihm, denn es ist ja das, was sich praktisch aus ihm ergeben hat.

So kann also keine Rede davon sein, daß eine Seele ihre Körper wechselt, wie ein Körper seine Kleider wechselt. Es gibt kein Weiterwandern eines andauernden Wesens. Daher muß man Begriffe wie „Reinkarnation" vermeiden und statt dessen den neutraleren Begriff „Wiedergeburt" vorziehen, der nicht notwendig ein permanentes Wesen impliziert, aber doch aussagt, daß es bei aller Andersheit trotzdem eine Kontinuität gibt. Als klassischer Vergleich für diesen Prozeß wird in den alten buddhistischen Texten der Baum und seine Frucht verwendet: Aus dem in der Frucht enthaltenen Samenkorn sprießt wieder ein Baum derselben Art wie der Baum, von dem die Frucht stammte. Offensichtlich ist der neue Baum dem Baum, von dem er abstammt, sehr ähnlich, denn er hat von ihm einen ganz speziellen Satz genetischer Merkmale geerbt. Aber diese entfalten und entwickeln sich bei ihm trotzdem anders; das hängt von einer ganzen Reihe von Umständen wie der Bodenbeschaffenheit, dem Klima und allen anderen Umweltbedingungen ab. So trägt der neue Baum alle Wesensmerkmale des vorhergehenden, aber auf seine ganz eigene Art. Immer ist er ein **anderer** Baum. Er stammt von seinem Herkunftsbaum ab, aber ist nicht dessen „Reinkarnation". Daher heißt es in der buddhistischen Tradition, alle Wesen seien „Erben ihres *kamma* (aller Taten in Körper, Sprache und Geist)". Halten wir uns dies deutlich vor Augen, wenn wir jetzt wieder zum Prozeß der Reinigung zurückkehren.

2.6.1.3 Die Einmalwiederkehr

Es bedarf sehr langer Anstrengung und Arbeit, um die vierte und die fünfte Fessel ganz abzustreifen, nämlich das **Begehren nach sinnlichen Befriedigungen** und die **Abneigung gegen alles, was man auf der körperlichen oder geistigen Ebene als unangenehm oder bedrohlich empfindet**. Das leuchtet unmittelbar ein, denn damit schlagen wir uns hauptsächlich jeden Tag in unserem nicht bewußt disziplinierten Dasein herum.

So besteht also die zweite Stufe des Fortschritts darin, im wesentlichen dem Griff dieser beiden Fesseln zu entkommen, ohne sie indes schon ganz und gar abstreifen zu können. Wer durch anhaltendes Üben des Achtfachen Pfads in jeglicher Hinsicht – als ethische Disziplin, in der Praxis der Meditation und bei der Entwicklung des Verstehens – den Einfluß des Begehrens und der Abneigung auf seine Motivationen auf ein Minimum reduziert hat, wird *sakādāgami* genannt, was „Einmal-Wiederkehrer" heißt. Er wird nur noch einmal in der Welt des Geistes und der Materie des menschlichen Daseins wiedergeboren werden und in diesem letzten Leben die endgültige Befreiung erlangen.

2.6.1.4 Die Niewiederkehr

Wenn das **sinnliche Begehren** und alle Arten der **Abneigung** oder des **Übelwollens** vollständig ausgemerzt sind, wird der sich daraus ergebende Zustand als derjenige des *anāgāmi* oder „Niewiederkehrens" bezeichnet. Das bedeutet, daß dieser Mensch jetzt von den ersten fünf Fesseln ganz und gar frei ist; folglich ist auch sein Bewußtsein von jeglicher Anhänglichkeit an die materielle Welt frei. Tritt der physische Tod ein, ehe der Betreffende die nächste und endgültige Stufe erlangt hat, nämlich die endgültige Erleuchtung oder *nibbāna*, so wird dieses Bewußtsein nicht wieder in einer physischen Umgebung geboren, weil es einen hohen Grad an Freiheit erlangt hat. Da es jedoch immer noch von den karmischen Auswirkungen der fünf übrigen Fesseln beeinträchtigt ist, wird es in einer bestimmten Klasse höherer Daseinszustände wiedergeboren, und von dort aus erlangt es dann das *nibbāna* direkt, sobald es die übrigen fünf Fesseln abgelegt hat.

Das Spektrum höherer Daseinszustände umfaßt die verschiedenen Daseinsstufen körperloser Intelligenzen, die man in allen religiösen Traditionen kennt, wenn auch unter verschiedenen Namen: als Engel, Geister, Genien, devas usw. Doch wie in Kapitel 4 (Abschnitt 4.3.6) erklärt worden ist, besteht der wesentliche Unterschied zwischen der Lehre des Buddha und allen anderen Lehren darin, daß der Buddha nicht behauptet, solche Zustände seien als endgültig oder ewig zu betrachten – ganz gleich, in welch viel höherem Maß sie, verglichen mit dem gewöhnlichen Menschendasein, sublim, langlebig und glückselig sein mögen. Der Buddha hat erkannt und gelehrt, absolut jegliches vorstellbare Ding, jeder Zustand und jede Verfassung seien vergänglich, nur eines ausgenommen: das *nibbāna* (und das ist unbeschreiblich und unvorstellbar). Alle Paradiese hören irgendwann auf. Selbst „Engel" müssen aus ihren hohen Sphären wieder herabsteigen, wenn einmal die karmischen Folgen, die sie so hoch erhoben haben, erschöpft sind. Waren sie *anāgāmis*, so erreichen sie, ohne noch irgendwo wiedergeboren zu werden, das *nibbāna*.

2.6.1.5 Der Arahant

Die letzte Stufe des Prozesses ist diejenige, auf der die subtileren und heimtückischeren Fesseln ausgemerzt werden: das **Begehren nach Befriedigungen auf den Stufen der feinkörperlichen Zustände und der nichtkörperlichen Zustände** (die sich als Anhaften und Anhänglichkeit an die äußerst subtilen und tiefen Befriedigungen dank der veränderten Bewußtseinszustände der feinkörperlichen und der unkörperlichen Stufen der *samatha*-Meditation äußern können, oder als Sehnsucht nach einer Wiedergeburt in einem „Paradies", d. h. in einem jener immateriellen Zustände, wie sie ganz unterschiedlich in den religiösen Kosmologien vorgestellt werden); **Dünkel** (der ganz tief in der Menschennatur verwurzelt ist, als Eitelkeit des Selbst und als Angewohnheit des menschlichen Geistes, alles in Begriffe zu fassen); **Aufgeregtheit** (existentielle Angst) und **Unwissenheit** (welche per definitionem unvermeidlich ein Stück weit bleibt, solange man noch nicht die volle Erkenntnis erlangt hat).

Der Mensch, der diese endgültige Befreiung erlangt hat, wird als *arahant* bezeichnet, ein Wort, das gelegentlich als „Heiliger" übersetzt wird, aber wörtlich „Würdiger" oder „Verdienstvoller" bedeutet. Tatsächlich verdient der *arahant* höchsten Preis und höchste Anerkennung (nicht zuletzt als inspirierendes Vorbild, dem man nacheifern sollte), weil er die höchste Stufe der Freiheit und Vollkommenheit erlangt hat, nämlich *nibbāna*. Für den Rest seines Lebens erfreut sich der *arahant* dessen, was als „*nibbāna* mit Daseinselementen" bezeichnet wird (*saupādisesa nibbāna*), und wenn er stirbt, gelangt er ins *parinibbāna* oder „*nibbāna* ohne Daseinselemente" (*anupādisesa nibbāna*). Dann entschwindet, was als *arahant* bekannt war, aus dem Kreislauf der Wiedergeburten, nach dem alten Wort „wie eine Flamme, deren Brennstoff erschöpft ist".

2.6.1.6 Zusammenfassung

Jetzt können wir zur Lehrrede zurückkehren und die volle Bedeutung des Satzes verstehen, in dem es heißt, aus der Übung der vier Grundlagen der Achtsamkeit könne man zwei Ergebnisse erwarten: „höchste Erkenntnis hier und jetzt" – das heißt das Endstadium des *arahant* – „oder, falls noch Reste der Anhänglichkeit geblieben sind (d. h. falls die letzten fünf Fesseln noch nicht eliminiert sind), den Zustand der ,Nichtwiederkehr'".

Dabei ist zu beachten, daß der Buddha hier nur von den letzten beiden der vier Stufen des Reinigungsprozesses spricht. Zum Teil mag das daran liegen, daß die Lehrrede ursprünglich an erfahrene Mönche gerichtet war, an direkte Schüler des Buddha selbst, von denen die meisten vermutlich bereits die ersten beiden Stufen erreicht hatten.

Doch gibt es noch einen anderen Grund, den ich für wichtiger halte. Hier wird dem Schüler direkt als Ziel „die höchste Erkenntnis" des endgültigen Zustandes oder als Alternative dazu die unmittelbar davor liegende ebenfalls sehr fortgeschrittene Stufe vor Augen gestellt. Dadurch macht die Lehrrede etwas deutlich, was auch der Buddha bei vielen Gelegenheiten betont hat: daß die Erlangung des *nibbāna* nicht etwas ist, was in ferner, hoffnungsvoller Zukunft nach ich weiß nicht wie vielen Wiedergeburten liegt, sondern etwas, was man tatsächlich „hier und jetzt" in diesem Dasein erreichen kann – vorausgesetzt, man ist bereit, hart dafür zu arbeiten. Natürlich handelt es sich um ein anstrengendes Unternehmen, und man mag tatsächlich, je nach der Ladung negativer Rückstände in seinem *kamma*, mehr als ein oder zwei Leben dazu brauchen. Aber das sollte keine Entschuldigung dafür sein, daß man nicht mit einem Höchstmaß an Enthusiasmus und Ausdauer soviel wie nur möglich in diesem gegenwärtigen Leben dafür aufbringt, denn schließlich gibt es derzeit ja nichts Wichtigeres zu tun. *Nibbāna* ist etwas für heute – nicht für morgen. Man muß in Ruhe den gegenwärtigen Augenblick nützen, ohne Angst oder Hast, die einem nur selbst schaden, aber auch ohne Schwäche. Der Buddha sagt, daß wir tatsächlich, wenn wir gemäß der Anleitung in der Lehrrede vorgehen und beharrlich die Grundlagen der Achtsamkeit üben, das Ziel erreichen oder ihm jedenfalls sehr nahe kommen werden.

Auf einen anderen Punkt sollte man in diesem Zusammenhang ebenfalls achten: daß die vier gerade beschriebenen Stufen oder Grade nicht in starrer zeitlicher Abfolge eine nach der anderen kommen. Das heißt, der Übergang von einer Stufe zur nächsten kann sich erst nach einem ganzen Leben ergeben, oder nach einem Jahr oder Monat, oder sogar schon nach wenigen Minuten. Das hängt ganz von den Fähigkeiten und Dispositionen und von der Energie und vom Enthusiasmus des Betreffenden ab. Es ist eine allbekannte Tatsache, daß sich geistige Prozesse mit ungeheurer Geschwindigkeit abspielen können, und so wundert es nicht, daß sich in den ältesten Texten zahlreiche Beispiele von Menschen finden, die schon „Strom-Eintreter" *(sotāpanna)* waren und dann unter besonders günstigen Umständen fast unvermittelt *arahants* wurden, also die dazwischenliegenden Stadien übersprangen. Wie in vielen anderen Bereichen ist der erste Schritt der schwierigste: es fertigzubringen, sich aus dem Zustand der Ausgeliefertheit an seine unkontrollierten Impulse und der Verwirrung seiner Wahrnehmung zu befreien, in dem sich am Anfang die meisten von uns befinden, und „in den Strom einzutreten". Aber es gibt genügend Beispiele dafür, daß vielen selbst das äußerst schnell gelingt.

Eine weitere Erklärung scheint hier noch angebracht, und zwar zum (am Schluß von Abschnitt 2.5.1.1 dieses Kapitels erwähnten) Umstand, daß die traditionelle buddhistische Terminologie zusammen mit den vier Stufen des Fortschritts die vier „Pfade" *(magga)* und ihre jeweils entsprechenden „Früchte" *(phala)* unterscheidet. Es handelt sich hierbei um Begriffe, die sehr oft in buddhistischen Texten auftauchen, und es ist wichtig, daß man sie richtig versteht. Wollte man hier in die Einzelheiten gehen, so wäre dazu eine Darstellung des *Abhidhamma* erforderlich (desjenigen Teils des ursprünglichen Pali-Kanons, der die philosophischen und vor allem die psychologischen Aspekte der Lehre des Buddha entfaltet). Doch etwas vereinfachend soll hier wenigstens gesagt werden, daß sich die „Pfade" und ihre „Früchte" auf die Weise beziehen, wie in der Entfaltung der Klarsicht die höheren

Bewußtseinszustände zutage treten. Auf jeder der vier beschriebenen Stufen erlangt man den für sie charakteristischen Bewußtseinszustand jäh. Es gibt den Augenblick des **Zugangs**, und dieser Augenblick wird als der „Pfad" bezeichnet. Unmittelbar darauf folgt die **Erfahrung** dieses neuen Zustands, und das ist die „Frucht". Eine Stelle aus dem betreffenden Beitrag im *Buddhistischen Wörterbuch*, dem grundlegenden Quellenwerk des Ehrwürdigen Nyānatiloka[194], kann das verdeutlichen:

„Nach dem *Abhidhamma* ist der überweltliche Pfad eine Bezeichnung für den Eintritt in eine der 4 Stufen der Heiligkeit [d. h. der vorhin aufgezählten vier Stufen, beginnend mit dem Stromeintritt] aufblitzenden und das Leben für immer umgestaltenden Hellblick in die Vergänglichkeit, das Elend und die Unpersönlichkeit alles Daseins. Die unmittelbar darauf als Wirkung folgenden und bis zur Erreichung der höheren Pfade unter Umständen noch unzählige Male sich wiederholenden Bewußtseinsmomente gelten als das Ziel, wörtlich die Frucht des Pfades.

(I) Der in den Strom Eingetretene (sotPanna) ist frei von den 3 ersten an den Daseinskreislauf kettenden 10 Fesseln." [und entsprechend ist es auf den weiteren Stufen].

Ein letztes klärendes Wort. Zuweilen hat man gemeint, zum korrekten Üben sei es erforderlich, **sämtliche** in der Lehrrede genannten Übungen der Reihe nach zu praktizieren, angefangen mit der Achtsamkeit auf das Atmen bis zum Betrachten der Geistobjekte. Das ist unzutreffend. Manche Übungen sind ganz allgemein für jeden Menschentyp brauchbar (wie etwa die Atmungs-Achtsamkeit, die universalste von allen), während andere eher bestimmten Charakteren vorbehalten bleiben sollten. Aber vorausgesetzt, man übt richtig, d. h., man ist „eifrig, wissensklar und achtsam, nach Verwindung von Begierde und Trübsal hinsichtlich der Welt", wie die Lehrrede immer wieder betont, dann reicht jede Übung für sich genommen, um damit das Ziel zu erreichen. Um das ganz deutlich zu machen, hat die „Zusammenfassung der Praxis" in jedem Abschnitt der Lehrrede immer wieder ausdrück-

---

[194] Zitiert aus dem Beitrag zum Stichwort *Ariya-puggala* (‚Vornehme' oder ‚Edle Personen'). Siehe Ausgewählte Literatur.

lich wiederholt, der Meditierende weile „in der Betrachtung des Entstehens von Phänomenen ... des Vergehens von Phänomenen ... oder des Entstehens und Vergehens von Phänomenen ...“ Oder er solle die Achtsamkeit darauf, daß „da ein Körper ist ... Sinnesempfindungen sind ... Geist ... Geistobjekte sind“, in sich **in dem Maß pflegen, in dem das für das Wissen und die Achtsamkeit notwendig ist.** Bei alldem kommt es also immer darauf an, mit voll bewußter Achtsamkeit das Entstehen und Vergehen aller Phänomene zu **erfahren**, aus der lebendigen Erfahrung der völligen Unbeständigkeit jeglichen Daseins zu leben und auf diese Weise jene unvermittelte, erlebnishafte Erkenntnis zu gewinnen, die Freiheit ist.

Soweit die eine Seite. Andererseits jedoch muß klar sein, daß zwar jede Übung für sich als Haupt- oder Grundübung für das formelle Üben genügt, jedoch ihre Praxis auch ein Stück weit das Einbeziehen der anderen Übungen erfordert. Das ist deshalb so, weil man, wie schon erklärt, gelegentlich eines Übungskurses auf bestimmte Übungen gelegentlich bewußt zurückgreift, um sie als Ergänzung der Hauptübung zu verwenden (zum Beispiel verbindet man die Geh-Meditation abwechselnd mit der Sitz-Meditation), und auch, weil man sich darum bemüht, während der Verrichtung ganz alltäglicher Dinge zwischen den ausdrücklichen Meditationszeiten ein höchstmögliches Maß an bewußter Achtsamkeit beizubehalten (indem man sich um die Wissensklarheit alle seiner Taten, Gedanken usw. bemüht).

Aber es gibt einen noch tieferen Grund dafür. Und zwar einfach den, daß alle Lebensprozesse – geistige wie körperliche – innerlich zutiefst miteinander zusammenhängen, und folglich unweigerlich eine ständige natürliche Wechselwirkung zwischen den vier Grundlagen der Achtsamkeit (Körper, Sinnesempfindungen, Geist und Geistobjekten) besteht, ein wechselseitiges Feedback, das mit dem Fluß der Phänomene kommt und geht, aber in größerem oder kleinerem Ausmaß immer vorhanden ist.

Die offensichtlichste Verknüpfung ist die enge Beziehung zwischen der Betrachtung des Körpers und der Betrachtung der Sinnesempfindungen (wovon wir schon in Abschnitt 2.3 dieses Kapitels gesprochen haben). Aber auch geistige Zustände und geistige Inhalte haben ihre körperlichen Entsprechungen, und umgekehrt haben körperliche Prozesse und Ereignisse ihre Auswirkung auf den Geist und die Gefühle (man zittert vor Angst, holt ein paarmal tief Luft, um bebende Nerven zu beruhigen usw.). Die Übung achtsamer Beobachtung muß mit all dem rechnen, denn immer geht es ja (bei der Einübung in jede der Grundlagen der Achtsamkeit) genau darum, die volle Bewußtheit dessen zu erlangen, was sich „hier und jetzt" abspielt, und es leidenschaftslos zu beobachten. Bei der Besprechung der Betrachtung des Geistes (in Abschnitt 2.4 dieses Kapitels) wurde darauf hingewiesen, daß man auch während der Betrachtung des Körpers die Bewußtheit seines jeweiligen Geisteszustandes beibehalten muß, um ungetrübte Bewußtheit zu gewährleisten. Falls ein plötzliches Gefühl der Angst oder der Begeisterung auftaucht und nicht auf der Stelle registriert wird, gibt der Meditierende nicht genügend acht.

Aus diesem Grund hat der Buddha in einer anderen sehr berühmten Lehrrede, der *Ānāpānasatisutta* oder der *Lehrrede über die Atmungs-Achtsamkeit*[195] eine ganze Unterweisung der Erklärung gewidmet, wie das ausschließliche Üben der Atmungs-Achtsamkeit, als Hauptübung verwendet, die anderen Grundlagen der Achtsamkeit vervollkommnet und so (in gewisser Hinsicht durch sich selbst, aber in Wirklichkeit unter Einbeziehung des gesamten Spektrums möglicher Objekte) zur höchsten Vollendung führt.

Die Unterweisung erklärt ganz kurz, daß die Atmungs-Achtsamkeit, wie wir wissen, eine Betrachtung des Körpers ist; daß das aufmerksame Achten auf die Qualität der Sinnesempfindungen, die sich während des Atmens einstellen, eine Betrachtung der Sinnesempfindungen ist; daß das Achten auf die damit einhergehenden geistigen Zustände eine Betrachtung des Geistes ist; und daß das Achten auf geistige Inhalte, und vor allem das Wahrnehmen ihrer Unbeständigkeit, also des Entstehens und Vergehens von Phänomenen, mit bewußter Achtsamkeit wahrgenommen, eine Betrachtung der Geistobjekte ist. Und so, sagt der Buddha,

„die Atmungs-Achtsamkeit, voll entfaltet und beharrlich ge-

---

[195] M 118; siehe Anm. 188.

übt, vervollkommnet die vier Grundlagen der Achtsamkeit; die vier Grundlagen der Achtsamkeit, voll entfaltet und beharrlich geübt, vervollkommnen die sieben Faktoren der Erleuchtung; und die sieben Faktoren der Erleuchtung, voll entfaltet und beharrlich geübt, bringen die Vollendung des Wissens und der Erlösung zustande".

7

DAS LETZTE: NIBBĀNA

Nachdem wir nun einigermaßen ausführlich die Wege und Mittel besprochen haben, die zu jenem höchst erstrebenswerten Ziel, dem *nibbāna*[196], führen sollen, wird man zu Recht einige genauere Informationen über dieses Ziel selbst erwarten. Hier ergibt sich jedoch, wie bereits mehrmals erwähnt, das Problem, daß das *nibbāna* selbst von solcher Natur ist, daß es jegliche analytische oder deskriptive Darstellung ausschließt. Das höchste Ziel, zu dem der Buddha hinführt, ist unerklärbar, weil es sich den verbal-begrifflichen Kategorien entzieht, auf die wir für unsere intellektuelle Kommunikation und unser Begreifen angewiesen sind. Folglich greifen jegliches Bemühen, das *nibbāna* innerhalb des Rahmens dieser Kategorien zu erklären, und jeglicher Versuch, es begrifflich zu fassen, prinzipiell ins Leere. Zudem ist all das unvermeidlich irreführend, denn wenn man versucht, das Unerklärliche in eine irgendwie intellektuell verständliche Form zu pressen – d. h. in irgendeine Art buchstäblich „begrifflicher" Kategorie –, läuft das immer wieder darauf hinaus (und ist tatsächlich in der Geschichte des buddhistischen Denkens immer wieder darauf hinausgelaufen), daß man es „erklärt", indem man es allen möglichen philosophischen, religiösen und linguistischen Deformierungen unterwirft, die alle durch das jeweilige kulturelle Umfeld oder die Tradition bedingt sind, denen sie entstammen.

Da gibt es zum Beispiel ziemlich oberflächliche Deutungen: Sie identifizieren kurzerhand das „nirvāna" mit dem Paradies (ohne große Unterschiede zu den Paradiesesvorstellungen der christlichen oder islamischen Eschatologie), oder sie erklären, es handle

---

196 Vgl. Anm. 9.

sich um ein mystisches Einswerden mit der Gottheit oder um die Verwirklichung der Ātman/Brahman-Identität (wie im Vedānta-Hinduismus) oder um ein völliges Zunichtewerden. Eine Vielzahl mehr oder weniger scharfsinniger „Interpretationen" dieser Art sind im Lauf der Jahrhunderte nicht nur von westlichen Buddhismus-Gelehrten vorgelegt worden, sondern auch Buddhisten selbst haben solche Auslegungen gegeben – Leute der Art, die eher theoretisieren, als *vipassanā* üben. So ist *nibbāna* „mit Daseinselementen" *(saupādisesa nibbāna)* verschiedentlich als metaphysische Erfahrung gedeutet worden, als mystisches Widerfahrnis, als hypnotischer Zustand, als zeitweiliges Zunichtewerden, als Zustand der Überbewußtheit (eines absoluten Alls oder eines absoluten Nichts); und *nibbāna* „ohne Daseinselemente" *(anupādisesa nibbāna)*, d. h. im Augenblick der Auflösung des Körpers, als ein Zustand bewußter Seligkeit, als paradiesische Ewigkeit, ewiger Schlaf, reines und einfaches Zunichtewerden, Zurücksinken in einen absoluten Urgrund, als endgültiges Einswerden mit einem Höchsten Bewußtsein, als Vernichtung des kleinen „Ich" in der Verwirklichung des großen „Selbst" usw. [197]

Dies alles steht in starkem Kontrast zur Haltung des Buddha selbst; er enthielt sich völlig des Theoretisierens und der metaphysischen Spekulation. Die großen Themen, mit denen von alters her die Philosophen und religiösen Denker ihren Geist beschäftigt haben, hielt er für unergiebige Fragen, die man am besten unbeantwortet läßt. Seiner Auffassung nach sollten die Leute nicht darauf die kostbare Zeit verschwenden, die sie besser und mit viel größerem Gewinn der Übung der *vipassanā* widmen könnten (man erinnere sich des zu Beginn von Kapitel 2 zitierten Vergleichs mit dem Giftpfeil). Alle Fragen wie: Ist die Welt ewig oder nicht, endlich oder unendlich? – Gibt es eine Seele oder ein Lebensprinzip? – Ist diese bzw. dieses identisch mit dem Körper? – Lebt jemand, der das *nibbāna* erlangt hat, nach dem Tod seines

---

[197] Einen Überblick über derartige Deutungen bieten Trevor Ling, *A Dictionary of Buddhismus* (siehe Ausgewählte Literatur); L. de la Vallée-Poussin, *Nirvana* (auf Französisch), Paris 1925; E. J. Thomas, *The History of Buddhist Thought*, London 1933 u. 1971.

Körpers in irgendeiner Form weiter, oder hört seine Existenz ganz auf? – alle Fragen dieser Art, sagte der Buddha, sind lediglich das Verfolgen und Sich-Anhängen an bloße Ansichten, „ein Dickicht von Ansichten, ein Marionettentheater von Ansichten, eine Plakkerei mit Ansichten, lauter Fallstricke von Ansichten"[198]. Sie helfen uns auf keine Weise dabei, jene „unerschütterliche Befreiung des Geistes" zu erlangen, die, wie er unermüdlich betonte, „der Gegenstand des heiligen Lebens ist, sein Wesen, sein Ziel"[199].

Indes, da man doch der Worte bedarf, um sich mitzuteilen und auszutauschen, konnte selbst der Buddha es nicht vermeiden, doch **irgend etwas** über das *nibbāna* zu sagen (gewöhnlich, um gegen falsche Vorstellungen darüber anzugehen). Sah er sich dazu gezwungen, so bediente sich der Buddha nur der einfachsten, nüchternsten Begriffe: *nibbāna*, und das ist der Kern der Sache, ist **das Ende alles Leidens**. Sinnvollerweise läßt sich keine andere positive Aussage darüber machen.

Andererseits kann man sich einigermaßen ausführlich darüber auslassen, was *nibbāna* **nicht ist**, um allen möglichen „Interpretationen" – die immer auf irgendeine Weise die Vorstellung vom *nibbāna* verkleinern – die Spitze zu nehmen und klar und deutlich hervorzuheben, daß es etwas ganz Einmaliges ist und absolut nichts mit alldem zu tun hat, was das begreifbare und vorstellbare Universum ausmacht:

„Es gibt, ihr Mönche, etwas, was weder Erde noch Wasser, noch Feuer, noch Luft ist; noch grenzenloser Raum, noch grenzenloses Bewußtsein; noch Nichtsheit, noch der Zustand von Weder-Wahrnehmen-noch-Nicht-Wahrnehmen; weder diese Welt noch eine andere Welt; weder Sonne noch Mond. Das, ihr Mönche, heiße ich weder Kommen noch Gehen, noch Bleiben; weder Sterben noch Geborenwerden. Es ist ohne Grundlage, ohne Entwicklung und ohne Stützpunkt. Das ist das Ende des Leidens."[200]

Wir hatten schon wiederholt Gelegenheit, anzumerken, daß es dem Buddha nie um Rhetorik ging, sondern daß er immer ganz

---

[198] M 2.
[199] M 29.
[200] Ud 8.1.

spezifische, konkrete Angaben machen wollte. Auch dieser Abschnitt ist durchaus keine feierliche Redewendung, die darauf abzielte, Ehrfurcht zu wecken und Eindruck zu machen (obwohl sie schon allzuoft dafür gehalten worden ist). Nein, auch sie will das Verstehen fördern, und daher erschließt sie einige ganz spezifische Inhalte. Betrachten wir sie deshalb etwas genauer.

Zunächst hebt sie ganz offensichtlich das *nibbāna* vom Bereich der physikalischen Materie ab, indem sie sagt, es habe absolut nichts mit den vier Urelementen (Erde, Wasser, Feuer und Luft) zu tun, aus denen nach uralter Überlieferung die Materie zusammengesetzt ist. Sodann schließt sie genauso den Bereich der Metaphysik aus, also alles, was jenseits der physikalischen Materie liegt: Uns wird gesagt, dem *nibbāna* lasse sich weder grenzenloser Raum noch grenzenloses Bewußtsein zuschreiben; auch könne man nicht sagen, es sei Nichtsheit, und auch nicht, es handle sich bei ihm um einen Zustand der Wahrnehmung oder der Nicht-Wahrnehmung. Die Aussage, daß das *nibbāna* mit rein gar nichts Vorstellbarem etwas zu tun habe, wird also stufenweise verschärft, und ihm wird zunehmend auch noch die unvorstellbarste Qualität abgesprochen. Dabei sollte man jedoch beachten, daß die letzten vier aufgezählten Kategorien in der sonstigen Lehre des Buddha eine ganz konkrete psychologische (jedoch nicht metaphysische) Bedeutung haben. Es sind die Entsprechungen zu den vier Erfahrungsstufen, auf die man bei den vier unkörperlichen Vertiefungen der *samatha*-Meditation gelangt [201]. Indem er ausdrücklich sagt, sie hätten nichts mit dem *nibbāna* zu tun, unterstreicht der Buddha noch einmal, daß man keinesfalls durch die Übung der Geistesruhe-Meditation zur letzten Erkenntnis und Erleuchtung gelangt.

Dann folgt eine weitere Reihe von Negativaussagen, die alle dem Zweck dienen, kompromißlos zu sagen, daß das *nibbāna* einer Dimension angehört, die völlig anders ist als diejenige, in der sich unser intellektuelles Auffassen von Dingen bewegt. Dieses arbeitet immer mit Gegensätzen: wir denken in Begriffen von

---

[201] Siehe Kapitel 5, Abschnitt 2.3.

Ja/Nein, Leben/Tod, hier/dort, Zeit/Ewigkeit usw. Aber das *nibbāna* hat weder mit „dieser Welt noch mit einer anderen Welt" etwas zu tun; es hat nichts zu tun mit „Kommen noch Gehen, noch Bleiben" (man beachte die Verschränkung zweier Gegensatzpaare: Kommen/Gehen und Kommen-oder-Gehen/Bleiben); es hat auch nichts zu tun mit „Sterben noch Geborenwerden". Mit anderen Worten, das Denkschema in Gegensätzen, das Entweder/Oder, läßt sich auf das *nibbāna* nicht anwenden. Daher kann man auch nicht sagen, weil es „ohne Grundlage, Entwicklung und Stützpunkt" ist, sei es einfach „Nichtsheit" oder „Nichts", denn auch der Begriff des „Nichts" bleibt innerhalb des Entweder/oder-Denkschemas (etwas/nichts). Zudem ist schon früher im Zitat gesagt worden, der Begriff der „Nichtsheit" sei völlig ungeeignet, um auf das *nibbāna* angewandt zu werden. Allerdings waren zu allen Zeiten diejenigen, welche sich nur von außen mit der Lehre des Buddha befassen (d. h., sie intellektuell zu verstehen versuchen, aber sie nie selbst üben), der starken Versuchung ausgesetzt, das *nibbāna* mit dem „Nichts" gleichzusetzen, d. h. der Lehre des Buddha die Qualität der absoluten Verneinung zuzuschreiben. Tatsächlich war das einer der häufigsten Vorwürfe, die schon zu seinen Lebzeiten seitens anderer religiöser Führer gegen seine Lehre erhoben wurden. Um zu zeigen, wie unbegründet dieser Vorwurf sei, erklärte der Buddha bei einer anderen Gelegenheit nachdrücklich:

„Es gibt, ihr Mönche, etwas, was nicht geboren noch gezeugt, noch gemacht, noch zusammengesetzt ist. Denn, o Mönche, gäbe es nicht dieses nicht Geborene, nicht Gezeugte, nicht Gemachte, nicht Zusammengesetzte, so gäbe es kein Entrinnen vor dem, was geboren, gezeugt, gemacht und zusammengesetzt ist. Aber, ihr Mönche, weil es dieses gibt, das nicht geboren noch gezeugt, noch gemacht, noch zusammengesetzt ist, gibt es ein Entrinnen vor dem, was geboren, gezeugt, gemacht und zusammengesetzt ist." [202]

Auch den Sinn dieser Worte muß man sorgfältig aufspüren.

---

[202] Ud 8.3.

Hier stellt der Buddha kategorisch fest, es gebe „etwas, was nicht geboren usw." ist, und daß es deshalb „ein Entrinnen vor dem, was geboren usw." ist, gebe. Das heißt, es gibt so etwas wie ein *nibbāna*, welches, wie wir wissen, das Ende alles Leidens bedeutet, das in allem, was geboren usw. ist, steckt. Das *nibbāna* ist nicht einfach „Nichts" (denn wie wir eben gesehen haben, ist diese Kategorie jedenfalls hier nicht anwendbar), sondern der Buddha erklärt wiederum, es sei „etwas", was völlig anders als die uns geläufige Welt des Geistes und der Materie sei. Dieses Mal formuliert er die Unterscheidung so ausführlich und verständlich wie nur irgend möglich. Früher hatte er klargestellt, daß das *nibbāna* weder physischer noch metaphysischer Natur sei. Jetzt sagt er uns, es habe absolut nichts und in keinerlei Weise etwas mit dem Gewebe wechselseitiger Beziehungen und Zusammenhänge, Ursachen und Wirkungen geistiger oder materieller Art zu tun, die das uns wahrnehmbare Universum ausmachen. Alles Existierende – von den Galaxien bis zu den Viren, von den kühnsten mathematischen Begriffen bis zu den primitivsten Instinkten – ist immer auf die eine oder andere Weise geboren, gezeugt oder gemacht oder jedenfalls zusammengesetzt (d. h. aus einer Vielzahl von Teilen oder Prozessen zusammengefügt). In diesem Sinn existiert das *nibbāna* nicht. Aber trotzdem ist es etwas Wirkliches und der erfahrungsmäßigen Erkenntnis Zugängliches („gäbe es nicht dieses nicht Geborene ... so gäbe es kein Entrinnen vor dem, was geboren ist. Aber weil es dieses gibt, was nicht geboren ... ist, gibt es ein Entrinnen vor dem, was geboren ist").

Aber wie vorhin bereits gesagt, hat selbst eine solch kategorisch positive Aussage schon zu Lebzeiten des Buddha und dann auch immer wieder bis heute viele Menschen nicht davon abgehalten, die Lehre des Buddha schlicht und einfach als „Nihilismus" zu etikettieren. Sie waren einfach nicht fähig oder willens, die Wirklichkeit eines begrifflich nicht definierbaren „Etwas" zu akzeptieren. Und sie zogen zur Bestätigung ihrer Deutung die Etymologie des Wortes selbst heran, denn sowohl das Sanskrit-Wort *nirvāṇa* als auch das Pali-Wort *nibbāna* leiten sich aus der Zusammensetzung der negierenden Vorsilbe *nir* mit der Wurzel *vā* („blasen") ab; *nirvāṇa* oder *nibbāna* würde also „mit Blasen aufhören" bedeuten, d. h. „erlöschen" wie eine Flamme, die keinen Sauerstoff mehr hat [203]. Die Antwort des Buddha darauf lautet folgendermaßen:

„In einem Sinn mag man zu Recht von mir sagen: ‚Der Mönch Gotama ist ein Nihilist. Er lehrt das Zunichtewerden und schult seine Jünger darin.' Ja, ich lehre das Zunichtewerden von Gier, Haß und Verblendung. Ich lehre das Zunichtewerden der vielen bösen und schädlichen Dinge. In diesem Sinn mag man zu Recht von mir sagen: ‚Der Mönch Gotama ist ein Nihilist. Er lehrt das Zunichtewerden und schult seine Jünger darin.'" [204]

Und er bekräftigte feierlich den positiven Wert des *nibbāna*, das Frieden und höchste Vollendung bringe:

„Das ist Friede, das ist das Höchste, nämlich das Ende aller Gestaltungen, das Loslassen jeglicher Daseinsgrundlage, das Auslöschen des Begehrens, das Verschwinden, das Aufhören, *nibbāna.*" [205]

Betrachten wir auch diese Aussage genauer, die wiederum nicht vor allem poetisch-inspirierend, sondern ganz konkret informativ ist. „Alle Gestaltungen" *(sankhāra)* meint alles Zusammengesetzte und Bedingte, das heißt alles, was unter die fünf Gruppen des Anhangens fällt (wie in Abschnitt 2.5.2.1 des Kapitels 6 dargestellt), die alles umfassen, was wahrgenommen und erkannt werden kann, was alles unbeständig und folglich eine Quelle des Leidens ist, solange man noch beharrlich an ihm festhalten will. Diese „Gruppen" zusammen mit dem ganzen Gewebe von Ursachen und Wirkungen, das sie bewirken, stellen die „Daseinsgrundlagen" dar, von denen es nach der Lehre des Buddha vier gibt:

1. die **fünf Gruppen des Anhangens** selbst;
2. **sinnliches Begehren**, und damit einhergehend das ganze

---

[203] Man hat auch schon andere Ableitungen vorgeschlagen, z. B. von der Wurzel *vr* (‚zudecken'): ein zugedecktes Feuer bekommt keine Luft mehr und erlischt. Bei den alten Kommentatoren ist die Ableitung von *vana* (‚Wald') beliebt: *nir + vana = ‚*ohne Wald', d. h. ohne Brennholz. Bei allen Deutungen dreht es sich um den gleichen Sinn: das Auslöschen eines Feuers.
[204] A 8.12.
[205] A 3.32.

Wechselspiel von „Wollen" und „Nichtwollen", welches die Wurzelursache des Leidens ist;

3. die sogenannten **zehn Befleckungen** (es handelt sich dabei wie bei allen anderen Klassifizierungen um eine Weise, zum Zweck der Erklärung und Unterweisung die Haupthindernisse und schädlichen Qualitäten, die wir in uns selbst überwinden müssen, übersichtlich zusammenzustellen; man wird feststellen, daß manche von ihnen bereits bei anderen Zusammenfassungen aufgetaucht sind). Es sind: **Gier, Haß und Verblendung** (die drei „Wurzeln der Existenz", wobei Gier und Haß zwei Aspekte des Anhangens darstellen – Wollen–Nichtwollen –, welches seinerseits der Verblendung entstammten, dem Fehlverständnis, das Unbeständige sei bleibend, was zum Begehren danach führt), **Dünkel** (wir haben ihn schon als eine der „Fesseln" kennengelernt) und **spekulative Ansichten** (eine Folge der Fessel der Unwissenheit), **Zweifel** (ebenfalls bereits an anderer Stelle als Fessel und Hemmung eingeordnet), **Stumpfheit** und **Aufgeregtheit** (weitere zwei der fünf Hemmungen) und schließlich noch zwei ethische Gesichtspunkte, die **Schamlosigkeit** (beschrieben als „Fehlen moralischer Scham", also Skrupellosigkeit) und die **Gewissenlosigkeit**, oder Mangel an moralischer Furcht (d. h. sich nicht fürchten vor verhängnisvollen Folgen für sich selbst und andere, wenn man sich böse oder schädlich verhält);

4. **kamma**: es ist wichtig, *kamma* (oder *karma*, was die in den westlichen Sprachen geläufige Sanskrit-Form des Wortes ist) als **Tat** zu verstehen. Genaugenommen handelt es sich bei *kamma* um eine Willensregung, einen Willens**akt** samt den dazugehörigen mentalen und affektiven Faktoren. Der Akt mag nicht über die mentale Sphäre hinausgehen (also lediglich Wunsch, Absicht, Neigung usw. bleiben), oder er mag sich in Wort und Tat äußern. Jedenfalls handelt es sich auf allen Ebenen (selbst auf der rein mentalen, nicht geäußerten) immer um eine Tat, immer um *kamma*, was – infolge des Gesetzes von Ursache und Wirkung – auch immer bestimmte Folgen zeitigt (*kamma vipāka*, wörtlich: „Heranreifen der Tat"), die wiederum ihre Auswirkungen auf unser nachfolgendes Dasein haben.

Sodann hebt der Buddha die wesentlichen Punkte hervor: notwendig ist es, „das Auslöschen des Begehrens" zustande zu bringen, dieses Begehrens, das zusammen mit der mit ihm verbundenen Anhänglichkeit die Wurzel und Quelle unserer Probleme ist (man erinnere sich des dazu Gesagten in Kapitel 2, Abschnitt 3.2). Ferner ist „das Verschwinden, das Aufhören" notwendig. Das wichtige Wort für „Verschwinden", *viraga*, heißt, wörtlich übersetzt: „die Farbe verlieren, verblassen" und weist einerseits auf die Tatsache, daß alle Phänomene wieder verblassen und verschwinden, und andererseits darauf, daß auch unser Begehren nach diesen vergänglichen Phänomenen und unsere Anhänglichkeit an sie in dem Maß schwindet, indem man nach und nach durch direktes experimentelles Verstehen die Unbeständigkeit ihrer Natur wahrnimmt. Wegen dieser zweiten Bedeutung wird das Pali-Wort oft auch als „Loslösung" oder „Leidenschaftslosigkeit" übersetzt. Aber da man hierdurch leicht eine der beiden Bedeutungen aus dem Auge verliert, ist das genauere „Verschwinden" vorzuziehen.

Beim „Aufhören" schließlich, einem häufigen Synonym für *nibbāna*, handelt es sich natürlich um das Aufhören der Verblendung und Unwissenheit infolge des vollen Verstehens der hinfälligen Natur „aller Gestaltungen". Sobald man dieses Verständnis tatsächlich voll und ganz erworben hat, hört die Anhänglichkeit ganz auf, denn man sieht dann buchstäblich, daß es nichts gibt, an das man sich hängen könnte. Hört aber die Anhänglichkeit auf, dann gibt es auch keine Angst, keine Sorge und kein Unglücklichsein mehr. Das ist das Ende des Leidens. Das ist *nibbāna*.

Der Umstand, daß sich hinsichtlich des Wesens oder der Eigenart des *nibbāna* keine zufriedenstellende begriffliche Formulierung finden läßt, hat jedoch nicht zur Folge, daß das *nibbāna* nicht von Grund auf das gesamte Dasein desjenigen, der es erfährt, prägen könnte. Im Gegenteil: wir haben bereits in Kapitel 3 gesagt, daß der Mensch, welcher dank der Entfaltung des Klarblicks die Erlösung im *nibbāna* erlebt, fortan auf eine spezifisch andere Art lebt. Selbst die alltäglichsten Verrichtungen und allergewöhnlichsten Vorgänge erfährt und verarbeitet er auf eine

Weise, die ganz anders ist als bei uns, die wir von zahllosen Wünschen, Abneigungen und Täuschungen konditioniert sind. Aus diesem Grund habe ich im Verlauf dieses Buches wiederholt von der Erlangung der Einsicht als von einer totalen Integration gesprochen, die die menschliche Psyche von Grund auf neu strukturiert und unsere üblichen intellektuellen und affektiven Gewohnheiten nachhaltig verändert. Natürlich bleibt auch all das, was ich damit sage, sehr unvollkommen und allgemein. Anders kann ich es jedoch kaum versuchen, das deutlich auszudrükken, was ich sagen will: die Vorstellung zu vermitteln, daß es sich beim Zustand oder der Erfahrung des *nibbāna* um etwas ungemein Positives handelt, um einen Zustand, den man (wie schon am Schluß von Kapitel 3 erklärt) als einen höheren Bewußtseinszustand beschreiben könnte. Er zeichnet sich aus durch eine Haltung völliger Verfügbarkeit und Offenheit gegenüber seinen Mitmenschen, in der Fülle der vier Kardinaltugenden des Buddhismus: Mitleid, Mitfreude, Güte (oder universale Liebe) und vollkommener Gleichmut (welcher die wesentliche Grundlage der übrigen drei ist). Ich werde auf diese Tugenden oder – wie man sie in der traditionellen Terminologie nennt – erhabenen Weilungen im nächsten Kapitel zurückkommen. Zuvor jedoch möchte ich diese kurzen Äußerungen über das *nibbāna* abschließen mit Zitaten von drei modernen Buddhismus-Gelehrten, die am besten seine vitale Bedeutung erfaßt und ins Wort gebracht haben [206]:

„Zum überschäumenden Optimismus der frühen Buddhisten trägt es die kostbare Stimmung des Friedens und der Ruhe, der vollkommenen Leidenschaftslosigkeit und somit des höchsten Glückes bei" (T. W. Rhys Davids).

„Nur vom Begriff her ist Nirvāṇa etwas Negatives; doch von

---

[206] T. W. Rhys Davids, *Early Buddhism*, S. 73; R. Otto, *Das Heilige* (1917), zitiert von F. Heiler in *Die buddhistische Versenkung*, München 1922; Rune Johansson in *The Psychology of Nirvana* (siehe Ausgewählte Literatur). Johanssons Werk ist für das Verständnis des *nibbāna* äußerst hilfreich. Es stützt sich auf eine erschöpfende Analyse der Pali-Quellen und ein gediegenes psychologisches Wissen (der 1981 verstorbene schwedische Autor war sowohl Pali-Gelehrter als auch ein bedeutender Forschungspsychologe).

der Gemütsstimmung her ist es im Höchstmaß eine positive Wirklichkeit" (R. Otto).

„*(Nibbāna)* ist ein Zustand der Erfüllung, in dem alle Bedürfnisse und Emotionen verschwunden sind, ein Zustand stiller Zufriedenheit und völliger intellektueller Einsicht. Es ist ein Zustand innerer Freiheit, bar jeglicher Abhängigkeit, Unsicherheit und Abwehrhaltung. Das ethische Verhalten ist zur zweiten Natur geworden, und die Einstellung anderen gegenüber ist: Freundlichkeit, Annahme und Demut" (Rune Johansson).

8

GÜTE UND GLEICHMUT

1 In Kapitel 4 (Abschnitt 4.6) haben wir schon kurz beschrieben, wie sich die vier erhabenen Weilungen als Meditationsgegenstände zur Entwicklung der Konzentration verwenden lassen. In Kapitel 5 haben wir bei der Erörterung der Geistesruhe-Meditation erläutert, daß sich drei dieser erhabenen Weilungen – Güte, Mitleid und Mitfreude – für die Erlangung der dritten Vertiefung verwenden lassen, während sich der Gleichmut besonders als Ausgangsbasis zum Erwerb der vierten Vertiefung eignet, die sich genau durch das Vorherrschen dieser Qualität auszeichnet. Damit ist der Gebrauch der vier erhabenen Weilungen sozusagen als „technischer Hilfsmittel" für die Einübung der Konzentration zur Erlangung bestimmter Stufen der Geistesruhe-Meditation abgedeckt. Aber es wurde schon seinerzeit darauf hingewiesen, daß das eigentlich Wichtige an diesen erhabenen Weilungen, die man die Kardinaltugenden des Buddhismus nennen könnte, der Umstand ist, daß sie von grundlegender Bedeutung für die moralische und spirituelle Entwicklung des Meditierenden sind. Das ist wichtig nicht nur für die Entwicklung der Geistesruhe, sondern vor allem auch für den zunehmenden Erwerb von Klarblick.

Es ist jetzt an der Zeit, über diesen Gesichtspunkt einiges zu sagen, und ich werde mich dabei ganz besonders auf zwei dieser vier Weilungen beziehen, nämlich die Güte und den Gleichmut. An dieser Stelle ist es unnötig, eigens noch die anderen beiden zu erörtern, denn (wie bereits in Kapitel 4 gesagt) die Güte oder *mettā* als vollste Ausdrucksform der selbstlosen Liebe für seine Mitmenschen, enthält in sich sowohl das Mitleid als auch die Mitfreude (beides sind ihre spezifischen Ausdrucksformen gegenüber den

Leiden und den Freuden anderer). So trifft alles, was über die Güte hier gesagt werden kann gleich auch auf Mitleid und Mitfreude zu. Was *upekkhā*, den Gleichmut, betrifft, genügt schon kurzes Nachdenken, um seine grundlegende Wichtigkeit aufzuzeigen: ein gleichmütiger Geisteszustand, beeinträchtigt weder von Anhänglichkeit noch von Abneigung, ist die einzig mögliche Wurzel wirklich selbstloser Liebe, also echten Altruismus. Besprechen wir ihn also zuerst.

2 Gleichmut *(upekkhā)*

Wie bereits in Kapitel 4 angedeutet, gehört der Gleichmut sowohl zu den Mitteln für die Befreiung als auch zu den Merkmalen der erlangten Befreiung. Seine Funktion als eines der Mittel haben wir bereits gesehen, als es um den Gebrauch der erhabenen Weilungen als Meditationsgegenstände ging, um damit die geistige Sammlung zu entwickeln. In Kapitel 4 wurde erklärt, wie man den Gleichmut einübt: Nach der einleitenden Erwägung (im Fall des Gleichmuts bezieht sie sich darauf, wie schädlich die Gemütsbewegung ist und wie segensreich ein besänftigter, friedvoller Geist) übt man den Gleichmut, indem man sich verschiedene Arten von Menschen vorstellt, denen gegenüber man auf unterschiedliche Weisen affektiv eingestellt ist. Man beginnt mit jemandem, für den man lediglich neutrale Gefühle hegt (dem gegenüber es am leichtesten ist, Gleichmut einkehren zu lassen und ihn aufrechtzuerhalten), wendet sich dann jemandem zu, den man liebt, und schließlich entwickelt man jemandem gegenüber Gleichmut, gegen den man eine eindeutige Abneigung empfindet (was dann die schwierigste Stufe ist). Bei dieser Übung verfolgt die Entwicklung des Gleichmuts zwei Zwecke. Der erste besteht darin, daß er bei der Entfaltung der Geistesruhe (d. h. bei der Übung der *samatha*-Meditation) ein Mittel ist, um in die vierte Vertiefung einzutreten und in ihr zu verweilen; zum Wesen dieser vierten Vertiefung gehört eben der Gleichmut zusammen mit der Reinheit der Achtsamkeit. Der zweite Zweck ergibt sich daraus, daß die Entfaltung des Gleichmuts spürbare Folgen für das Alltagsleben des Betreffenden hat. Denn mag auch diese Übung nicht jene unwiderrufliche Umwandlung der Psyche bewirken, die man durch die Klarblicks-Meditation erreichen kann, so beeinflußt dennoch die intensive Erfahrung des Gleichmuts während des Zustands der Vertiefung ganz unvermeidlich grundsätzlich das mentale und emotionale Gleichgewicht des Übenden, und das auch dann noch, wenn er aus der Vertiefung wieder herausgetreten und zu einem „normalen" Bewußtseinszustand zurückgekehrt ist. Das ist besonders dann der Fall, wenn der Meditierende, von der Vertiefung ausgehend, die Übung der „Erweiterung" gemacht hat, bei der der Gleichmut nicht mehr nur auf bestimmte Einzelpersonen hin gepflegt, sondern auf alle Lebewesen ausgedehnt wird. Es handelt sich dabei um eine schrittweise Ausdehnung der entwickelten ausgeglichenen Achtsamkeit gleichmäßig in alle Richtungen des Raumes hinaus, damit sie alle darin befindlichen Wesen erfaßt. Eine ausführlichere Beschreibung dieser Übung der Erweiterung wird in Kürze folgen, und zwar im Zusammenhang mit der Einübung in der Güte. Es ist angemessener, sie im dortigen Zusammenhang zu behandeln, denn in ihrer weniger intensiven Form (d. h. ausgehend von der Zugangs-Sammlung und nicht von der vollen Sammlung) stellt die *mettā*-Meditation oder Meditation der Güte eine der häufigsten und beliebtesten Übungen in traditionell buddhistischen Ländern dar. In ihr wird eine selbstlos liebevolle Geisteshaltung eingeübt, und zum Ausdruck gebracht.

Im Hinblick auf das Endziel muß man sich immer vor Augen halten, daß der Gleichmut ein integraler Bestandteil der Erfahrung des *nibbāna* ist, denn jener höchste, „*nibbāni*sche" Bewußtseinszustand umschließt auch unter anderem die Fülle und Vollendung des Gleichmuts. Wenn man sich nun in Erinnerung ruft, daß die höchste Vollendung die Frucht des Klarblicks ist, den man durch *vipassanā*-Meditation erworben hat, sieht man leicht, wie eng der Zusammenhang zwischen Gleichmut und dem Fortschritt im Klarblick ist. Das sollte auch bereits aus dem bisher darüber Gesagten klar sein. In Kapitel 6 z. B. wurde immer wieder betont, wie wichtig es sei, jederzeit eine nicht-reaktive, gleichmütige Einstellung bei der Übung der Beobachtung der körperlichen und mentalen Phänomene beizubehalten. So ist also der Gleichmut sowohl ein Mittel für das Vorankommen als auch, indem man ihn immer mehr verstärkt, ein zunehmend vollkommenes Ziel. Das kommt daher, weil das direkte Wissen um die unbeständige und unpersonale Natur aller Prozesse (und die damit einhergehende Wahrnehmung der Tatsache, daß der Grund allen Leidens in der Unwissenheit liegt, d. h. in unkorrekter Wahrnehmung, die uns dazu verführt, das festhalten zu wollen, was uns durch die Finger rinnt) schon an sich eine Erfahrung des Gleichmuts ist, weil man dabei erfährt, wie man ganz positiv von seinem Festhaltenwollen freikommt. Der *arahant*, der voll verwirklichte Mensch, zeichnet sich durch unerschütterliches Gleichgewicht des Geistes und völlige Offenheit und Verfügbarkeit für die ihn umgebenden Mitmenschen aus.

3 Güte *(mettā)*

Güte als Betrachtungsgegenstand zur Entwicklung der Konzentration führt zu den ersten drei Vertiefungen der Geistesruhe-Meditation; das ist bereits in den Kapiteln 4 und 5 dargelegt worden. Doch die erhabenen Weilungen können zusätzlich weiterentwickelt werden durch die bereits im Zusammenhang mit dem Gleichmut genannte Übung der „Erweiterung". Hier setzt der Meditierende entweder auf der Stufe der vollen Sammlung oder der Stufe der Zugangs-Sammlung an und benützt die Energie des so konzentrierten Geistes dazu, mit der erhabenen Weilung, die er zunächst in sich selbst entwickelt hatte, seine ganze Umgebung in einem immer größeren Umkreis zu durchdringen. Diese Methode gleicht derjenigen, die man bei der in Kapitel 5 (Abschnitt 2.2.2) beschriebenen „Erweiterung des Bildes" verwendet hat. Der *Visuddhi Magga* greift wiederum zum Vergleich mit einem Pflüger, um sie zu beschreiben:

„Gleichwie der geschickte Landmann das zu pflügende Feld zuerst abteilt und dann pflügt, so auch beschränke man sich zuerst auf eine einzige Behausung und entfalte die Güte zu den dort wohnenden Wesen, in der Weise: ‚Mögen die Wesen in dieser Behausung frei sein von Haß usw.!' Hat man darauf seinen Geist weich und geschmeidig gemacht, so umfasse man zwei Behausungen und dann, der Reihe nach drei, vier, fünf, sechs, sieben, acht, neun und zehn Behausungen, dann eine Straße, ein halbes Dorf, ein ganzes Dorf, eine Gegend, ein Land, eine Himmelsrichtung. Und indem man so eine Weltsphäre oder ein noch größeres Gebiet umfasse, entfalte man die Güte zu den jedesmal dort lebenden Wesen."[207]

Das ist nicht die einzige Formel für die Erweiterung der Güte, um mit ihr seine Umgebung und immer fernere Bereiche zu durchdringen. Praktisch kann jedermann auf ähnliche Weise eine ihm entsprechende Gedankenkette flechten, denn die hier verwendeten Wörter oder Begriffe (wie „Behausung", „Straße" usw.) dienen lediglich dazu, den Geist auf ganz konkrete Bereiche und Situationen hinzulenken; sie wollen den Fluß wohlwollender geistiger Energie auf bestimmte Ziele hin kanalisieren, damit man sich nicht in der bloßen Sentimentalität vager guter Absichten ohne ein bestimmtes Ziel ergeht. Eine oder zwei andere klassische Formeln sollen die Vorgehensweise noch genauer illustrieren. Eine dieser Formeln führt den Meditierenden nicht schrittweise in immer weitere Räume, sondern in immer neue Kategorien von Lebewesen:

„Mögen alle Frauen frei sein von Haß, Bedrückung und Beklemmung, mögen alle gücklich sein! Mögen alle Männer ... alle, die auf dem Weg zur Erleuchtung fortschreiten ... alle, die nicht auf dem Weg zur Erleuchtung fortschreiten ... alle Lebewesen in Zuständen der Seligkeit ... alle Menschenwesen ... alle Lebewesen in Zuständen des Elends ... frei sein von Haß, Bedrückung und Beklemmung, mögen alle glücklich sein!"[208]

Eine andere sehr geläufige *mettā*-Meditation besteht im Durchdringen der zehn Richtungen des Raumes (d. h. der vier Kardinalpunkte, der vier Zwischenpunkte und oben und unten). Sie läßt

---

[207] VDM IX, 320 (365).
[208] VDM IX, 310 (353). Diese Formulierung muß man im Licht dessen erwägen, was über die Wiedergeburt und die verschiedenen möglichen Stufen des Daseins gesagt worden ist (vgl. Kapitel 4, Abschnitt 4.3.6 und Kapitel 6, Abschnitt 2.6). Je nachdem, ob der angesammelte ,Bodensatz' aus vergangenen Taten eher positiv oder negativ geprägt ist, kann die Wiedergeburt auf einer Stufe stattfinden, die höher (,Zustände der Seligkeit') oder niedriger (,Zustände des Elends') als das menschliche Dasein ist.

sich am besten in direktem Anschluß an eine Sitzung in Geistes-
ruhe- oder Klarblicks-Meditation üben, um seinen darin erreichten stillen, konzentrierten Geisteszustand auszunützen. Hier
erzeugt und entwickelt der Meditierende in sich die Gedanken
Güte zu allen Lebewesen, bis er sich ganz von liebevoller Güte
durchströmt fühlt. Dann strahlt er diese liebevollen Gedanken
grenzenlosen Wohlwollens zu allen Lebewesen in alle Richtungen
hinaus aus, indem er sagt: ‚Mögen alle Lebewesen im Osten ... im
Westen ... (und so weiter) frei sein von Haß, Bedrückung und Beklemmung, mögen sie glücklich sein!‘" [209]

Eine der schönsten und charakteristischsten Meditationen in
liebevoller Güte findet sich in einer berühmten Lehrrede des
Buddha zu diesem Thema, der *Lehrrede über die Praxis liebevoller
Güte* (*Karaṇīyamettāsutta*[210]:

„Mögen alle Lebewesen glücklich sein,
gleich welcher lebender Natur.
Ob schwach oder stark, keines ausgenommen,
ob lang oder breit,
mittelgroß oder kurz, zart oder grob;
alle, die man sehen kann, und alle unsichtbaren,
alle nahen und alle fernen,
alle bereits geborenen und alle, die noch geboren werden,
alle Lebewesen mögen glücklich sein!
Laß keins das andere betrügen,
noch irgendeines aus irgendwelchem Grund verachten,
noch laß ein Lebewesen einem andern Böses wünschen,
sei's aus Ärger oder aus Gefühl des Hasses.
Wie eine Mutter ihr Leben gibt,
um ihr einziges Kind zu schützen,
so soll man seinen Geist grenzenlos weiten
für alle, alle Lebewesen.
Mit liebevoller Güte für die ganze Welt

---

[209] VDM IX, 309–10 (353–354).
[210] Sn 1.8. (Vergleiche die deutsche Übersetzung des Ehrw. Nyanaponika in
„Sutta Nipata" (siehe Ausgewählte Literatur)

soll man seinen Geist grenzenlos weiten,

nach oben, unten und im Kreis,

von Herzens-Enge, Haß und Feindschaft frei."

Wie der Gleichmut, und aus den gleichen Gründen, ist die Güte sowohl ein Mittel zur Erlangung der Verwirklichung als auch ein Endergebnis dieser Verwirklichung. In der Geistesruhe-Meditation ist ihre Funktion als Mittel noch eher vordergründig, in der Klarblicks-Meditation jedoch ist die selbstlose Liebe zu allen Lebewesen der natürliche Ausdruck der Stufe des erlebnishaften Verstehens und der Verwirklichung, die der Meditierende erlangt hat. Das großartigste Beispiel dafür ist natürlich des Buddha eigene Entscheidung, nach seiner Erleuchtung anderen Menschen ebenfalls dazu zu verhelfen, und die völlig selbstlose Weise, auf die er die weiteren vierzig Jahre seines Lebens der Aufgabe widmete, andere das zu lehren, was er selbst gelernt hatte, damit es allen Lebewesen gutgehe. Das ist eine Entscheidung, die jeder von uns ebenfalls zu treffen versuchen kann, indem er soweit wie möglich die Qualitäten in sich entwickelt, die in nüchtern-beredter Weise im *Visuddhi Magga* beschrieben werden. Es geht dabei um die Einstellung und das Verhalten jener „großen Wesen", die die volle Erleuchtung erlangt haben, also der *arahants:*

„Weil nämlich die Großen Wesen auf aller Wesen Wohl bedacht sind, der Wesen Leiden nicht dulden, den besonderen Glückszuständen der Wesen lange Dauer wünschen und zu allen Wesen – da sie keiner besonderen Seite zuneigen – gleiche Gesinnung hegen, darum geben sich alle Wesen zu ihrer Beglückung Gaben, ohne zu prüfen, ob diese oder jene der Gaben würdig sind oder nicht. Indem sie es vermeiden, die Wesen zu verletzen, befolgen sie die Sittlichkeit. Um die Sittlichkeit zur Vollendung zu bringen, üben sie Entsagung. Um hinsichtlich dessen, was für die Wesen heilsam und unheilsam ist, die Unverblendung zu erreichen, läutern sie ihr Wissen. Dem Heile und Wohle der Wesen zuliebe strengen sie beständig ihre Willenskraft an. Haben sie aber durch höchste Willenskraft selbst die Heldenhaftigkeit erreicht, so sind sie dennoch voll Nachsicht gegen die vielartigen Verfehlungen der Wesen. Ein gegebenes Versprechen, etwas zu geben oder zu tun, brechen sie nicht. Mit unerschütterlichem Entschlusse wirken sie zum Heile und Wohle der Wesen. Mit unerschütterlicher Güte geben sie ihnen den Vorrang. In ihrem Gleichmute erwarten sie keine Gegendienste."[211]

---

[211] VDM IX, 325 (371).

9

DIE HEUTIGE PRAXIS DER VIPASSANĀ-MEDITATION

1 Seit Anfang des 20. Jahrhunderts haben Lehre und Praxis der traditionellen buddhistischen Meditation eine beträchtliche Weiterentwicklung erfahren, und zwar in zwei wichtige Richtungen. Zum einen hat die ausschließliche Praxis der *vipassanā*-Meditation entschieden zugenommen (auf Sinneswahrnehmungsübungen gegründet [212], ohne sie mit der *samatha*-Meditation zu kombinieren, wie das in der Vergangenheit üblich war. Das bedeutet, man hat sich zunehmend auf das direkte Erlangen von Erkenntnis durch die Entfaltung des Klarblicks konzentriert, ohne das mit der methodischen Einübung der Geistesruhe zu verbinden. Zum andern sind sehr viel mehr Laien in die *vipassanā*-Meditation eingestiegen, und zwar nicht nur in stetig zunehmender Zahl als Schüler, sondern auch als Laien-Meditationsmeister. Beide Entwicklungen hängen innerlich zusammen und sind Äußerungen eines Gesamttrends: der Anpassung an die in der modernen Welt vorherrschenden Bedingungen sowie des Eingehens auf die wachsende Nachfrage nach diesen einfachen und effektiven Methoden geistiger Kultur.

Traditionellerweise war die buddhistische Meditation etwas, was man im dafür günstigen Rahmen eines zurückgezogenen, wohlregulierten Klosters übte. Die Meister waren immer Mönche, und auch die große Mehrzahl ihrer regulären Schüler waren Mönche und Nonnen. Außerdem (wie in Kapitel 3 erklärt) lernten und übten die Schüler traditionellerweise nicht nur *vipassanā*, um den Klarblick zu erwerben, sondern auch *samatha*, um die Geistesruhe zu entwickeln. Der Grund dafür, daß man beide

---

[212] Siehe Kapitel 4, Abschnitt 2 und³ Kapitel 6, Abschnitt 1.

Techniken kombinierte, ist ganz einfach: Da die abstrahierenden Übungen der Geistesruhe-Meditation hohe Grade geistiger Sammlung erfordern und die beschriebenen positiv veränderten Bewußtseinszustände hervorbringen, stellen sie eine hervorragende Möglichkeit dar, den Geist kontrollieren und entwickeln zu lernen, wodurch er ausgezeichnet für das konsequente Streben nach Klarblick disponiert wird. Treffend hat darauf der Ehrwürdige Nyāṇaponika hingewiesen:

„In den Vertiefungen erlangt der Geist ein sehr hohes Maß an Sammlung, Reinheit und Ruhe und rührt tief hinab in die unterbewußten Quellen der Intuition. So vorbereitet, führt die darauffolgende Phase der Klarblicks-Meditation ziemlich sicher zu rascheren und solideren Ergebnissen." [213]

Doch das Problem bei der *samatha*-Meditation ist, daß man für sie normalerweise – wenn man von den relativ seltenen Fällen von Menschen absieht, die in dieser Hinsicht außergewöhnlich begabt sind – ziemlich viel Zeit braucht, um bedeutungsvolle Fortschritte zu machen; man muß frei von Ablenkungen sein und sich in einer ruhigen, gesammelten Umgebung aufhalten. Darüber verfügt zweifellos ein Mönch oder Eremit in ausreichendem Maß – weil er ja ausdrücklich daraufhin sein Leben gestaltet –, ein Laie hingegen hat meistens beträchtliche Schwierigkeiten damit, sich eine einigermaßen hilfreiche Umgebung einzurichten und sie aufrechtzuerhalten. In unserer schnellebigen Zeit mit ihren unzähligen Ablenkungen und immer komplexeren Problemen können sogar die Lebensbedingungen eines Mönches alles andere als ideal dafür sein. Aus diesem Grund wird zwar in vielen buddhistischen Klöstern die traditionelle Praxis, beide Arten der Meditation miteinander zu kombinieren, fortgeführt, aber gleichzeitig ist vielerorts eine bemerkenswerte Zunahme der reinen *vipassanā*-Meditation festzustellen; sie eignet sich besser für unsere Zeit und ist weniger schwierig mit den Zwängen eines Lebens in der Welt zu vereinbaren.

Die steigende Zahl von Laien, die sich ernsthaft auf die Übung

---

[213] HBM S. 103.

der *vipassanā*-Meditation einlassen, ist ein typisch modernes Phänomen, hat aber seine soliden Wurzeln in der alten Tradition. Tatsächlich hat sich der Buddha bereits in seinen frühesten Anfängen mit seiner Lehre nicht nur an Yogis, Reklusen und Mönche gewandt, sondern auch an Laien in allen Bevölkerungsschichten, von Königen und Prinzen über Händler bis zu Bauern und Barbieren, von Millionärsfrauen über gewöhnliche Hausfrauen bis zu Prostituierten. Aus den Lehrreden erfahren wir immer wieder, daß die Ortsbevölkerung alsbald herbeiströmte, auf seine Lehre hörte und die Meditation lernen wollte, wenn er in eine Stadt oder in ein Dorf kam (das erste, was er ihnen beibrachte, war gewöhnlich das Achten auf das Atmen). Eine Anzahl von ihnen wurde natürlich bewegt, das Familienleben aufzugeben und Mönch zu werden, aber bei vielen Gelegenheiten wird auch erzählt, daß jemand eine der vier Stufen der Erkenntnis erlangte (einschließlich der vollen Erleuchtung eines *arahant*[214], ohne jemals das Leben in der Welt aufgegeben zu haben. Auch ist es in buddhistischen Ländern bei Laien immer der Brauch (auch heute noch), die wichtigsten religiösen Feiertage (wie z. B. das Vollmondfest im Mai, den höchsten Feiertag des buddhistischen Kalenders, an dem die Geburt, die Erleuchtung und das *parinibbāna*[215] des Buddha gefeiert werden) zu begehen, indem man das nächstgelegene Kloster aufsucht, nicht nur um den verschiedenen Zeremonien beizuwohnen, sondern auch um Einkehrzeiten von kürzerer oder längerer Dauer mitzumachen (wozu auch zeitlich begrenzte Gelübde der Keuschheit, der Enthaltsamkeit usw. gehörten), in denen die Klarblicks-Meditation eingeübt wird. Ja mehr noch: in Ländern wie Thailand ist es bis heute allgemein der Brauch, daß Teenager oder sogar schon Kinder drei Monate lang oder länger als zeitweise Novizen in einem Kloster mitleben. Das gehört dort zum normalen Sozialisierungs- und Erziehungsprozeß auf das Erwachsenwerden hin, und dabei wird genau dieselbe sittliche und geistige Disziplin einschließlich der Meditation einge-

---

[214] Siehe Kapitel 6, Abschnitt 2.6.1.
[215] Siehe Kapitel 6, Abschnitt 2.6.1.5.

übt wie bei den *sāmaṇeras*, d. h. den Langzeit-Novizen, die sich auf die volle Mönchsweihe vorbereiten.

Dies alles illustriert die zu Beginn dieses Buches gemachte Aussage, daß die Übung der Meditation das Herzstück der Lehre des Buddha ausmache, und in diesem Zusammenhang muß man auch die heutige zunehmende Verbreitung der *vipassanā*-Übung unter Laien in der Welt sehen. Ganz besonders hat sich diese Bewegung Anfang dieses Jahrhunderts in Birma entfaltet, und seither hat sie sich gewaltig auf andere Länder ausgebreitet, zunächst in Asien, und dann auch nach Europa, Amerika und Australien.

Später in diesem Kapitel werde ich diese „Laienbewegung" genauer vorstellen, indem ich die Methoden von U Ba Khin beschreibe, ihres weitaus bekanntesten Vertreters, der gleichzeitig hoher Regierungsbeamter in Birma war, und diejenige seines Nachfolgers S. N. Goenka, der vom Wirtschaftsboß zum Meditationsmeister wurde. Doch zuvor wird es nützlich sein, die *vipassanā*-Meditation zu beschreiben, wie sie auch in unseren Tagen immer noch innerhalb der Mönchstradition von einem anderen führenden Meditationsmeister, dem Ehrwürdigen Mahāsi Sayadaw, gelehrt wurde. Als Haupt des „Thathana Yeiktha", des großen Meditationszentrums in Rangun, sah er sich nicht nur vor die Aufgabe gestellt, andere Mönche zu unterweisen, sondern auch viele Weltmenschen, darunter zahlreiche aus dem Westen. So wurde er zu einer der Hauptquellen für die Ausbreitung der *vipassanā*-Meditation in der heutigen Welt [216].

2 Der Mönch Mahāsi Sayadaw (1904–1982)

2.1 Der Mensch
Bevor er ein führender Meditationsmeister wurde, war der Ehrwürdige Mahāsi Sayadaw bereits als großer Gelehrter und Professor für Pali-Schriften bekannt. Geboren in einer ländlichen Gegend, besuchte er ab seinem sechsten Lebensjahr die örtliche Klosterschule in seinem Heimatdorf, und mit zwölf wurde er als

---

[216] Über die historische Bedeutung von Mahāsi Sayadaw und die birmanische Methode der Einsichts-Meditation siehe HBM Kapitel 5.

Novize aufgenommen. Er wurde Mönch, als er gerade zwanzig war, dem frühesten Alter, zu dem die Mönchsweihe möglich ist, und erhielt den Namen Sobhana (das ist sein offizieller Mönchsname, während Mahāsi Sayadaw lediglich ein Ehrentitel ist, unter dem er jedoch allgemein bekannt wurde). In den darauffolgenden Jahren widmete er sich den höheren Studien in Pali und buddhistischer Lehre, erwarb die höchsten wissenschaftlichen Auszeichnungen und lehrte selbst einige Zeit lang diese Fächer.

Doch eines Tages, als er achtundzwanzig Jahre alt war, verspürte er den drängenden Wunsch, seinen Einsatz vom Gebiet bloßen intellektuellen Verstehens und Erörterns auf dasjenige intensiver Praxis zu verlegen. So machte er sich mit nichts als den Requisiten eines Wandermönchs (das sind im wesentlichen die Almosenschale und einige Gewänder) auf, verließ das angesehene Kloster, in dem er gelehrt hatte, und wanderte wie einer der frühen Schüler des Buddha umher, auf der Suche nach einem Meister, der ihn eine klare und wirksame Methode zur Praxis der Meditation lehren sollte. Er fand einen solchen Lehrer in der Person des Ehrwürdigen Mingun Jetawan Sayadaw (U Nārada Mahāthera, 1868–1955), der bekannt war als Neuschöpfer des Gebrauchs in unserer heutigen Zeit der alten Techniken der (in Kapitel 6 beschriebenen) vier Grundlagen der Achtsamkeit zur Einübung der Klarblicks-Meditation, d. h. also der *vipassanā*. Ich kann hierzu nichts Besseres tun, als das zu zitieren, was der Ehrwürdige Nyānaponika in *The Heart of Buddhist Meditation* geschrieben hat:

„Anfang dieses Jahrhunderts suchte ein birmanischer Mönch namens U Nārada, fest entschlossen, die Lehren, die er gelernt hatte, tatsächlich zu verwirklichen, intensiv nach einer Meditationsmethode, die den direkten Zugang zum Höchsten Ziel eröffnen könnte, ohne durch Nebensächlichkeiten beeinträchtigt zu werden. Er durchwanderte das Land und begegnete vielen, die sich strikter Meditationsübung widmeten, aber er fand keine ihn befriedigende Führung. Im Verlauf seiner Suche kam er zu den berühmten Meditationshöhlen in den Bergen von Sagaing in Oberbirma und traf dort einen Mönch, von dem es hieß, er habe diese erhabenen Pfade der Heiligkeit beschritten [d. h. die oben in

Kapitel 6, Abschnitt 2.6.1 beschriebenen Läuterungsstufen], welche das schließliche Erlangen der Befreiung gewährleisteten. Als ihm der Ehrwürdige U Nārada seine Frage stellte, fragte dieser dagegen: ‚Warum suchst du außerhalb der Worte des Meisters? Hat er nicht den Einzigen Weg, Satipaṭṭhāna, verkündet?' U Nārada nahm sich diesen Hinweis zu Herzen. Er vertiefte sich erneut in den Text und seine traditionelle Auslegung, dachte lange und tief darüber nach und widmete sich energisch seiner Umsetzung in die Praxis, bis er schließlich so weit kam, daß er seine springenden Punkte erkannte. Die Ergebnisse, die sein eigenes Üben zeitigte, überzeugten ihn davon, daß er gefunden hatte, was er gesucht hatte: eine klare und effektive Trainingsmethode für den Geist zur Erlangung der höchsten Verwirklichung. Aus seiner eigenen Erfahrung heraus entwickelte er die Grundsätze und Einzelheiten der Übung, die er dann der Unterweisung für alle zugrunde legte, die ihm als seine direkten oder indirekten Schüler folgten ... Er verschied am 18. März 1955 im Alter von 87 Jahren. Viele glauben, er habe die endgültige Befreiung (Arahatta) gefunden."[217]

Unter der Anleitung dieses äußerst kompetenten Meisters widmete sich Mahāsi Sayadaw dem intensiven Meditationstraining, das auf den vier Grundlagen der Achtsamkeit beruht, angefangen mit der Betrachtung des Körpers, und machte beträchtliche Fortschritte. Daraufhin kehrte er zu seinen gelehrten Studien und seiner Lehrtätigkeit zurück, ohne die Praxis von *vipassanā* zu vernachlässigen, und erwarb sich eine zunehmende Anerkennung als hochkarätiger Gelehrter. 1941, in achtzehnten Jahr seiner Mönchsweihe, beschloß er, in sein Heimatdorf zurückzukehren. Er ließ sich in einem dort gelegenen Kloster nieder und begann damit, systematische praktische Kurse in *vipassanā*-Meditation, ausgehend von den vier Grundlagen der Achtsamkeit, zu geben.

Viele Menschen, sowohl Laien als auch Mönche, kamen zu seinen Kursen und wurden durch seine Unterweisungen bereichert. Er wurde bald im ganzen Land als äußerst erfolgreicher Lehrer der Klarblicks-Meditation bekannt. Das ging so weit, daß schließlich

---

[217] HBM S. 85–86.

1949, kurz nachdem Birma unabhängig geworden war, U Nu, der erste Premierminister des Landes, den Ehrwürdigen Mahāsi Sayadaw bat, nach Rangun zu kommen und in Thathana Yeiktha, dem Hauptquartier der Nationalen Buddhistischen Gesellschaft, Intensivkurse zu geben. Von da an bis zu Mahāsi Sayadaws Tod 1982 im Alter von achtundsiebzig Jahren haben viele tausende Menschen im Zentrum von Rangun die Klarblicks-Meditation erlernt (bis 1973 waren dort bereits mehr als 15 000 Schüler unterwiesen worden), und buchstäblich hunderttausende sind in über hundert lokalen Zentren in ganz Birma unter Führung von Lehrern, die Mahāsi Sayadaw selbst ausgebildet hatte, in diese Meditationsform eingewiesen worden. Außerhalb von Birma gibt es ähnliche Zentren in Sri Lanka, Indien und Thailand.

In Anerkennung seiner außerordentlichen Leistungen als Gelehrter, Lehrer und Meditationsmeister wurde Mahāsi Sayadaw in die Schlüsselfunktion des „Fragenstellers" beim Sechsten Buddhistischen Konzil in Rangun von 1954 bis 1956 zur Feier des 2500. Jahrestags der Verkündigung der Lehre des Buddha berufen. Der „Fragensteller" spielt auf einem buddhistischen Konzil eine äußerst verantwortungsvolle Rolle, denn seine Aufgabe ist es, alle der Substanz oder Form nach wesentlichen Fragen zu stellen, die im Verlauf der vollständigen Durchsicht der heiligen Schriften auftauchen können, um die es bei jedem Konzil geht.

2.2 Die Methode [218]

2.2.1 Einführung

Mahāsi Sayadaws Meditationsmethode baut, wie bereits erwähnt, auf den vier Grundlagen der Achtsamkeit *(satipaṭṭhāna)* auf, wie er sie von Mingun Sayadaw gelernt hatte, und nimmt sich als Hauptgegenstand die Betrachtung des Körpers vor. Traditionellerweise war der meistgebrauchte Gegenstand für die Betrachtung des Körpers immer der als erster in der Lehrrede genannte gewesen, nämlich die Atmungs-Achtsamkeit (wie wir in Kapitel 6 gese-

---

[218] Diesen ganzen Abschnitt sollte man im Licht der Analyse der Grundlagen der Achtsamkeit in Kapitel 6 lesen.

hen haben). Mahāsi Sayadaw wandelte diese Übung jedoch leicht ab. Er hatte beobachtet, daß es Leute gab, die damit Schwierigkeiten hatten, die relativ schwachen Sinnesempfindungen wahrzunehmen, die der Atem in den Nasenlöchern und auf der Oberlippe hervorruft. So beschloß er, auf eine andere der traditionellen Körper-Betrachtungsübungen zurückzugreifen, nämlich auf die dritte der in der Lehrrede genannten, die Übung der „Wissensklarheit bei jeglicher Verrichtung" (siehe Kapitel 6, Abschnitt 2.2.3). Grundsätzlich besteht die Methode von Mahāsi Sayadaw also darin, bei der Übung ständig und Augenblick für Augenblick voll bewußt alles, was man tut oder erfährt, wahrzunehmen. Doch ist es vor allem für einen Anfänger ziemlich schwierig, die für das erfolgreiche Üben erforderliche Anfangskonzentration zu erlangen, wenn man auf der Stelle damit anfangen soll, auf ausnahmslos jede Verrichtung genau zu achten. Daher war es notwendig, sich für den Anfang als Hauptgegenstand auf einen besonderen Aspekt der körperlichen Aktivität zu konzentrieren. Mahāsi Sayadaw beschloß, dafür die Aufmerksamkeit auf die Körperbewegung auszuwählen, die ganz eng mit dem Akt des Atmens zusammenhängt (so daß er hier wieder an die traditionelle Übung der Achtsamkeit auf das Atmen anknüpfte) und die wie das Atmen selbst sowohl automatisch als auch der willensmäßigen Beeinflussung unterworfen ist. Es handelt sich um die Bewegung des Bauches beim Prozeß des Atmens. Selbst wenn wir normalerweise nicht darauf achten, dehnt sich ja unser Bauch bei jedem Zug des Einatmens aus und zieht sich beim Ausatmen zusammen; Mahāsi Sayadaw nannte dies das „Sich-Erheben und Sinken des Bauches". Zwar ist dieses Sich-Erheben und Sinken Teil des notwendigerweise am Akt des Atmens beteiligten Muskelprozesses, aber dennoch wird es nicht als identisch mit der „Atmungs-Achtsamkeit" betrachtet, sondern eher als das direkte Sich-Konzentrieren auf einen körperlichen Prozeß als Spezialform der Übung der „Wissensklarheit bei jeglicher Verrichtung".

Sehen wir uns jetzt den Verlauf eines Klarblicks-Meditationskurses genauer an, wie er in Thathana Yeiktha und anderen Zentren der birmanischen Methode von Mahāsi Sayadaw gestaltet wird. Die Kurse dauern gewöhnlich ein bis zwei Monate und sind ziemlich intensiv. Bis zu sechzehn Stunden täglich sind der Meditation gewidmet, wobei sich Phasen der Sitzmeditation mit Phasen der Gehmeditation abwechseln (wie in Kapitel 6, Abschnitt 2.2.2.2 beschrieben), und auch während man sich außerhalb der Zeiten formaler Meditation der Verrichtung der täglichen Lebensnotwendigkeiten widmet, versucht man ein Höchstmaß an bewußter Achtsamkeit auf jede einzelne Verrichtung aufrechtzuerhalten. Der Grundkurs umfaßt ein Vorbereitungsstadium und vier Grundübungen, womit ein gewisses Maß an Gehmeditation verbunden ist.

2.2.2 Das Vorbereitungsstadium

2.2.2.1 Die acht Sittenregeln

Zunächst einmal wird der Schüler aufgefordert, sich für die Dauer des Kurses an die Disziplin der acht Sittenregeln zu halten, die alle Laien in buddhistischen Ländern an religiösen Festen und während meditativer Einkehrzeiten beobachten. Diese acht Sittenregeln verlangen, daß man sich enthalte: 1. vom Töten irgendeines Lebewesens (sogar z. B. einer Schnake, die einen plagt), 2. vom Stehlen, 3. von jeglicher Art sexueller Tätigkeit, 4. vom Lügen, 5. von berauschenden Getränken oder sonstigen Rauschmitteln, 6. vom Zusichnehmen von fester Nahrung nach zwölf Uhr mittags (allerdings sind bestimmte Flüssigkeiten, wie Fruchtsäfte oder Tee, nachmittags erlaubt), 7. vom Tanzen, Besuch von oder Teilnahme an Darbietungen oder Unterhaltungen, vom Gebrauch von Parfümen, Kosmetika und Körperschmuck usw., 8. vom Gebrauch von hohen oder luxuriösen Betten (das ist die traditionelle Formulierung; gemeint ist der Gebrauch von übertrieben bequemen oder luxuriösen Möbeln).

2.2.2.2 Die vier Arten des Schutzes

Zweitens wird vorgeschlagen, man solle sich für die Dauer des Kurses geistig unter den Schutz des Buddha und die Führung des Meditationslehrers stellen. Dafür gibt es einen ganz praktischen Grund, denn je nach der geistigen Verfassung des Schülers kann es sein, daß sich Erfahrungen oder Visionen einstellen, die ihm Furcht, Angst, Verwirrung usw. einjagen, und in solchen Fällen ist es ein ausgezeichneter psychologischer Schutz, sein Vertrauen nicht nur in den qualifizierten Lehrmeister gesetzt zu haben, mit dem zusammen man übt, sondern auch in den Großen Meister selbst, den Buddha, der persönlich die Technik in allen ihren wesentlichen Zügen entwickelt und vervollkommnet hat, die man nun selbst lernt.

Aus diesem Grund wird der Schüler angewiesen, sich einer kurzen Betrachtung der traditionellen „vier Arten des Schutzes" zu widmen. Sie gründet sich auf vier der in Kapitel 4 beschriebenen Betrachtungen: des Buddha (Abschnitt 4.3.1), der Güte (4.6.1), der Widerlichkeit des Körpers (4.3.9.4 und 4.3.9.7 sowie Kapitel 6, 2.2.4) und des Todes (4.3.7). Hier werden die Betrachtungen normalerweise nur mit einem milden Grad geistiger Sammlung (vorbereitende Sammlung, wie in Kapitel 4, Abschnitt 1.1 beschrieben) durchgeführt. Man denkt über jeden der Gegenstände anhand der bereits erwähnten Formeln nach (im Fall der Güte kultiviert man das Wohlwollen gegenüber allen Lebewesen anhand der in Kapitel 8, Abschnitt 3 beschriebenen Richtlinien auf einem einfachen diskursiven Niveau). Man spricht von diesen vorbereitenden Betrachtungen als von „Arten des Schutzes", weil sie dem Zweck dienen, dem Übenden psychologische Sicherheit zu gewährleisten, indem er sich in eine zuversichtliche, innerlich losgelöste und positive geistige Grundhaltung einübt.

2.2.3 Grundübung I

Man nimmt eine sitzende Haltung ein, verschränkt die Beine, hält den Rücken gerade und läßt die Hände im Schoß ruhen. (Wer sich schwertut, auf die übliche Weise mit verschränkten Beinen zu sitzen, kann auch irgendeine andere Sitzstellung einnehmen.) Die Augen können leicht geöffnet sein, aber nicht auf irgend etwas Bestimmtes gerichtet, so daß der Blick ganz ungezwungen ist, entsprechend der Kopfhaltung. (Im Unterschied zu anderen Methoden arbeitet man hier nicht mit visuellem Betrachten; die Augen könnten auch ganz geschlossen sein, aber wenn man sie halb geöffnet hält, hilft das gegen das Schläfrigwerden, was besonders bei Anfängern hilfreich ist.)

Dann kommt folgende Unterweisung:

„Versuche, deinen Geist (nicht jedoch deine Augen) auf deinen Unterleib gerichtet zu halten. Du wirst dadurch der Bewegungen des Sich-Erhebens und Sinkens dieses Körperteils gewahr. Werden dir diese Bewegungen am Anfang nicht ganz deutlich, so lege beide Hände auf den Bauch, um das Sich-Erheben und Sinken zu fühlen. Nach kurzer Zeit wirst du deutlich die Aufwärtsbewegung des Einatmens (Ausdehnung) und die Abwärtsbewegung des Ausatmens (Zusammenziehen) wahrnehmen. Halte dann im Geist fest: **„Heben"** bei der Aufwärtsbewegung, und **„Senken"** bei der Abwärtsbewegung. Du mußt jede der beiden Bewegungen deutlich als solche registrieren, während sie stattfindet."[219]

Das ist auf dieser Stufe alles. Aber es ist schon ziemlich viel: Seine Aufmerksamkeit ständig auf den zu beobachtenden Vorgang zu halten ist alles andere als leicht, wenn man darin noch keine Übung hat. Doch ist es wichtig, darin beharrlich zu bleiben und sich immer vor Augen zu halten, daß der Zweck darin besteht, ausschließlich auf die Sinneswahrnehmung zu achten und so weit wie möglich alle mentalen und affektiven Assoziationen (Ideen, Reflexionen, Emotionen, Stimmungen usw.) auszuschalten. Die Anleitung sagt, man solle jede Bewegung als **„Heben"** und **„Senken"** registrieren, und damit soll lediglich gesagt werden, worauf man genau achten solle; niemals sollte man jedoch die Worte „Heben" und „Senken" buchstäblich wiederholen oder an „Heben" und „Senken" als Wörter denken. Es sollte gar nichts anderes vorhanden sein als die zunehmend klare Bewußtheit des gerade stattfindenden Vorgangs des Sich-Erhebens und Sinkens des Unterleibs ohne irgendwelche mentalen „Hintergrundgeräusche". Auch sollte man nicht in den Atemvorgang eingreifen (durch bewußtes tieferes oder rascheres Atmen), um seine Unterleibsbewegungen deutlicher zu spüren. Wie die ganze *vipassanā*-Entfaltung ist auch diese eine Übung im reinen Beobachten, und jegliche Manipulation, mag sie noch so gut gemeint sein, ist eine Beeinträchtigung.

---

[219] Ehrw. Mahāsi Sayadaw, *Practical Insight Meditation* S. 3 (siehe Ausgewählte Literatur).

2.2.4 Grundübung II

Obwohl man fest entschlossen ist, sich ausschließlich auf die Unterleibsbewegungen zu konzentrieren, kann es sein, daß sich zwischen dem Registrieren des Hebens und des Senkens andere geistige Aktivitäten regen (und im Fall des Anfängers werden sie es fast sicher tun): Gedanken, Willensimpulse, Phantasievorstellungen usw. kommen vermutlich hoch, und man sollte sie nicht übersehen. Die Art, sich ihrer auf sinnvolle Weise anzunehmen, besteht darin, jede im Geist zu registrieren, und zwar **in dem Moment, in dem sie auftaucht.**

Die Anleitung sagt hierzu:

„Wenn du dir etwas vorstellst, mußt du wissen, daß du das getan hast, und mußt in deinem Geist registrieren: ‚Vorstellung'. Wenn dir einfach ein Gedanke kommt, so registriere im Geist: ‚Gedanke'. Wenn du über etwas nachdenkst, registriere: ‚Nachdenken'. Wenn du etwas tun willst, registriere: ‚Absicht'. Wenn dein Geist vom Betrachtungsgegenstand, dem Sich-Erheben und Sinken des Unterleibs, abschweift, registriere: ‚Abschweifen' ... Wenn du dir etwas vorstellst oder vor deinem inneren Auge ein Licht oder eine Farbe siehst, achte darauf, zu registrieren: ‚Sehen'. Alles, was sich deinem Geist vorstellt, mußt du jedesmal, wenn es auftaucht, registrieren, bis es vorbeigeht."[220]

Genau die gleiche Verfahrensweise gilt für jegliche Körperbewegung, die man während der Meditationssitzung macht, wie z. B. wenn man Speichel schluckt, den Rücken beugt oder streckt usw. Doch ist es in diesen Fällen wichtig, auch die vorausgehende Absicht zu registrieren, d. h., wenn man z. B. seinen Speichel schlucken will, zu registrieren: „Ich will ...", und während man ihn tatsächlich schluckt, zu registrieren: „Ich schlucke", und genauso bei allen anderen Bewegungen. Alle körperlichen Bewegungen oder Korrekturen der Körperhaltung sollte man langsam und bedächtig vornehmen, und bei jedem Mal registriert der Übende zunächst das Vorhaben und dann die Ausführung der entspre-

---

[220] Ebd. S. 4.

chenden Verrichtung und kehrt dann wieder dazu zurück, auf das Heben und Senken des Unterleibs zu achten.

2.2.5 Grundübung III

Da die Meditationshaltung immer wieder während langer Zeit beibehalten werden muß, ist es ganz natürlich, daß sich Gefühle der Ermüdung, der Steifheit im Körper oder des Einschlafens von Gliedmaßen, Stechen, Spannungen, Schmerzen usw. einstellen können. Tritt dies ein, so sollte man seine Aufmerksamkeit direkt auf den Körperteil richten, in dem diese Empfindung auftaucht, und seine Betrachtung damit fortsetzen, daß man registriert: „Müdigkeit", „Steifheit", „Stechen" oder was auch immer, ohne darauf zu reagieren; man sollte also damit genau das gleiche tun wie mit den Bewegungen des Unterleibs. Wenn man diese Sinnesempfindungen einer losgelösten Beobachtung aussetzt (d. h. sich nicht mit ihnen identifiziert), werden sie normalerweise schwächer und hören schließlich ganz auf. Ist dies eingetreten, so sollte man seine Aufmerksamkeit wieder bewußt auf die Bewegungen des Unterleibs zurückführen. Gelegentlich kann es allerdings vorkommen, daß eine dieser unangenehmen Körperempfindungen immer stärker wird, bis die Müdigkeit oder der Schmerz unerträglich werden. Dann kann man auch seine Haltung ändern. Doch auch in diesem Fall ist es ganz wesentlich, daß man sowohl die Absicht zu jedem einzelnen Schritt als auch dessen Durchführung jedesmal mit voller Bewußtheit registriert. Wenn man z. B. ein Bein ausstrecken und dann wieder in einer etwas anderen Stellung beugen muß, sollte man jede einzelne Phase registrieren: „Absicht ... Lösen ... Strecken ... Beugen ... Boden berühren ... Ruhe (in der neuen Stellung)", und dann wieder zur Beobachtung des Hebens und Senkens des Unterleibs zurückkehren. Es ist sogar gestattet, sich von Zeit zu Zeit hinzulegen, vorausgesetzt, man tut auch dies ganz bedächtig und fährt dann, sobald man liegt, wieder mit der Betrachtung des Hebens und Senkens des Unterleibs fort und kehrt beim leichtesten Anzeichen von Schläfrigkeit zur Sitzhaltung zurück oder schaltet eine Geh-Meditation ein.

Dieselbe Methode sollte auf alles, was sich ansonsten im Geist während des Übens einstellt, angewandt werden, das heißt, man sollte auf der Stelle jeglichen Gedanken, jeden Wunsch, jede Gefühlsregung, Phantasie usw., die auftauchen können, im Augenblick ihres Auftauchens registrieren. Dabei aber sollte man nicht in die Einzelheiten gehen, sondern schlicht registrieren: „Denken ... Wollen ... Fühlen ... Phantasieren ..." usw.

Diese Haltung ununterbrochener Wachsamkeit und Aufmerksamkeit sollte man nicht nur während der Zeiten der ausdrücklichen Sitz-Meditation einnehmen, sondern den ganzen Tag hindurch beibehalten, angefangen vom Aufwachen am Morgen bis zum Zubettgehen am Abend. Beim Aufwachen sollte man sich sofort auf das Heben und Senken seines Unterleibs konzentrieren. Wenn man dann aufsteht, sollte man jede der dazu notwendigen Bewegungen achtsam machen, d. h. das Zurückschlagen der Bettdecke, das Aufsitzen im Bett, das Schwingen der Beine über die Bettkante, das Setzen der Füße auf den Boden, das Hinstehen usw. Und so sollte man den ganzen Tag lang weitermachen, genau und aufmerksam auf alles achten, was man tut, während man sich wäscht oder ein Bad nimmt, sich anzieht, ißt (d. h. sich an den Tisch setzt, den gedeckten Tisch überblickt, die Hand ausstreckt, ein Stück ergreift, es zum Mund führt, es in den Mund nimmt, seinen Kontakt mit Lippen, Zunge und Gaumen spürt, es kaut, schmeckt, schluckt usw.), zur Meditationshalle geht, sich hinsetzt, anfängt, die Bewegungen seines Unterleibs zu betrachten. Und so soll das weitergehen, bis man abends zu Bett geht und auch dann wieder genau auf jede einzelne Verrichtung achtet: wie man das Bett herrichtet, sich hineinlegt, sich mit der Bettdecke zudeckt usw., und dann wiederum dazu zurückkehren, die Unterleibsbewegungen zu beobachten und achtsam seine zunehmende Schläfrigkeit registrieren, bis man schließlich einschläft.

Das ist im Wesentlichen eine Körperbetrachtung, die sich auf den Tastsinn gründet, und daher wird empfohlen, auf Seh- oder Hörreize zu verzichten. Gibt es jedoch bestimmte Geräusche oder Gesichtseindrücke, die stark genug sind, um sich aufzudrängen, so sollte man mit ihnen wie mit allem anderen, was auftaucht, umgehen, d. h. sich ihnen bewußt einen Augenblick lang widmen, im Geist registrieren: „Sehen", „Hören" und dann wieder zum Sich-Erheben und Sinken des Unterleibs zurückkehren.

Kurz, während jedes Augenblicks seiner wachen Stunden, bei Tag und bei Nacht, sollte man sich jeder Tat, jedes Gedankens oder Gefühls voll bewußt sein und darauf achten, und immer, wenn es nichts Besonderes zu registrieren gibt, sollte man wieder dazu zurückkehren, das Heben und Senken seines Unterleibs zu betrachten. Darin besteht die ganze Praxis der Übung der „Wissensklarheit bei jeglicher Verrichtung", die sich als durchgängige Haltung das Achten auf einen Hauptgegenstand zugrunde legt, nämlich auf das Heben und Senken des Unterleibs.

2.2.6 Die Geh-Meditation in den Pausen

In den Pausen zwischen den Sitz-Meditationen kann man sich mit achtsamem Gehen oder mit der Geh-Meditation beschäftigen, die etwas Abwechslung ins Spiel bringt und hilft, die eingeschlafenen Gliedmaßen oder den steifen Körper zu entspannen, ohne dabei die geistige Sammlung zu unterbrechen (siehe die Beschreibung dieser Meditationsübung in Kapitel 6). Zudem sollte man den ganzen Tag über immer, wenn man sich von einem an einen anderen Ort bewegen muß, z. B. von der Meditationshalle in den Speisesaal, ganz bewußt gehen, d. h. voll und ganz auf die jeweilige Bewegung achten, zumindest in drei Phasen (Fuß heben ... vorwärtsbewegen ... senken und aufsetzen) oder in zwei (heben und vorwärts ... senken und aufsetzen).

2.2.7 Grundübung IV

In Grundübung II wurde erklärt, der Übende solle sich während der Sitz-Meditation für seine Sinneswahrnehmung vorrangig auf die Bewegungen seines Unterleibs konzentrieren aber gleichzeitig immer voll bewußt auf alles achten, was sich sonst in seinem Geist regt. Das war gedacht als Mittel, sich in eine Haltung ständigen vorsätzlichen und achtsamen Beobachtens einzuüben. In Grundübung IV wurde diese Haltung beständiger, ununterbrochener Achtsamkeit so weit ausgedehnt, daß sie sich schließlich auf alles erstreckte, was den ganzen Tag lang in der Psyche aufkommt – auf alle mentalen, willensmäßigen und affektiven Vorgänge. Wenn man sich z. B. über seinen Fortschritt freut, sollte man auf der Stelle in seinem Geist registrieren „Freude", wenn man entmutigt ist, „Entmutigung", wenn man im Geist die Anleitungen durchgeht, um korrektes Üben zu gewährleisten, „Anleitungen überdacht", und wenn man irgendeine Empfindung oder Eingebung analysiert, „Analyse" usw. Es kann gar nicht genug betont werden, daß immer wieder alles darauf ankommt, daß man zu allen wachen Stunden bei Tag und bei Nacht seine Aufmerksamkeit vorsätzlich und voll bewußt aufrechterhält und jederzeit das, was in Körper oder Geist auftaucht, **im Augenblick seines Auftauchens** registriert. Wenn sich hingegen nichts Bemerkenswertes einstellt, sollte man zum Achten auf das Heben und Senken des Unterleibs zurückkehren.

2.2.8 Abschluß

Das ist also in kurzen Zügen die Methode. Die Unterteilung in vier Grundübungen hat rein methodische Gründe. Sie soll es erleichtern, einem neuen Schüler das Vorgehen zu erklären und ihn bei seinen ersten Versuchen anzuleiten, denn irgendwo muß man ja anfangen. Doch ist ziemlich klar, daß diese vier Übungen keine Alternativen darstellen (es sei denn im mechanischen Sinn, denn beim Sitzen kann man nicht gehen oder sich hinsetzen usw.), sondern sich gegenseitig ergänzen und beim Voranschreiten unterstützen. Von Anfang an, sobald der Meditierende ein gutes Maß an stabiler Konzentration seiner Aufmerksamkeit erreicht hat, achtet er bereits (im Maß seiner derzeitigen Fähigkeit dazu) auf alles, was auftaucht, gleich im Augenblick seines Auftauchens. Auf diese Weise beginnt er, aus seiner eigenen unmittelbaren Erfahrung die Vergänglichkeit aller Phänomene wahrzunehmen und Einsicht in ihre unbeständige und unpersonale Natur zu gewinnen.

3 Der Laien-Meister U Ba Khin (1899–1971)

3.1 Der Mensch

U Ba Khin, anerkannt als einer der größten Meditationsmeister unserer Zeit und energischer Verfechter der Laien-Tradition (im Unterschied zur Mönchs-Tradition) der Übung der Klarblicks-Meditation, war eine jener dynamischen Persönlichkeiten, denen bei allem, was sie anpacken, Erfolg beschieden ist. Geboren in Rangun in bescheidenen Verhältnissen, legte er von frühem Alter an beträchtliche intellektuelle Fähigkeiten an den Tag, gewann ein Stipendium und vermochte sich so eine gute Ausbildung zu verschaffen, einschließlich hervorragender Englischkenntnisse, was zu jener Zeit, als Birma unter britischer Herrschaft stand, für das Fortkommen unerläßlich war. Er begann seine Beamtenlaufbahn als Buchhalter bei der staatlichen Finanzbuchhaltung für Birma zu einer Zeit, als es nur wenige Birmaner schafften, bei der britischen Verwaltung in Dienst genommen zu werden. Von da an machte er erfolgreich Karriere. Unter der britischen Herrschaft wurde er in Ämter mit immer höherer Verantwortung befördert, darunter 1937 in dasjenige des „Special Office Superintendent" (also Betriebsleiter) des damals neu eingerichteten „Office of the Auditor General of Birma" (Staatliche Rechnungsprüfungsstelle). Gleich nachdem Birma im Januar 1948 seine Unabhängigkeit erlangt hatte, wurde er zum Leiter des staatlichen Rechnungswesens ernannt, was ein Posten mit besonders hoher Verantwortung in dem gerade unabhängig gewordenen Land war. Er ging von diesem Amt aus 1953 in Ruhestand (mit fünfundfünfzig, was nach üblichem westlichem Standard früh zu sein scheint, aber zu der Zeit in einem tropischen Land üblich war und den von der britischen Kolonialverwaltung übernommenen Gepflogenheiten entsprach). Doch war es ihm nicht, wie er vielleicht erhofft hatte, möglich, seine ganze Zeit dem Unterricht in Meditation zu widmen. Da wie überall in den Ländern der Dritten Welt hochqualifiziertes Personal in seinem Land äußerst spärlich gesät war, wurde er unmittelbar nach seiner Pensionierung gebeten, wieder in einer Vielzahl anderer hochverantwortlicher Stellungen im öffentlichen Dienst tätig zu sein, und war schließlich mehr beschäftigt als vorher. Zu verschiedenen Zeiten – und die längste Zeit gleichzeitig – hatte er (auf ministerieller Ebene) die Posten des Direktors der Wirtschafts-Rechnungsprüfung, des Präsidenten der staatlichen Landwirtschaftshandelsgesellschaft und des Gründungsvorstands des Regierungsinstituts für Buchführung und Rechnungsprüfung (eingerichtet für die Ausbildung von qualifiziertem Buchhaltungspersonal) inne. Zusätzlich wurde er oft zum Präsidenten verschiedener Regierungsausschüsse und -kommissionen berufen, darunter zum Präsidenten des „Ständigen Ausschusses für staatliche Planung", des Ad-hoc-Komitees zur Reorganisation des Beamtenwesens, und noch andere mehr.

Im Verein mit diesen vielfältigen beruflichen Aktivitäten führte U Ba Khin ein ebenso ausgefülltes Privatleben – er heiratete jung und hatte sechs Kinder –, und es scheint, er habe niemals empfunden, das Berufs- und Familienleben auf der einen und die Übung und – in zunehmendem Maß – das Lehren der *vipassanā*-Meditation seien irgendwie unvereinbar miteinander. Im Gegenteil, er pflegte immer zu sagen, die buddhistische Meditation sei „ein Reservoir an Ruhe und ausgewogener Energie", und er selbst scheint daraus unerschöpfliche Energie bezogen zu haben, seit er damit angefangen hatte.

U Ba Khin fing mit der *vipassanā*-Meditation 1937 an. Zum ersten Mal lernte er diese Technik kennen, als ihn ein Hausgast ermutigte, sich in der Achtsamkeit auf das Atmen zu versuchen. Dieser Gast war ein Schüler von Saya Thet Gyi, einem Pionier auf dem Gebiet der Lehrtätigkeit von Laien in dieser Technik. Saya Thet Gyi war ein wohlhabender Gutsbesitzer, der in sich den großen Hang zur Klarblicks-Meditation entdeckt hatte und viele Jahre damit verbrachte, sie unter einem der berühmten lehrenden Mönche, dem Ehrwürdigen Ledi Sayadaw (1846–1923) zu studieren und zu üben. Nach angemessener Zeit wurde Saya Thet Gyi von Ledi Sayadaw für voll ausgebildet erklärt und autorisiert, als Laien-Meditationsmeister die *vipassanā*-Meditation zu lehren. Je mehr sich sein Ruf verbreitete, desto mehr Laien kamen, um sich von ihm unterweisen zu lassen. Es handelte sich um Weltleute, die nicht vorhatten, ihr Familienleben für länger als kurze Übungszeiten oder zeitweise Einkehrtage aufzugeben, jedoch die großen Vorzüge von *vipassanā* erfahren hatten und darauf aus waren, sie genau zu lernen und in ihrem Alltagsleben anzuwenden. U Ba Khin war einer von ihnen. Er machte während seines ersten Zehn-Tage-Kurses mit Saya Thet Gyi rasche Fortschritte und arbeitete weiterhin mit seinem Lehrer zusammen, als dieser häufig zu Besuch nach Rangun kam.

U Ba Khin begann mit ersten Unterrichtsansätzen 1941; ermutigt hatte ihn dazu ein Mönch, den er durch sein weites Vorankommen beeindruckt hatte. Er gab Individuen und kleinen Gruppen Unterweisungen, soweit er das in seinem gedrängten beruflichen Terminkalender unterbringen konnte, aber erst 1950 fing er dann in größerem Maßstab mit seiner Unterrichtstätigkeit an. Charakteristischerweise tat er das im Rahmen seiner beruflichen Aktivitäten und zum Wohl derer, mit denen er sie ausübte. Zu der Zeit war er Leiter des Staatlichen Rechnungswesens von Birma, und er begann auf die Weise, daß er zunächst den interessierten Mitgliedern seines Personals Meditationskurse anbot. Nach Feierabend leitete er Sitzungen in Atmungs-Achtsamkeit und *vipassanā*, zunächst in seinem eigenen Büro und später, als die Teilnehmer zu zahlreich wurden, in einem separaten Raum, den er eigens für diesen Zweck im selben Gebäude reservierte. So gründete er im Juli 1950 die „Vipassanā-Gesellschaft des Staatlichen Rechnungswesens", deren Aufgabe darin bestand, Laien durch Laien in der Meditation zu unterweisen.

Wie sich einer seiner frühen Schüler erinnert (Saya U Tint Yee, heute Präsident des Internationalen Meditationszentrums in Rangun), gab es in diesen ersten Jahren „noch keine vollen Zehn-Tages-Kurse, und wir meditierten in unseren Häusern und vor und nach den Dienststunden im Meditationsraum unseres Dienstgebäudes"[221]. Doch in Anbetracht ständig zunehmender Nachfrage wurde bald deutlich das Bedürfnis nach einem angemessen organisierten Zentrum spürbar, wo Intensivkurse (wie diejenigen, die Saya Thet Gyi immer wieder gehalten hatte) in einer dafür geeigneten Umgebung gehalten werden konnten. So gründete U Ba Khin bereits 1952 mit der begeisterten Unterstützung vieler Gönner das Internationale Meditationszentrum in Rangun, eine Einrichtung, die bis zum heutigen Tag in voller Blüte steht. Dort war er in der Lage, in regulärer Form

---

[221] Saya U Tint Yee in einer Erinnerungsvorlesung anläßlich des elften Jahrestags von U Ba Khins Tod im Zentrum in Rangun am 19. Januar 1982.

Zehn-Tages-Intensivkurse geben und die Methode des „totalen Eintauchens" zum Vorteil der Weltleute vervollkommnen zu können, die sich seitdem sowohl im Osten wie im Westen weit verbreitet hat. Doch noch einmal zurück zu U Tint Yees Erinnerungen:

„Nachdem die Pagode gebaut war [es handelt sich um eine kuppelförmige Struktur mit Einzelzellen, in denen die Schüler unter Anleitung des Lehrers üben], begann U Ba Khin im Zentrum Zehn-Tages-Kurse zu geben. Jeder Kurs begann am ersten Freitagabend jedes Monats, so daß die Angestellten des Amtes für die Teilnahme nur sechs Urlaubstage zu nehmen brauchten [d. h. das Wochenende dafür nutzten]. Dann erhielten auch die Familien der Angestellten und ihre engen Freunde, die den Wunsch dazu hatten, die Erlaubnis, an den Kursen teilzunehmen."

In diesem Zentrum bildete U Ba Khin auch nach und nach neue Lehrer aus, die ihm halfen, die wachsende Schar von Schülern zu unterweisen, und die heute seine Lehrtradition nicht nur in Rangun, sondern auch in anderen Teilen der Welt weiterführen. Von ihnen wird gleich noch die Rede sein, vor allem von S. N. Goenka, der der aktivste und erfolgreichste von allen war und dessen Zehn-Tages-Grundkurs kurz beschrieben werden soll als Beispiel dafür, wie U Ba Khins Methode in der Praxis aussieht. Doch zuvor möchte ich diese biographische Skizze mit einem Zitat von John Coleman abschließen, einem anderen von U Ba Khin ausgebildeten einflußreichen Lehrer, der seine Persönlichkeit recht treffend beschreibt:

„Er war im besten Sinn des Wortes ein guter Mensch. Ein freundlicher, leiser und humorvoller Lehrer. Er übermittelte einen Glauben, der imstande war, etliche der großen Probleme der Menschheit zu lösen. Vor allem aber war es ein persönlicher Glaube, der, wenn man ihm mit Hingabe folgte und ihn beharrlich in der Tat lebte, seine Anhänger gegen die Schwierigkeiten zu wappnen vermochte, die das Leben dem einzelnen bereitet ... Ich lernte U Ba Khin als schlichten Lehrer kennen, als tiefen Denker, als Liebhaber alles Schönen ... Ich hatte erkannt, daß für ihn Schönheit, Mitleid, spiritueller Friede, Wahrheit, Moralität usw.

nicht bloß Worte waren, noch ein Zweck in sich selbst. Sie waren für ihn eine Lebensart, Teil seines Daseins überhaupt."[222]

3.2 Die Methode

U Ba Khins Methode wurzelt in derselben alten Tradition wie diejenige von Mahāsi Sayadaw. Auch sie geht von der Praxis der vier Grundlagen der Achtsamkeit aus und nimmt sich als Hauptgegenstand für die Betrachtung den Körper vor. Allerdings hält sie sich wieder enger an die Tradition, denn zur Sammlung des Geistes verwendet sie die direkte Beobachtung des Atmens (statt der damit verbundenen Bewegungen des Unterleibs), fängt also mit der Übung der Atmungs-Achtsamkeit an. Ein besonderes Kennzeichen von U Ba Khins Methode ist die besonders große, anhaltende Intensität des Übens während kurzer Zeitabschnitte (die Grundkurse dauern immer nur zehn Tage), um Menschen, die sich gewöhnlich wenig Zeit nehmen können und alsbald wieder zu ihren vielfältigen Alltagsverpflichtungen zurückkehren müssen, ein völliges Eintauchen zu ermöglichen. Aus diesem Grund legte U Ba Khin auch immer das Hauptgewicht auf die praktischen, konkreten Aspekte der Meditationsarbeit und beschränkte die theoretischen oder doktrinären Erläuterungen auf ein Minimum. Worum es ging und geht, ist, das *Dhamma* aus eigener Erfahrung zu leben (das macht ja das Wesen der Lehre des Buddha aus), indem man eine praktische, direkte und intensive Methode anwendet.

Kurz skizziert, besteht die Methode darin, zunächst einmal den Geist dadurch zu konzentrieren, daß man die Achtsamkeit auf das Atmen übt. Hat man dadurch konzentrierte Aufmerksamkeit erlangt, so wendet man diese den verschiedenen Teilen seines physikalischen Organismus zu – indem man systematisch den ganzen Körper durchgeht –, um eine zunehmend deutliche und subtile Bewußtheit aller Empfindungen, die sich in ihm einstellen, zu erlangen. Das Ziel ist, mit immer schärferer Klarheit alle auftauchenden Sinnesempfindungen wahrzunehmen, ganz

---

[222] John F. Coleman, *The Quiet Mind*, Rider 1971, S. 69.

gleich, welcher Art sie sein mögen, einschließlich derjenigen, die normalerweise unterhalb der Schwelle des unkonzentrierten Alltagsbewußtseins sind. Mittels dieser Wahrnehmung soll man dann die zunehmend vollere und durchdringendere Bewußtheit erwerben, daß alle körperlichen und geistigen Phänomene, deren Äußerungen die Sinnesempfindungen sind, ständig entstehen und wieder vergehen. Dabei handelt es sich natürlich um die Betrachtung des Körpers und der Sinnesempfindungen (also um die ersten beiden der vier Grundlagen der Achtsamkeit). Die anderen beiden Grundlagen der Achtsamkeit (Betrachtung des Geistes und der Geistobjekte) werden bei dieser Meditationsmethode nur insoweit eingeübt, als sie dazu beitragen, die Bewußtheit ununterbrochen aufrechtzuerhalten: alle Gedanken, Gefühle usw. registriert man bei ihrem Auftreten, aber man lenkt dann sofort seine Aufmerksamkeit auf die körperlichen Empfindungen zurück, denn durch deren klare Wahrnehmung wird der Geist geläutert (vgl. das unten in Abschnitt 3.3.2.2 über die Wirkungsweise dieser Methode Gesagte). Man registriert nur kurz den Gedanken (aber geht nicht einmal so weit, ihn zu benennen; das ist also anders als bei Mahāsi Sayadaws Technik) und kehrt dann auf der Stelle wieder zur Betrachtung des Körpers und der Sinnesempfindungen zurück, die das Wesen dieser Methode ausmacht. In diesem Sinn hat der Buddha gesagt: „In genau diesem klafterlangen Körper mit seinen Wahrnehmungen und seinem Geist erschließe ich die Welt und den Ursprung der Welt und das Erlöschen der Welt und den Pfad zum Auslöschen der Welt."[223]

In dem Maß, in dem die Wahrnehmung der körperlichen Vorgänge feiner und präziser wird, entwickelt der Meditierende die zunehmende Bewußtheit der Tatsache, daß sie alle unbeständig und vorübergehend sind. Das ist die Erfahrung von *anicca*, der radikalen Unbeständigkeit von allem, was ist. In U Ba Khins Terminologie wird diese Erfahrung als „Aktivierung von *anicca*" beschrieben, und dieses Aktivieren, das heißt die experimentelle

---

[223] S 1.2.3.6.

Bewußtheit der Unbeständigkeit, ist es, was – wenn sie zunimmt – nach und nach unsere Psyche von den Süchten, Anhänglichkeiten, Abneigungen, Ablehnungen, Ängsten, Befürchtungen, Hoffnungen usw. reinigt, von denen wir ständig besetzt sind. Davon habe ich bereits wiederholt als von einer Umwandlung gesprochen, einem Neugeordnetwerden der menschlichen Psyche; das hat sogar seine Auswirkungen auf den physikalischen Organismus und behebt oft viele psychosomatische Beeinträchtigungen. U Ba Khin beschrieb diesen befreienden Aspekt der Erfahrung als *nibbāna dhātu*, was wörtlich *„nibbāna*-Element" bedeutet. Das dient der Verdeutlichung für die Praxis, aber genaugenommen handelt es sich schlicht und einfach um ein Synonym für das traditionelle *nibbāna*. Wenn die Schriften von *nibbāna dhātu* sprechen, meinen sie die lebendige Erfahrung des *nibbāna*. In U Ba Khins Gebrauch zielt der Begriff auf die dynamische, prozeßhafte Natur der *nibbāni*schen Erfahrung. Wie immer stehen wir hier wieder vor der Schwierigkeit des Versuchs, mit begrifflichen Mitteln etwas zu beschreiben, was mit Begriffen nicht zu fassen ist. Doch sehr ins unreine gesprochen könnte man sagen: Wenn der Meditierende immer tiefer in die wahre Natur aller Phänomene eindringt, indem er sich zunehmend klarer ihrer *anicca* bewußt wird, das heißt also, indem er immer durchdringender durchschaut, daß sie unbeständig sind, kommt eine Zeit, in der sich ein ganz eigener Erfahrungsmodus oder ein „Element" *(dhātu)* einstellt, welcher bzw. welches die Wirkung hat, alle Süchte, Abneigungen und dergleichen auszumerzen. Um in etwa zu verstehen, was hier vorgeht (aber ohne hier zu unterstellen, man verwende exakt die Terminologie der westlichen Psychologie), könnte man sagen, daß die Psyche durch eine Art Prozeß der Abreaktion Schritt für Schritt von den Neurosen befreit wird, die im Grunde das Gewebe dessen ausmachen, was wir unsere Persönlichkeit zu nennen pflegen. Und was noch mehr ist, das Hängen an dieser „Persönlichkeit" und an „ihrer" Welt überhaupt wird schließlich behoben. „Auf dieselbe Weise, wie Benzin durch Anzünden weggebrannt wird, werden durch das *nibbāna dhātu* die negativen Kräfte (Unreinheiten oder Gifte) im Innern ausgemerzt. Dieses *nibbāna dhātu* aber erzeugt der Schüler durch die echte Bewußtheit des *anicca* im Lauf seiner Meditation", pflegte U Ba Khin zu sagen. Und er betonte:

„Die Erfahrung von *anicca*, wenn richtig entwickelt, legt die Axt an die Wurzel seiner körperlichen und geistigen Übel und entfernt Schritt für Schritt, was schlecht in ihm ist, d. h. die Ursachen solcher körperlicher und geistiger Übel. Diese Erfahrung ist nicht Menschen vorbehalten, die der Welt entsagt haben und heimatlos geworden sind. Sie gibt es auch für den Weltmenschen, der ein Familienleben führt. Trotz der Rückschläge, die einen Weltmenschen in diesen Tagen ruhelos machen können, kann ein kompetenter Lehrer oder Führer dem Studenten helfen, die Erfahrung von *anicca* in verhältnismäßig kurzer Zeit in sich zu aktivieren. Hat er sie erst einmal aktiviert, ist es nur noch notwendig, daß er sich weiterhin einsetzt, um sie zu erhalten."

Und natürlich ist es auch notwendig, daß er sie weiterentwickelt. Aus dem Grund ist es unerläßlich, daß man nach Abschluß eines Kurses regelmäßig für sich selbst weiterübt. Doch U Ba Khin als ungemein pragmatischer Mensch erwartete von einem vielbeschäftigten Weltmenschen nicht, daß er Unmögliches zustande bringe:

„Es ist nicht notwendig, daß er ständig die Erfahrung des *anicca* wieder aktiviert. Es wird genügen, wenn er das auf kurze, aber regelmäßige Wiederholungen beschränkt, zu Zeiten, die er sich am Tag oder zur Nachtzeit für diesen Zweck ausspart. Zumindest in diesen Zeiten muß man dann versuchen, seine Aufmerksamkeit in den Körper hinein konzentriert zu halten und seine Bewußtheit ganz auf *anicca* zu richten; das heißt, seine Bewußtheit von *anicca* sollte von Augenblick zu Augenblick so ununterbrochen weitergehen, daß er keine diskursiven oder zerstreuenden Gedanken dazwischen eindringen läßt; denn diese sind für den Fortschritt ausgesprochen schädlich."

Und aus der Autorität seiner eigenen Erfahrung schloß er:

„Wir hegen keinerlei Zweifel, daß alle, die sich offenen Geistes einem Trainingskurs unter einem kompetenten Lehrer unterziehen, auch ganz klare Ergebnisse erzielen werden – ich meine Ergebnisse, die hier und jetzt als gut, konkret, lebendig und persönlich erfahren werden, Ergebnisse, die sie in guter Verfassung und für den Rest ihres Lebens in einem Zustand des Wohlbefindens und des Glücks halten werden."[224]

3.3 Die Nachfolger

Im Lauf der über vierzig Jahre seit der Einrichtung des Internationalen Meditationszentrums in Rangun hatten sehr viele Menschen (sowohl aus Birma und anderen buddhistischen Ländern in Asien als auch viele, die aus Europa, Amerika und Australien gekommen sind) die Möglichkeit, die Vorzüge der *vipassanā*-Meditation selbst zu erfahren. Einige von ihnen, die besondere Fähigkeit und Hingabe zeigten, wurden von U Ba Khin gründlicher ausgebildet, um sie als voll kompetente Laien-Lehrer zu qualifizieren. Vor allem ihnen ist es zu verdanken, daß sich die Unterweisung in der *vipassanā*-Meditation auf andere Länder und Kontinente ausgebreitet hat. John Coleman, einer der frühen amerikanischen Anhänger von U Ba Khin, ließ sich in England nieder und war sowohl in England als auch auf dem europäischen Festland und von Zeit zu Zeit in Nordamerika jahrelang als Lehrer tätig. Vermutlich war er der erste, der diese Technik nach Lateinamerika vermittelt hat. In jüngerer Zeit hat sich auch die birmanische Mutter Sayama (die einige Jahre lang nach U Ba Khins Tod das Internationale Meditationszentrum in Rangun geleitet hatte) in England angesiedelt. In Amerika waren Ruth Denison und Robert Hover die Pioniere, und andere sind ihnen in den letzten Jahren darin gefolgt, U Ba Khins Methode weiterzuverbreiten. Der dynamischste dieser „Lehrer der ersten Generation" und derjenige, der weltweit die größte Wirkung hatte, war jedoch zweifellos der Indo-Birmaner S. N. Goenka.

3.3.1 S. N. Goenka (geb. 1924)

Satya Narayan Goenka ist in Birma als Kind einer gutsituierten indischen Familie der Klasse der Handelsunternehmer geboren (die

---

[224] U Ba Khin, *The Essentials of Buddhadhamma in Meditation Practice* S. 9–11 (siehe Ausgewählte Literatur).

zur blühenden Gemeinschaft indischer Händler und Geschäftsleute gehört, welche sich unter dem britischen Raj in Birma niedergelassen hatten) und in der strikten Hindu-Tradition aufgezogen worden. Er erfreute sich einer soliden Ausbildung, wurde – getreu der Familientradition – Geschäftsmann und erwies sich als äußerst erfolgreich. Jahrelang führte er das sehr umtriebige, anspruchsvolle Dasein eines führenden Handelsunternehmers, wozu viele Reisen und vielfältige Verantwortlichkeiten gehörten. Er heiratete und gründete eine Familie, so daß er auch persönlich ein erfülltes Leben führte. Dennoch ließ ihn dieses sehr aktive und ausgefüllte Dasein nicht die Bedürfnisse derer vergessen, die weniger vom Schicksal begünstigt waren als er, und er fand immer Zeit und Energie, um sich sozialen Hilfswerken und öffentlichen Belangen zu widmen.

Doch gab es noch ein anderes Element in diesem nach üblichen Maßstäben erfolgreichen und glücklichen Leben: S. N. Goenka hatte seit seiner Kindheit an äußerst starken Migräneanfällen gelitten, die ihn gelegentlich für kurze Zeit ganz außer Gefecht setzten; jeder nur erdenkliche Aufwand an medizinischen Mitteln und sonstiger Therapie (nicht nur in Birma, sondern auch in westlichen Ländern und in Japan) hatte nichts genützt, dieses Leiden in den Griff zu bekommen. Schließlich blieb ihm nur noch übrig, in zunehmend höheren Dosen zu Schmerzmitteln zu greifen, einschließlich Morphin. In dieser Lage – er war einunddreißig Jahre alt – schlug ihm jemand vor, es mit einem Kurs bei U Ba Khin zu versuchen (er hatte gehört, daß in etlichen Fällen durch U Ba Khins Methode auch schmerzvolle physische Gebrechen behoben worden waren). S. N. Goenka überwand sowohl seine eigenen Bedenken (wegen seines religiösen Hintergrundes als Hindu) als auch diejenigen seiner Familie und nahm 1955 an einem Zehn-Tages-Kurs des berühmten buddhistischen Laienlehrers teil. Die Auswirkung dieser ersten Erfahrung war äußerst nachhaltig. Nicht nur seine Krankheit verschwand, die ihn fast fünfundzwanzig Jahre lang geplagt hatte (seither hat er nie mehr unter Migräne gelitten), sondern er hatte auch einen Blick jener tiefen Einsicht erhascht, die man in die Natur des Daseins erhalten kann. Ohne seine beruflichen und familiären Pflichten aufzugeben, wurde er von da an ein treuer Schüler von U Ba Khin. Die darauffolgenden vierzehn Jahre widmete er sich mit der ihm eigenen Energie dem genauen Lernen und Üben der *vipassanā*-Meditation, und immer mehr half er auch in unterschiedlichen Funktionen U Ba Khin bei der Leitung des Zentrums.

In der Zwischenzeit war das politische und ökonomische Klima in Birma zunehmend ungünstig für Privatunternehmen geworden, und viele Mitglieder der alteingesessenen indischen Gemeinschaft rüsteten sich für die Rückkehr in ihr Heimatland. Das tat auch S. N. Goenkas Familie. 1969 erhielt S. N. Goenka von den birmanischen Behörden die Erlaubnis zur Ausreise und Rückkehr nach Indien, wohin ihm schon seine Eltern und andere Familienmitglieder vorausgezogen waren. Im selben Jahr hielt er – autorisiert von U Ba Khin – in Bombay seinen ersten ganz selbständigen Kurs in *vipassanā*-Meditation. Der Teilnehmerkreis beschränkte sich zunächst auf seine Mutter und eine kleine Anzahl von Verwandten und Freunden, alles in allem lediglich dreizehn oder vierzehn Personen. Schnell stellte sich heraus, daß es ein sehr dringendes Bedürfnis nach *vipassanā* gab. So folgten auf diesen ersten Kurs bald weitere. Sie wurden auf drängenden Wunsch derjenigen organisiert, die von den verblüffenden Ergebnissen dieser Übung gehört hatten. Binnen kurzer Zeit reiste S. N. Goenka kreuz und quer durch Indien, weil er überallhin eingeladen wurde, immer größere Gruppen in *vipassanā* zu unterrichten. An seinen „camps" (wie sie während dieser ersten Phase, in der er ständig auf Reisen war, genannt wurden) nahmen Menschen aller Rassen, sozialen Gruppen, Glaubensbekenntnisse und persönlicher und beruflicher Herkunft teil.

Das erste feste Unterrichtszentrum entstand 1976 mit der Errichtung der „Vipassanā International Academy" (VIA) in der Kleinstadt Igatpuri im Staat Maharashtra, ungefähr drei Zugstunden von Bombay. Inzwischen wurden weitere Zentren in Indien und Nepal gegründet. Auch in Australien, Neuseeland, Japan, den USA und England gibt es gutgehende Zentren, sowie das sehr aktive Zentrum für Europa in Frankreich. Zusätzlich gibt es noch in vielen europäischen Ländern und in Kanada und Thailand Kontaktstellen, die regelmäßige Kurse und Wochenendseminare organisieren[225].

Zunächst mußte S. N. Goenka seinen zunehmend mit Lehrkursen angefüllten Terminkalender mit seiner weiterhin anspruchsvollen beruflichen und geschäftlichen Tätigkeit in Einklang bringen. Doch vor einigen Jahren konnte er sich daraus ganz zurückziehen und künftig seine ganze Energie auf das Lehren verlegen. Seither hat er nicht nur Grund- und Aufbaukurse für Schüler gegeben, sondern auch Hilfslehrer ausgebildet, die ihm angesichts der immer noch steigenden Nachfrage nach *vipassanā* in vielen Teilen der Welt beistehen können. Er selbst reist regelmäßig jedes Jahr zu Kursen nach Europa, den USA, Kanada, Japan, Australien und Neuseeland. Bei seiner umfangreichen Lehrtätigkeit konnte er sich immer auf die Unterstützung und Mitarbeit seiner Frau verlassen, die ihn auf seinen Reisen begleitet und regelmäßig an den praktischen Übungen und *Dhamma*-Gesprächen teilnimmt.

Seit dem Tod von U Ba Khin im Jahr 1971 wird S. N. Goenka allgemein als Hauptvertreter der *vipassanā*-Übung mittels von intensiven Kursen angesehen. Diese richten sich, wie bereits erläutert, in erster Linie an Weltleute, die sich nur kurze Einkehrzeiten gestatten können und dann unverzüglich wieder in ihr gewöhnliches Privat- und Berufsleben zurückkehren. Doch sind sie grundsätzlich für alle Arten von Teilnehmern offen. Im Lauf der Jahre haben sie Ordensleute unterschiedlichster Glaubensbekenntnisse angezogen, nicht nur – wie zu erwarten war – buddhistische Mönche, sondern auch Jainas und Hindus, und auch einige bekannte Persönlichkeiten wie den Jesuiten Anthony de Mello, der der ausführlichen Darlegung von *vipassanā* in einem christlichen Kontext ein ganzes Buch mit dem Titel „Sadhāna" gewidmet hat.

Ich möchte nun dieses Kapitel abschließen und mit diesem Kapitel auch meine Darstellung der Grundlagen der buddhistischen Meditation nach der ältesten Tradition, indem ich noch kurz einen Intensiv-Grundkurs nach U Ba Khins Methode beschreibe. Damit verfolge ich einen zweifachen Zweck: erstens will ich dem

---

[225] Informationen über Zentren und weltweite Kurse sind erhältlich bei: *Vipassanā Newsletter*, P. O. Box 51, Shelburne Falls, Mass. 01370, USA.

Leser eine Vorstellung davon vermitteln, was den Teilnehmer bei einem solchen Kurs erwartet, und zweitens möchte ich noch einmal das zu Beginn dieses Buches Gesagte hervorheben: Theorie ohne Praxis ist so gut wie wertlos; das wäre, als überreiche man einem Hungrigen ein Kochbuch statt einen Teller voll Essen.

3.3.2 Intensivkurs

3.3.2.1 Voraussetzungen: Einführung und Disziplin

Beim Einschreiben für den Kurs wird jedem Teilnehmer eine Broschüre ausgehändigt, die eine Einleitung in die Technik und die Einzelheiten der Disziplinarordnung enthält, die er oder sie während der nächsten zehn Tage einhalten soll. In Kapitel 1 haben wir bereits ein Zitat aus der Einleitung gebracht, das betont, die Lehre *(Dhamma)* sei „ein universales Heilmittel für universale Probleme. Er hat nichts zu tun mit irgendeiner organisierten Religion oder Sekte". Ganz kurz und in einfachen Begriffen, die keinerlei Vorkenntnisse über Meditation oder den Buddhismus erfordern, fährt dann die Einleitung fort, zu erklären, was *vipassanā* ist und wozu es nützt. Ausdrücklich wird gesagt: „es ist eine Lebenskunst, die das Individuum von allem Negativen in seinem Geist wie Zorn, Habgier, Unwissenheit usw. befreit", und „eine Übung, die positive, kreative Energie zur Besserung des Individuums und der Gesellschaft entwickelt". Sodann erklärt sie, daß „die *vipassanā*-Meditation auf die höchsten spirituellen Ziele völliger Befreiung und voller Erleuchtung zielt. Ihr Zweck besteht nie allein darin, körperliche Krankheiten zu heilen, jedoch als Nebenprodukt der geistigen Läuterung werden viele psychosomatische Gebrechen ausgemerzt. In Wirklichkeit aber rottet *vipassanā* die drei Ursachen jeglichen Unglücks aus: das Begehren, die Abneigung und die Unwissenheit. Bei beständiger Übung behebt die Meditation die im Alltagsleben aufgebauten Spannungen und löst die Knoten, die durch die eingefleischte Gewohnheit geknüpft sind, auf unausgeglichene Weise auf angenehme und unangenehme Situationen zu reagieren."

Die Disziplinarordnung greift auf die acht Sittenregeln zurück, die traditionellerweise bei buddhistischen Einkehrzeiten eingehalten werden; wir haben sie bereits oben (in Abschnitt 2.2.2.1) im Zusammenhang mit Mahāsi Sayadaws Kursen aufgezählt. Um bei der Übung der Achtsamkeit ein Höchstmaß an ununterbrochener Konzentration zu erreichen und so streng wie möglich alle Ablenkungen auszuschalten, wird zudem von allen Teilnehmern verlangt, vom Anfang des Kurses bis zum Morgen des letzten Tages vollständiges Stillschweigen zu beobachten. Es ist bekannt als „edles Schweigen" und wird definiert als „Schweigen von Körper, Sprache und Geist", denn nicht nur das Sprechen, sondern auch jegliche andere Form der Kommunikation, z. B. durch Körpergesten, Zettelschreiben usw., soll vermieden werden. Jeder Schüler und jede Schülerin muß sich voll und ganz und ununterbrochen auf die eigene Übung konzentrieren. Doch können die Schüler, wenn notwendig, mit dem Lehrer sprechen (sie werden auch in der Praxis von Zeit zu Zeit zu einer Aussprache geholt, um ihren Fortschritt zu beurteilen und eventuell auftretende Probleme zu besprechen), und natürlich können sie sich auch an jedes Mitglied des Verwaltungspersonals wenden, wenn das wegen irgendwelcher praktischer Dinge oder Notwendigkeiten unerläßlich ist; doch sollen die Kontakte immer auf ein absolutes Minimum beschränkt bleiben. Außerdem werden die Schüler angewiesen, das Gelände des Kurses während der gesamten Dauer nicht zu verlassen, und keinerlei Kontakte mit der Außenwelt sind gestattet (z. B. keine Telefonate, Briefe oder Besuche), außer in Notfällen.

Der Arbeitstag beginnt um 4 Uhr morgens und endet zwischen 21.30 und 22 Uhr. Er ist ganz dem Üben gewidmet, mit angemessenen Pausen für die Mahlzeiten und das Ausruhen. Ungefähr elf Stunden lang wird meditiert, im Wechsel von Zeiten individuellen Übens und Gruppensitzungen unter Anleitung des Lehrers. Dazu ist jeden Abend ein Vortrag des Lehrers, der eine Stunde oder länger dauert. Darin bietet er alle notwendigen Informationen und Anleitungen über verschiedene Aspekte von Lehre und Übung. Am Ende dieses Vortrags haben die Schüler Gelegenheit, Fragen zu stellen. Die Schüler können auch um individuelle Aussprachen mit dem Lehrer bitten. Dafür ist täglich eine bestimmte Zeit festgesetzt.

3.3.2.2 Praktische Übungen

Erster und zweiter Tag

Die ersten beiden Tage sind ganz der Atmungs-Achtsamkeit gewidmet [226]. Der Schüler setzt sich in einer bequemen Haltung hin, vorzugsweise mit verschränkten Beinen (aber nicht notwendigerweise; worauf es vor allem ankommt, ist, diese Haltung geraume Zeit lang unverändert beibehalten zu können). Während der ersten drei Tage kann man die Haltung eventuell ändern, falls sie zu unbequem wird, aber nicht mehr als unbedingt notwendig. Bei allen Übungen hält man die Augen geschlossen. Der Schüler atmet bei geschlossenem Mund durch die Nase und konzentriert sich auf das Gefühl des Luftzugs, wie er ein- und ausströmt. Auf dieser Stufe umfaßt die Beobachtung den gesamten Innenbereich der Nase, die Nasenlöcher und die Oberlippe unter den Nasenlöchern. Es ist wesentlich, sich strikt auf diesen Bereich zu beschränken und sich keinen anderen Stellen zuzuwenden, die ebenfalls mit dem Atemvorgang zu tun haben, wie etwa der Kehle, der Brust oder dem Zwerchfell.

So sitzt man also ganz ruhig da, hellwach, aber entspannt, und verfolgt jeden Zug des Ein- und Ausatmens ohne Unterbrechung von Anfang bis Ende. Man beobachtet die Sinnesempfindungen, gleich welcher Art: Berührungsempfindungen des Luftstroms, Temperatur, Intensität und Dauer jedes einzelnen Atemzugs usw. Man bemüht sich darum, so genau und voll bewußt wie möglich auf die präzise Qualität jeder einzelnen Sinnesempfindung zu achten, aber versucht nie, sich irgendeine bestimmte Empfindung herbeizuführen oder vorzustellen. Zu Anfang kann es passieren, daß man überhaupt keine bestimmte Sinnesempfindung wahrnimmt; dann sollte sich der Schüler davon nicht verwirren lassen, sondern schlicht „nichts" registrieren und ganz ruhig weitermachen. Auch die Abwesenheit jeglicher Sinnesempfindung ist eine Erfahrung, und man sollte sich ihrer als solcher bewußt sein. Ist eine Sinnesempfindung vorhanden, so beobachtet der Schüler ge-

---

[226] Siehe Kapitel 4, Abschnitt 4.3.10 und Kapitel 6, Abschnitte 2.2.1.1 und 2.2.1.2.

nau, **wo** sie ist: im Naseninnern oder an den Nasenlöchern, rechts oder links oder beidseitig, nur an einer Stelle oder an mehreren, oder überall. Auch auf jede leichte Veränderung achtet man genau: wenn der Luftstrom stärker oder schwächer wird, zarter oder heftiger, länger oder kürzer. Dabei sollte man den Atem immer ganz ungezwungen kommen lassen, ohne ihn irgendwie zu zwingen oder zu beeinflussen.

Jegliche Zerstreuung, die durch sensorische Reize geweckt wird (außer den vom Atemvorgang in der umschriebenen Zone erzeugten) oder mentalen oder affektiven Quellen entspringt, sollte man auf der Stelle beheben, indem man sie mental registriert, um sich ihres Auftretens klar bewußt zu sein, und dann sofort wieder zum Achten auf das Atmen zurückkehrt (wie in Kapitel 6, Abschnitte 2.4 und 2.5.2.1 im Zusammenhang mit der Betrachtung des Geistes und der Inhalte des Geistes als Hilfsübungen erläutert).

Dritter Tag

Man übt weiter die Atmungs-Achtsamkeit , aber verringert jetzt die Zone der Achtsamkeit auf die Zone der Nasenspitze (d. h. der Ränder der Nasenlöcher) und den direkt unter den Nasenlöchern gelegenen Teil der Oberlippe. Dabei geht es darum, die Konzentration zu verstärken und zu verfeinern, indem man sich noch stärker auf eine eng umgrenzte Zone beschränkt.

Vierter Tag

Man fängt wieder mit der Atmungs-Achtsamkeit wie am dritten Tag an, aber nach einiger Zeit geht der Schüler zur Vollübung der *vipassanā* über, wobei er hauptsächlich die **Betrachtung des Körpers** übt. Der erste Schritt dazu besteht darin, seine Achtsamkeit **nur noch** auf den schmalen Bereich der Oberlippe unter den Nasenlöchern zu lenken (und nicht mehr auf die Nasenlöcher). Ist der Geist so noch intensiver auf diesen einen Punkt konzentriert, so läßt man davon ab, seine Aufmerksamkeit auf die durch den Atemvorgang verursachten Sinnesempfindungen zu konzentrieren, und konzentriert sich jetzt ganz auf die von **innen** her (also nicht durch Berührung, Temperatur, Bewegung usw. des Luftstroms) verursachten Sinnesempfindungen an derselben Stelle, auf die man sich seither konzentriert hatte, also auf die Mitte der Oberlippe. Das ist der Augenblick des Übergangs von der Betrachtung nur des Atmens zur Betrachtung des Körpers als solchen und der in ihm auftauchenden Sinnesempfindungen (was, wie man sich erinnern wird, die beiden ersten Grundlagen der Achtsamkeit sind, wie in Kapitel 6, Abschnitte 2.2.1.3 und 2.3 erläutert wurde). Stellt sich zunächst überhaupt keine Sinnesempfindung ein, so registriert man im Geist „nichts" und wahrt ununterbrochen seine Achtsamkeit. Ist man angemessen konzentriert, wird man sich über keinen Mangel an von innen her aufkommenden Sinnesempfindungen, die man beobachten kann, zu beklagen haben. Aus der Wissenschaft wissen wir allzugut, daß unser Organismus unablässig von unzähligen biologischen, chemischen und elektrischen Prozessen brodelt (wie der Blutzirkulation, dem Stoffwechsel der Körpergewebe, den Impulsen, die durch die Nervenbahnen rasen usw.) und daß sich vieles anderes unablässig auf der molekularen, atomaren und subatomaren Ebene abspielt. Von alldem wissen wir mit dem Verstand, aber normalerweise bleibt es in unserem Alltagsleben unterhalb der Schwelle unserer bewußten Wahrnehmung, indes unser Geist seinen bewußten, hauptsächlich nach außen gerichteten Interessen nachgeht. Was man jetzt unternimmt, ist also, sich in direkter Erfahrung dieser normalerweise unterschwelligen Phänomene klar und deutlich bewußt zu werden.

Zu Anfang nimmt man natürlich in diesem kleinen Bereich der Oberlippe leichter die gröberen und intensiveren Phänomene wahr, wie etwa kribbelnde oder pulsierende Empfindungen, Temperaturschwankungen usw. Was immer es sei, man sollte es lediglich mit der größtmöglichen Klarheit und Präzision beobachten, ohne irgendwie zu reagieren und ohne seinem Geist im mindesten zu erlauben, entweder darüber nachzudenken, um was es sich dabei handeln könnte, oder in unwichtige Gedankengänge abzuschweifen.

Ist dann die Achtsamkeit auf die Wahrnehmung der von innen her auf der Oberlippe auftretenden Vorgänge und Prozesse konzentriert und darin stabilisiert, so ist der Schüler in der Lage, mit der methodischen Betrachtung seines ganzen Körpers weiterzumachen. Das geschieht zum ersten Mal immer bei einer Gruppensitzung unter der genauen Anleitung durch den Lehrer. Der Mittelpunkt der konzentrierten Aufmerksamkeit wird jetzt von der Oberlippe oben auf den Kopf verlegt. Dann konzentriert sich der Schüler einige Zeit auf diesen neuen Punkt, bis er konstant die dort (wie vorher auf der Oberlippe) von innen her auftretenden Sinnesempfindungen wahrnimmt. Dann geht er Schritt für Schritt seinen Körper vom Kopf bis zu den Fußspitzen durch, wobei er sich methodisch von einem Teil zum nächsten bewegt, ohne irgendeinen auszulassen, und ganz präzis darauf achtet, welche Sinnesempfindung sich jeweils gerade einstellt. Er sollte niemals versuchen, sich bestimmte Sinnesempfindungen vorzustellen oder sie herbeizuführen, sondern einfach das beobachten, was da ist. Ist keine Sinnesempfindung wahrzunehmen, sollte er „nichts" registrieren und weitermachen, achtsam und ohne Eile. Wenn man dieses schrittweise Durchprüfen des ganzen Körpers immer und immer wieder macht, wird man feststellen, daß die Achtsamkeit immer besser wird und bislang blinde Flecken lebendig werden.

Beim ersten Mal (und auch noch die nächsten paar Male, bis der Schüler mit der Technik genügend vertraut ist) geht man jeden einzelnen Körperteil genau nach der präzisen, schrittweisen Anleitung des Lehrers durch. Um Nachhaltigkeit und Wirkung dieser Übung, bei der es sowohl um Achtsamkeit als auch um Nicht-Reagieren geht, zu vertiefen, dauert diese erste Körperbetrachtungs-Sitzung ohne Unterbrechung zwei Stunden, und sie wird mit „fester Entschlossenheit" *(adhiṭṭhāna)* durchgeführt. Das bedeutet, daß man fest entschlossen bleibt, in der Sitzhaltung, die man eingenommen hat, unbeweglich volle zwei Stunden zu verharren, mag sie auch noch so schmerzlich unbequem werden. Das bietet eine hervorragende Gelegenheit, achtsam und gleichmütig die im Körper sich meldenden Sinnesempfindungen zu betrachten, die bei Anfängern gewöhnlich ziemlich intensiv werden, nachdem sie einige Zeit lang reglos dagesessen sind, wie etwa Verspannungen und Schmerzen, Einschlafen von Gliedmaßen usw. Wenn sich ein derartiges unangenehmes Gefühl einstellt, wird der Schüler angewiesen, den Schmerz in innerer Freiheit als eine unter anderen Sinnesempfindungen zu registrieren usw., sich jedoch auf keinen Fall zu bewegen, um sich ihn zu erleichtern. Auf diese Weise kommt man durch direkte Erfahrung zu der Einsicht, daß sogar unangenehme Gefühle und Schmerzen, die anfangs ziemlich heftig sind, nicht andauernd und unveränderlich sind, und man stellt fest, daß sie wie alle anderen beobachteten körperlichen Sinnesempfindungen dazu neigen, zu fluktuieren, sich zu verändern und zu verschwinden (vgl. in diesem Zusammenhang das über die „Zusammenfassung der Praxis" in Kapitel 6, Abschnitt 2.2.1.5 Gesagte).

Die erste ununterbrochene zweistündige *vipassanā*-Sitzung ist ziemlich mühsam. Neue Schüler schaffen es nicht immer, sie beim ersten Mal die ganze Zeit durchzuhalten. Die psychologische Wirkung auf den, der es schafft, ist bemerkenswert – man spürt, daß man eine geistige Schranke durchbrochen hat. Indem man alles, was nur immer auftauchen mag, beobachtet und annimmt, ohne sich an bequeme Sinnesempfindungen oder angenehme Gedanken zu hängen und ohne dem Schmerz oder zerstreuenden Gedanken Widerstand zu leisten oder sie zu meiden zu versuchen, erhascht man einen ersten Blick auf die Erfahrung der **Hinnahme**, die das Wesen von *vipassanā* ausmacht.

Von jetzt an versucht man, alle Sitzungen in „fester Entschlossenheit", d. h. völlig reglos, durchzuhalten. Im allgemeinen dauert aber jetzt jede Sitzung höchstens noch eine Stunde am Stück (obwohl fortgeschrittenere Schüler natürlich diese „feste Entschlossenheit" fruchtbarerweise auch noch längere Zeit am Stück durchhalten können).

Der übrige Tag wird dem weiteren Üben der Betrachtung der einzelnen Teile des Körpers gewidmet, wobei man sich immer an dieselbe Reihenfolge hält, angefangen vom Kopf bis zu den Zehenspitzen. Dabei wechseln immer wieder Gruppensitzungen mit individuellen Übungszeiten ab.

Fünfter bis achter Tag

Von jetzt an verbessert und verschärft man immer mehr seine Wahrnehmung der Phänomene, wie sie auftauchen, indem man beharrlich bei der Betrachtung des Körpers bleibt (wobei man allerdings gleichzeitig auch immer die Zustände und Inhalte seines Geistes beobachtet, sobald sich solche bemerkbar machen, wie für den ersten Tag beschrieben, um die ununterbrochene Fortdauer der Achtsamkeit zu gewährleisten). Die Grundübung besteht weiterhin darin, systematisch immer wieder in der beschriebenen Weise die einzelnen Körperteile durchzugehen, aber jetzt führt man nach und nach Variationen in der Reihenfolge und der genauen Einstellung der Aufmerksamkeit ein: Man überprüft die Oberfläche oder die tieferen Schichten (abwechselnd oder kombiniert), geht die Körperteile in umgekehrter Reihenfolge durch (d. h. vom Kopf bis zu den Zehen, und dann von den Zehen bis zum Kopf, statt wie anfangs immer wieder in der gleichen Reihenfolge), Achtsamkeit auf mehreres gleichzeitig (d. h., man betrachtet größere Einheiten des Körpers auf einmal, z. B. beide Arme gleichzeitig, oder Brust und Rücken, oder beide Beine). Von Zeit zu Zeit kann man auch die Geschwindigkeit der Übung ändern – einmal alles ganz langsam durchgehen, dann alles ganz schnell überfliegen – oder die Reihenfolge (vorausgesetzt, man läßt keinen Körperteil aus). Man wird schnell feststellen, daß das Einführen von Abwechslungen den Sinn hat, die Übung so umfassend und erschöpfend wie möglich zu gestalten und dafür zu sorgen, daß man ein Höchstmaß an wacher Aufmerksamkeit beibehält, indem man jeder Ermüdung des Geistes infolge allzu großer Monotonie gegensteuert.

So übt der Schüler also immer weiter (aber immer entspannt, denn zu angestrengtes Üben verdirbt das Unternehmen), um seine Wahrnehmung der Sinnesempfindungen des Körpers zu verfeinern und zu bereichern, und er achtet immer genau darauf, daß sein Geist nicht abschweift. Er bemüht sich unablässig auf dem feinstmöglichen Niveau um vollste Achtsamkeit auf alle Vorgänge in seinem Körper und Geist.

Darüber hinaus wird den Schülern dringend nahegelegt, sich alle erdenkliche Mühe zu geben, um die Geisteshaltung vorsätzlicher, bewußter Achtsamkeit auf jegliche Tätigkeit aufrechtzuerhalten, der sie sich im Lauf des Tages außerhalb der ausdrücklichen Meditationszeiten widmen müssen. Das heißt, beim Essen, beim Aufstehen am Morgen oder Zubettgehen am Abend, beim

Hin- und Hergehen, beim Waschen, Anziehen usw. sollten sie als ergänzende Übungen die **Achtsamkeit auf Haltungen und Bewegungen des Körpers und die Wissensklarheit bei jeglicher Verrichtung** pflegen (vgl. Kapitel 6, Abschnitte 2.2.2 und 2.2.3). Diese Übungen sind nicht nur in sich selbst förderlich, sondern erleichtern es auch, zu einer intensiveren Form der Achtsamkeit zurückzukehren, wenn man sich wieder in der ausdrücklichen Meditationszeit an die Hauptübung begibt.

Die Wirkungsweise dieser Methode

An diesem Punkt mag es nützlich sein, sich noch einmal in Erinnerung zu rufen, wie sich die klarblickende Erkenntnis Stufe um Stufe entwickelt, und die psychologischen Mechanismen, die dabei im Spiel sind, kurz zu skizzieren. Zu diesem Zweck benützen wir so weit wie möglich die westliche Terminologie. Natürlich geht es jetzt nicht darum, die „Reinigung des Geistes", wie sie von der Lehre des Buddha verstanden wird, wegzuerklären, indem man sie auf nichts anderes als eine Art Psychotherapie zurückführt. Wir wollen vielmehr versuchen, das, worum es hier geht, begrifflich etwas leichter faßbar zu machen, indem wir es mit bekannteren Begriffen formulieren.

Dabei ist der wesentliche Punkt, den man sich immer vor Augen halten muß, daß es von der Entwicklung sowohl der **Achtsamkeit** als auch des **Gleichmuts** oder des Nicht-Reagierens abhängt, wie weit man in der Erkenntnis kommt, und daß diese beiden Qualitäten gleich wichtig sind. Wiederholen wir also kurz:

Die **Achtsamkeit**, angewandt auf die unablässige Beobachtung aller körperlichen Sinnesempfindungen (von den intensivsten bis zu den flüchtigsten) führt zu der ureigenen Erfahrung (was etwas ganz anderes ist als das rein intellektuelle Wissen), daß der Körper ein kompliziertes Netzwerk aus ständig sich verändernden Phänomenen ist (die oft auf subtilerem Niveau als Pulsieren oder als Schwingungen wahrgenommen werden), d. h. in der Terminologie der modernen Physik, ein Gewebe hochenergetischer Prozesse, von denen jeder unendlich kurz dauert und die mit unvorstellbar hoher Geschwindigkeit und Frequenz interagieren. Das ist das erfahrungsmäßige Wissen (in buddhistischen Begriffen) der Unbeständigkeit *(anicca)* und der Unpersönlichkeit *(anattā)* der Phänomene und, als Konsequenz daraus, ihres wesentlich unbefriedigenden Charakters *(dukkha)*. Dies ist die Entfaltung des Klarblicks *(vipassanā)* und, die also im wesentlichen darin besteht, diese Erfahrung dadurch herbeizuführen, daß man in voller Bewußtheit auf die Sinnesdaten und geistigen Prozesse achtet, die sich normalerweise unterschwellig abspielen.

Gleichmut bedeutet, wie wir vor allem in Kapitel 8 gesehen haben, daß man sich alles, was im Verlauf der achtsamen Überprüfung zutage tritt, in Ruhe anschaut, ohne darauf positiv oder negativ zu reagieren; ohne sich an angenehme Sinnesempfindungen zu hängen oder sich vor unangenehmen zurückzuziehen. Man beobachtet einfach jedes einzelne Phänomen als – wie es traditionell ausgedrückt wird – „eine Sinnesempfindung unter vielen anderen". Man muß sich also darüber im klaren sein, daß man üben muß, **nicht** zu reagieren. Das Unterdrücken von auftauchenden Reaktionen ist nutzlos, denn schon der Akt der Unterdrückung setzt einen Wunsch, ein Wollen voraus („Ich **will** nicht reagieren"). Solange man auf eine Beobachtung noch reagiert, ist das ein Zeichen dafür, daß man sich noch mit der Erfahrung identifiziert. Die richtige Strategie in einem solchen Fall besteht darin, den hochkommenden Impuls nicht zu unterdrücken, sondern unverzüglich diesen Impuls wiederum zum Gegenstand der achtsamen, innerlich freien Beobachtung zu machen und sich so aus der Identifikation mit ihm zu lösen.

Man wird schnell feststellen, daß man, indem man nicht reagiert, das übliche Entstehen von Gefühlen pro und contra, von Urteilen, Bewertungen und Wunschvorstellungen unterbindet, samt den damit einhergehenden Spannungen und Streßzuständen, die normalerweise mit jeder Erfahrung einhergehen und die ihrerseits wieder zur Quelle weiterer Reaktionen, Emotionen, Gedanken, Spannungen und Komplexe werden. Damit fängt die Läuterung des Geistes an. Sooft man angesichts von Sinnesempfindungen Gleichmut bewahrt und ihnen zuschaut, wie sie entstehen und wieder vergehen, durchbricht man den Teufelskreis. In diesen Momenten achtsamen Gleichmuts ist der Geist rein. Oder, mit der Tradition gesprochen, in diesem Zustand sammelt man keine neuen karmischen Konsequenzen an. Mehr noch: sooft der Geist – dank der Übung des Gleichmuts – keinerlei neuen Reaktionen hervorbringt, fangen die in früheren Zeiten angesammelten Spannungen, Streßzustände, Komplexe usw. (also die karmischen Konsequenzen) an, aus den unterbewußten in die bewußten Schichten der Psyche aufzutauchen und ins Bewußtsein zu treten. Sie werden nicht unbedingt in ihrer ursprünglichen Form, als Zustände oder Inhalte des Geistes, wahrgenommen, sondern sehr oft eher als damit verbundene Körperempfindungen. Um das anhand eines stark vereinfachten Beispiels zu verdeutlichen: das heißt zum Beispiel, daß sich ein altes psychisches Trauma als stechender Schmerz an einer bestimmten Körperstelle äußern kann oder als Gefühl einer Versteifung, oder als erhöhter Pulsschlag usw., ohne daß man sich bewußt des Ereignisses erinnert, das ursprünglich zu diesem Trauma geführt hat.

Bei bestimmten offensichtlichen Fällen ist jedermann klar, daß geistige Zustände entsprechende körperliche Auswirkungen haben, etwa, daß Wut sich auf den Blutdruck auswirkt oder Angst auf den Herzschlag. Man weiß auch, daß tiefsitzende Komplexe nachhaltige Folgen für den Körper haben können (wie z. B. in Fällen hysterischer Lähmung), und in zunehmendem Maß erkennt man die psychosomatische Natur vieler Krankheiten. Für unseren Zusammenhang hier ist wichtig, daß **alle** psychologischen Zustände und Vorgänge anscheinend ihre – gelegentlich extrem schwachen – körperlichen Auswirkungen haben und daß sich diese als Körperempfindungen wahrnehmen lassen, wenn man seine Fähigkeit zu konzentrierter, aufmerksamer Beobachtung genügend entwickelt hat. Die bewußte Wahrnehmung des körperlichen Vorgangs (immer vorausgesetzt, sie erfolgt mit Gleichmut, d. h. nicht-reaktiv) setzt die Energie der psychologischen Entstehungsursache frei und löst sie dadurch sozusagen auf.

Es besteht hier eine offensichtliche Parallele zu modernen psychotherapeutischen Techniken, bei denen man mentale und nervöse Störungen dadurch behebt, daß man unbewußte mentale Inhalte zu Bewußtsein bringt. Ein wichtiger Unterschied besteht jedoch darin, daß man bei der *vipassanā*-Meditation nicht zu wissen braucht, welcher genaue geistige Inhalt ausgeräumt werden muß; auch gibt es keine spezifischen körperlichen Entsprechungen für die einzelnen geistigen Probleme, sondern ganz grundsätzlich wird eine Akkumulation psychischer Energie (die ansonsten als Quelle künftiger psychologischer oder psychosomatischer Störungen aktiv bleiben würde) in dem Augenblick freigesetzt und aufgelöst, in dem sie in Form einer Sinnesempfindung, auf die man nicht reagiert, wahrgenommen wird.

Wenn man so grob diese Vorstellung darstellt, daß Spannungen der Psyche einfach durch das Wahrnehmen entsprechender Körperempfindungen abgebaut werden, wirkt das natürlich allzu simpel. Aber das soll ja nur ganz grundsätzlich den Mechanismus zu erklären versuchen. In der traditionellen buddhistischen Psychologie gibt es detaillierte und höchst komplizierte Schilderungen dieses Prozesses von Mechanismen und Schichten der menschlichen Psyche, die erst seit jüngster Zeit von westlichen Psychologen studiert werden und den Rahmen dieses Buches überschreiten [227]

. Worauf es für uns vor allem ankommt, ist, daß diese Technik funktioniert. Aber kehren wir zu unserem Zehn-Tages-Kurs zurück.

Neunter Tag

An diesem Tag, und gewissermaßen als Höhepunkt des bisherigen Verlaufs wird der Schüler in die Praxis der Meditation der Güte *(mettā)* eingeführt. Der Geist, geläutert und still geworden durch

---

[227] Bis ins einzelne wird das alles im *Abhidhamma* dargelegt, dem Teil des Pali-Kanons, in dem die Lehren des Buddha, wie sie in seinen Lehrreden überliefert sind, auf der philosophischen Ebene ausgearbeitet sind, wobei besonders auf die psychologische Dimension des Daseins eingegangen wird. Der volle Wortlaut des Textes (von dem der größte Teil in den Übersetzungen der Pali Text Society auf Englisch vorliegt) ist komplex und ziemlich trocken. Doch gibt es einige gute moderne Zusammenfassungen davon, wie z. B. den *Guide through the Abhidhamma Piṭaka* des Ehrwürdigen Nyānatiloka, Buddhist Publication Society, Kandy 1971, und eine außergewöhnlich gute allgemeine Einführung darin von Lama Anagarika Govinda in *Die psychologische Haltung der frühbuddhistischen Philosophie* Zürich 1962 (siehe Ausgewählte Literatur).

die *vipassanā*-Übungen, wird nun in einer Haltung liebevoller Güte auf alle anderen Lebewesen hingelenkt. Nachdem er die jetzt geläufige *vipassanā*-Übung eine Zeitlang praktiziert hat, wird der Schüler aufgefordert, seine Ruhe und sein Gleichgewicht, die er durch das Einüben von Achtsamkeit und Gleichmut gewonnen hat, mit allen anderen Lebewesen zu teilen:

„Wie glühende Asche Hitze ausstrahlt, so laß von deinem ganzen Körper in alle Richtungen das Gefühl des Friedens und Wohlwollens ausströmen. Denke an alle Lebewesen – an die dir nahen und die fernen, an diejenigen, die dir gleichgültig gegenüberstehen, und an diejenigen, die dir vielleicht unfreundlich gesinnt sind; an diejenigen, die du kennst, und diejenigen, die du nicht kennst; an nahe und ferne; an menschliche und nicht-menschliche, große und kleine; mache keine Unterschiede. Dein Gefühl der Freundschaft, deine liebevolle Güte strecke sich nach allen aus."

Wie man sieht, ist das eine regelrechte Übung in der Erweiterung der Güte, wie in Kapitel 8 beschrieben (das man an dieser Stelle sinnvollerweise noch einmal nachlesen kann, um es sorgfältig in den hier beschriebenen Kurs einzuordnen).

Von jetzt an sollte es sich der Schüler zur festen Gewohnheit machen, jede Sitzung seiner *vipassanā*-Meditation mit einer kurzen (fünf bis zehn Minuten langen) Meditation der Güte abzuschließen.

Zehnter Tag

Dieser Tag dient der Wiederholung und der Vorbereitung der Rückkehr ins Alltagsleben. Das Gebot des Stillschweigens wird aufgehoben, und an die Schüler werden abschließende Worte der Anleitung und Unterweisung gerichtet. Die wichtigste Empfehlung besteht darin, nun von sich aus die tägliche Übung der *vipassanā*-Meditation beizubehalten, um sich das im Kurs Gewonnene zu erhalten und es weiterzuentwickeln (das Ideale wäre, täglich zwei Stunden zu üben, eine morgens und eine abends oder nachts); auch sollte man sich mit anderen ähnlich ausgebildeten Meditierenden immer wieder treffen und gemeinsam meditieren (wenn möglich, einmal in der Woche).

4 Abschluß

Damit sind wir am Ende dieser Darstellung der Grundlagen der buddhistischen Meditation angelangt, wie sie in den ältesten Traditionen überliefert ist. Ich möchte jedoch nicht schließen, ohne noch einmal hervorzuheben, daß es sich bei der Meditation um etwas zutiefst Praktisches handelt. Es genügt nicht, darüber zu lesen; man muß sich dazu aufraffen, sie zu praktizieren. Natürlich ist es nützlich und notwendig, zu Beginn intellektuell einigermaßen gründlich zu verstehen, um was es überhaupt geht. Aus diesem Grund habe ich das vorliegende Buch geschrieben und auch die folgende ausgewählte Literatur zusammengestellt, die dem interessierten Leser helfen kann, weitere Informationen über die Lehre des Buddha zu finden. Aber niemals sollte man darüber vergessen, daß es bei dieser ganzen Lehre einzig und allein darum geht, uns deutlich vor Augen zu führen, daß wir das Heilmittel gegen die unbefriedigende Befindlichkeit des Menschen selbst in Händen haben. In der Einführung habe ich bereits die diesbezügliche nachdrückliche Mahnung des Buddha zitiert: „Meditiert und seid nicht nachlässig, damit ihr später nicht Grund zur Reue habt." Ich möchte mit einem weiteren Zitat schließen, das dies noch einmal deutlich sagt. Es handelt sich um eine Strophe aus dem *Dhammapada*, der bekanntesten von allen alten Pali-Schriften (sie ist in zahlreiche Sprachen übersetzt worden; allein auf Englisch gibt es über dreißig verschiedene Übersetzungen), die zugleich die volkstümlichste und beliebteste in allen buddhistischen Ländern ist:

> Ein Mensch, der viele Wahrheiten kündet,
> aber zu faul ist, sie selbst anzuwenden,
> ist wie ein Kuhhirt,
> der anderer Leute Vieh zählt. [228]

Laßt uns also unser eigenes Vieh zählen, jeder für sich arbeitend, und alle einander auf dem Weg helfend.

---

[228] Dhp. 19. Auch in deutscher Sprache gibt es über ein Dutzend Übersetzungen. siehe Hecker, ‚Dhammapada: Ein bibliographischer Führer' in Ausgewählte Literatur

ABKÜRZUNGEN

Die Lehrreden des Pali-Kanons, aus denen zitiert wird, sind im *Sutta Piṭaka* („Korb der Lehrreden") gesammelt. Das ist einer der drei „Körbe", die das Gesamt der kanonischen Texte beinhalten. Die anderen beiden sind der *Vinaya Piṭaka* („Korb der Disziplin") und der *Abhidhamma Piṭaka* („Korb der systematischen Lehre"). Die Teile des „Korbs der Lehrreden", aus dem zitiert wird, werden mit den folgenden Abkürzungen angegeben (jedesmal folgen auf den Kennbuchstaben der betreffenden Sammlung die Nummern von Buch – Kapitel – Lehrrede oder Abschnitt):

D: *Dīgha Nikāya* (Sammlung langer Lehrreden)
M: *Majjhima Nikāya* (Sammlung mittellanger Lehrreden)
S: *Sapmyutta Nikāya* (Gruppierte Sammlung von Lehrreden)
A: *Anguttara Nikāya* (Angereihte Sammlung von Lehrreden)

Bei den folgenden handelt es sich um drei der fünfzehn Bücher, aus denen die fünfte und letzte Sammlung im „Korb der Lehrreden" besteht: *Khuddaka Nikāya* (Kleinere Sammlung):

Dhp: *Dhammapada*
Ud: *Udāna*
Sn: *Sutta Nipāta*

Weitere Abkürzungen

VDM: *Visuddhi Magga* („Der Weg zur Reinheit"); siehe Anm. 31 und Ausgewählte Literatur in englischer und in deutscher Sprache, s. v. Nyāṇatiloka und Nāpnamoli Thera.

HBM: *The Heart of Buddhist Meditation*; siehe Anm. 156 und Ausgewählte Literatur in englischer Sprache (vgl ‚Geistestraining durch Achtsamkeit' in Ausgewählter Literatur in deutscher Sprache), s. v. Nyāpnaponika Thera.

AUSGEWÄHLTE LITERATUR

Es folgt die vom Autor in der englischen Originalausgabe aufgeführte Liste, auf die sich seine Zitate meistens beziehen. (Im Falle des VDM aber beziehen sich alle Zitate auf die deutsche Ausgabe)
Daran anschließend eine kleine Auswahl deutschsprachiger Literatur, ausgewählt vom Übersetzer und vom Autor vervollständigt.

A. in englischer Sprache

Ba Khin, U, *The Essentials of Buddhadhamma in Meditation Practice, The Wheel* Nr. 231, Buddhist Publication Society, PO Box 61, Kandy 1976.

Burns, Douglas M., *Buddhist Meditation and Depth Psychology, The Wheel* Nr. 88–89, Buddhist Publication Society, Kandy 1966.

Goldstein, Joseph, *The Experience of Insight*, Unity Press, Santa Cruz, Cal. 1976; Shambhala, Boulder, Col.

Goleman, Daniel, *The Varieties of Meditative Experience*, Rider 1978.

Johansson, Rune E. A., *The Psychology of Nirvana*, Allen & Unwin 1969.

Johansson, Rune E. A., *The Dynamic Psychology of Early Buddhism*, Curzon Press 1979.

Khantipalo, Bhikkhu, *Calm and Insight*, Curzon Press 1981.

King, Winston L., *Theravada Meditation*, Pennsylvania State University Press 1980.

Ledi Sayadaw, *Manual of Insight, The Wheel* Nr. 31–32, Buddhist Publication Society, Kandy 1961.

Ledi Sayadaw, *The Requisites of Enlightenment, The Wheel* Nr. 171–174, Buddhist Publication Society, Kandy 1971.

Ling, Trevor, *A Dictionary of Buddhism*, K. P. Bagchi & Co., Calcutta u. New Delhi 1981.

Mahāsi Sayadaw, *Practical Insight Meditation*, Buddhist Publication Society, Kandy 1971.

Mahāsi Sayadaw, *The Progress of Insight*, Buddhist Publication Society, Kandy 1965.

Ñāpnamoli Thera, *The Path of Purification*, Buddhist Publication Society, Kandy 3., überarb. Aufl. 1983 Das ist die Übersetzung des *Visuddhi Magga* (siehe unten und Bibliographie in deutscher Sprache).

Ñāpnamoli Thera, *Mindfulness of Breathing*, Buddhist Publication Society, 3. Aufl. 1973.

Nyāpnaponika Thera, *The Heart of Buddhist Meditation*, HBM Rider 1962. (siehe auch Bibliographie in deutscher Sprache)

Nyāpnaponika Thera, *The Power of Mindfulness*, Unity Press, San Francisco 1972.

Nyāpnatiloka, *Buddhist Dictionary*, Buddhist Publication Society, Kandy 4. Aufl. 1983 (siehe auch unten: Bibliographie in deutscher Sprache).

Rahula, Walpola, *What the Buddha Taught*, Gordon Fraser 1959; als Paperback 1972 (siehe auch unten: Bibliographie in deutscher Sprache).

Soma Thera, *The Way of Mindfulness: The Satipatthana Sutta and Commentary*, Buddhist Publication Society, Kandy 4. Aufl. 1975.

Vipassanā: Sondernummer des *Vipassanā Journal* anläßlich des zwölften Todestages von U Ba Khin, Vipassanā International Meditation Centre, Hyderabad 1983. Ein 284seitiger Band mit Beiträgen von U Ba Khin, S. N. Goenka und seinen Assistenten, sowie Schülerberichten und Aufsätzen über spezielle professionelle Anwendungen von *vipassanā*.

Visuddhi Magga: (VDM) Das Handbuch zur Meditation aus dem 5. Jahrhundert von Bhadantacariya Buddhaghosa, originaler Pali-Text, Pali Text Society, London 1920 u. 1975. Übersetzt von Nyāṇatiloka als Der Weg zur Reinheit.

Anmerkung

Alle genannten kanonischen Texte sind in der Originalsprache Pali (in Umschrift mit lateinischen Buchstaben) und in englischen Übersetzungen (ohne Anmerkungen) erhältlich bei:

Pali Text Society
73 Lime Walk
Headington
Oxford OX3 7AD
England

B. in deutscher Sprache

Bechert, H./Grombrich, R. (Herausgeber), Die Welt des Buddhismus, München 1984

Dahlke, P., Buddha. Die Lehre des Erhabenen. Stuttgart 1990 (Anthologie).

Frýba, M., Abhidhamma im Überblick. Texte der Hohen Lehre des Buddha, Forschungsprojekt „Buddhistischer Modernismus", Bericht Nr. 2, Universität Konstanz 1990

Govinda, A., Die psychologische Haltung der frühbuddhistischen Philosophie, Zürich 1962.

Hamm, F. R., Die Idee des „Leeren" in der buddhistischen Lehre und Mystik, in:
Saeculum 27 (1976), Heft 3.

Hecker, H., Der Pāli-Kanon. Ein Wegweiser durch Aufbau und deutsche Übersetzungen der heiligen Schriften des Buddhismus, Hamburg 1965 (Horae Subsicivae Philosophiae 1).

Hecker, H., Dhammapada. Ein bibliographischer Führer durch Übersetzungen der berühmtesten buddhistischen Spruchsammlung. Forschungsprojekt „Buddhistischer Modernismus", Bericht Nr. 7, Universität Konstanz, 1993.

Hecker, H.Ñeumann, K. E., Reden Gotama Buddhas aus der Mittleren Sammlung, München 1987.

Kantowsky, D., Buddhismus, Aurum Verl. Braunschweig, 1993.

Mylius, M., Die vier edlen Wahrheiten. Texte des ursprünglichen Buddhismus, München 1985.

Nyanaponika, Geistestraining durch Achtsamkeit. Die buddhistische Satipatthāna Methode, Konstanz 1979 (verbesserte Auflage). Dies ist die teilweise abweichende deutsche Fassung, vom Autor selbst bereitet, des weltbekannten „The Heart of Buddhist Meditation" (siehe oben, Ausgewählte Literatur in englischer Sprache).

Nyanaponika, Kommentar zur Lehrrede von den Grundlagen der Achtsamkeit, Konstanz 1973.

Nyanaponika, Im Lichte des Dhamma. Buddhistische Texte, Konstanz 1989.

Nyanatiloka, Das Wort des Buddha. Eine systematische Übersicht der Lehre des Buddha in seinen eigenen Worten, Konstanz 1978 (4. rev. Auflage).

Nyanatiloka, Buddhistisches Wörterbuch. Kurzgefaßtes Handbuch der buddhistischen Lehren und Begriffe, Konstanz 1989 (4. Auflage).

Nyanatiloka, Der Weg zur Reinheit. Visuddhi Magga. Die größte und älteste systematische Darstellung des Buddhismus, Konstanz 1985 (4. Auflage). Alle in den Fußnoten mit VDM gekennzeichneten Zitate sind aus dieser Übersetzung (siehe Fußnote 31).

NyanatilokaÑyanaponika, Die Lehrreden des Buddha aus der Angereihten Sammlung. Anguttara Nikāya (übersetzt von Nyanatiloka, überarbeitet und herausgegeben von Nyanaponika), Freiburg im Breisgau 1984.

Oldenberg, H., Buddha. Sein Leben, seine Lehre, seine Gemeinde, Stuttgart 1959.

Percheron, M., Buddha in Selbstzeugnissen und Bilddokumenten, Hamburg 1972.

Rahula, W., Was der Buddha lehrt, Zürich 1963. (Übersetzung of „What the Buddha Taught", siehe oben).

Schneider, U., Einführung in den Buddhismus, Darmstadt 1980.

Schumann, H. W., Der historische Buddha. Leben und Lehre des Gotama, München 1990.

Schumann, H. W., Auf den Spuren des Gotama Buddha. Eine Pilgerfahrt zu den historischen Stäten, Olten/Freiburg 1992.

Schumann, H. W., Buddhismus. Stifter, Schulen und Systeme, München 1993.

Faszination des Ostens

Hans-Peter Hasenfratz
Der indische Weg
Die Spiritualität eines Kontinents entdecken
Band 4309

Die leicht verständliche und fesselnd geschriebene Einführung in den indischen Kosmos. Themen wie Sprache, Philosophie, Religiosität und spirituelle Praxis werden eingehend erläutert.

Dalai Lama
Mitgefühl und Weisheit
Ein großer Mensch im Gespräch mit Felizitas von Schönborn
Band 4288

In diesem Gespräch wird die Botschaft des Dalai Lama – auch zur weltpolitischen und ökologischen Lage – plastisch und begreifbar wie nie zuvor. Das Tor zum tibetischen Buddhismus.

Johann Bölts
Qigong – Heilung mit Energie
Eine alte chinesische Gesundheitsmethode
Band 4273

Theorie und Praxis des Qigong von einem Meister seines Fachs: leicht erlernbare Bewegungsfolgen, die zur ganzheitlichen Stärkung beitragen. Mit zahlreichen Fotos.

Rafik Schami
Zeiten des Erzählens
Herausgegeben von Erich Jooß
Band 4259

Rafik Schami kann mit Worten zaubern. Wirklichkeit und Märchen, Vergangenheit und Gegenwart verwebt er zu einem farbenprächtigen orientalischen Erzählteppich.

HERDER / SPEKTRUM

Dalai Lama
Sehnsucht nach dem Wesentlichen
Die Gespräche in Bodhgaya
Band 4229

Menschen aus allen Kulturkreisen haben den Friedensnobelpreisträger aufgesucht und neue Impulse für ihr spirituelles Leben gewonnen.

Helena Norberg-Hodge
Leben in Ladakh
Mit einem Vorwort des Dalai Lama
Band 4204

Mehr als ein Reisebericht. – Die Erfahrungen einer Frau, die im Grenzland Tibets eine alte Kultur neu entdeckt und für dieses Engagement den alternativen Nobelpreis erhalten hat.

Katsuki Sekida
Zen-Training
Das große Buch über Praxis, Methoden, Hintergründe
Band 4184

Wie kann man als westlicher Mensch Zen-Meditation lernen?
„Das erste umfassende Handbuch" (Psychology today).

Das Ethos der Weltreligionen
Hinduismus, Buddhismus, Konfuzianismus, Daoismus, Judentum, Christentum, Islam
Herausgegeben von Adel Theodor Khoury
Band 4166

Die Herausforderungen der Gegenwart können nur im Zusammenwirken aller Religionen gemeistert werden. Eine realistische Vision.

Idries Shah
Die fabelhaften Heldentaten des vollendeten Narren und Meisters Mulla Nasrudin
Band 4164

Humorvolle und tiefgründige Geschichten, die den Leser in die bezaubernde Welt des Orients entführen.

HERDER / SPEKTRUM

Dalai Lama
Einführung in den Buddhismus
Die Harvard-Vorlesungen
Band 4148

Ein faszinierendes Dokument östlicher Geisteskultur, wie es
außer dem Friedensnobelpreisträger wohl kaum ein buddhistischer
Lehrer hätte verfassen können.

Hugo M. Enomiya-Lassalle
Der Versenkungsweg
Zen-Meditation und christliche Mystik
Band 4142

In jedem Menschen steckt ein Mystiker – hier vermittelt der große
Lehrer fernöstlicher Weisheit die Essenz seiner Erfahrung.

Wolfgang G. A. Schmidt
Die alte Heilkunst der Chinesen
Ihre Kultur und ihre Anwendung
Band 4136

Akupunktur, natürliche Heilmittel und die praktischen Geheimnisse
aus der Tradition einer sanften Medizin.

Hugo M. Enomiya-Lassalle
Zen – Weg zur Erleuchtung
Einführung und Anleitung
Band 4121

Die klassisch gewordene Einführung. Eine unwiderstehliche Einladung
zu einem neuen Leben aus der Kraft der Meditation.

Li Zehou
Der Weg des Schönen
Geschichte der chinesischen Kultur und Ästhetik
Herausgegeben von Karlheinz Pohl und Gudrun Wacker
Band 4114

Li Zehou, Dissident und „einer der bedeutendsten chinesischen Denker
der Gegenwart" (Süddeutsche Zeitung), läßt Kunst und Literatur des
Reichs der Mitte zum Erlebnis werden.

HERDER / SPEKTRUM

Die Reden des Buddha
Lehre, Verse, Erzählungen
Band 4112
Texte voll denkerischer Tiefe und Poesie – ein Kompendium des
Weisheitswissens von unvergleichlicher Aktualität.

Die Bhagavadgita
In der Übertragung von Sri Aurobindo
Mit einer Einführung von Anand Nayak
Band 4106
Die älteste heilige Schrift der Menschheit in der tiefschürfenden
Übertragung eines der bedeutendsten indischen Yogis.

Dalai Lama
Zeiten des Friedens
Band 4065
Einer der großen geistigen Führer unserer Zeit gibt der Sehnsucht nach
Frieden wichtige spirituelle Impulse.

Hugo M. Enomiya-Lassalle
Erleuchtung ist erst der Anfang
Texte zum Nachdenken
Herausgegeben von Gerhard Wehr
Band 4048
Enomiya-Lassalle, der große Meditationsmeister und Vermittler
östlicher Weisheit, weist hier den Weg zum meditativen Leben.

Die fünf großen Weltreligionen
Islam, Judentum, Buddhismus, Hinduismus, Christentum
Herausgegeben von Emma Brunner-Traut
Band 4006
Über die Grenzen der Kontinente hinweg erschließt dieses Buch den
Kosmos der Religionen.

HERDER / SPEKTRUM